T0122650

DIALOGUES
SUR LA RELIGION NATURELLE

BIBLIOTHÈQUE DES TEXTES PHILOSOPHIQUES

Fondateur H. GOUHIER   Directeur J.-F. COURTINE

DAVID HUME

DIALOGUES
SUR LA RELIGION NATURELLE

Texte, traduction et commentaire
par
Michel MALHERBE

PARIS
LIBRAIRIE PHILOSOPHIQUE J. VRIN
6, Place de la Sorbonne, V e
2005

© *Librairie Philosophique J. VRIN,* 2005

Imprimé en France

ISBN 2-7116-1794-7

www.vrin.fr

INTRODUCTION

La composition et la publication des *Dialogues*

Les *Dialogues sur la religion naturelle* paraissent en 1779, presque trois ans après la mort de leur auteur. C'est l'aboutissement d'une histoire remarquable, qui aurait pu nous priver du plaisir de lire cette œuvre admirable.

Hume fait mention du texte pour la première fois dans une lettre à Gilbert Elliot of Minto du 10 Mars 1751 [1], où il sollicite l'aide de son correspondant : « Vous verrez par l'échantillon que je vous ai donné que je fais de Cléanthe le héros du dialogue. Tout ce à quoi vous pourrez penser, qui soit propre à fortifier ce côté de l'argument, je l'accepterai avec empressement ». Cette demande, dont la sincérité n'a pas à être mise en doute, est en même temps un aveu. En effet, Hume prie son correspondant de ne pas croire qu'il se soit fait un parti d'épouser la cause de Philon : la tendance qu'on peut lui supposer de trouver plus aisément les arguments du sceptique que ceux du théiste, est indépendante de sa volonté, son esprit ayant été occupé, depuis sa jeunesse, sur ce sujet de la religion,

---

1. *The Letters of David Hume*, J.Y. Greig (éd.), Oxford, Clarendon Press, 1932, I, p. 153-157.

par « le combat d'une imagination sans repos contre l'inclination, et peut-être contre la raison ». Mais cet aveu personnel
est aussi la trace d'une exigence philosophique : l'imagination
philosophique du sceptique n'est prompte à embarrasser
l'ordinaire propension qui incline la majorité des hommes à la
religion, que par le défaut d'arguments qui soient propres,
sinon à fonder, du moins à justifier les raisons de croire. Que la
religion réponde à une inclination ne sera pas contesté. Mais il
faut un argument « parfaitement formel et régulier » pour
prouver « que cette propension est quelque chose de différent
de notre inclination à trouver nos propres formes dans les
nuages, notre visage dans la lune, et jusqu'à nos passions et nos
sentiments dans la matière inanimée ». Or, où trouver cet
accord entre inclination et raison, entre croyance et argument,
sinon dans la religion naturelle ? Tout en étant une religion, la
religion naturelle doit satisfaire la demande philosophique,
jusque dans l'évidence qu'elle est susceptible de produire. Si
elle n'y parvient pas, si le sceptique l'emporte sur le théiste, si
la raison critique est plus forte que l'évidence fondatrice, alors
il ne restera que le conflit entre la critique philosophique et la
superstition religieuse, entre une critique sceptique ne cessant
de dénoncer les écarts de l'adversaire et une inclination
impuissante à inventer ses raisons.

Un brouillon de la réponse de Gilbert Elliot nous est
connu[1]. Cet homme religieux, peu suspect de sympathie
envers les arguments sceptiques, considère que la tâche dont
est chargé Cléanthe est trop lourde : il est douteux, dit-il, qu'on

---

1. Dugald Stewart possédait une copie du brouillon de la lettre, dont un
large extrait fut publié par Sir William Hamilton dans son édition des *Collected
Works of Dugald Stewart*, Edimburgh, Thomas Constable, 1854-1860, t. 1,
p. 605-607. J.V. Price reproduit cet extrait dans l'appendice A de son édition
des *Dialogues*, Oxford, Clarendon Press, 1976, p. 262-265.

puisse défendre la religion naturelle sur la base de l'argument expérimental, s'il est exigé que l'analogie du dessein, qui en fait le nerf, soit appliquée de façon stricte ; et ce ne sont pas les exemples artificiels de la III e partie qui suppléeront au défaut des exemples naturels, trop vite tombés sous le coup de la critique de la II e partie. Cléanthe aurait trop concédé à Philon en admettant la règle d'une évidence exactement proportionnée à la similitude des objets comparés. Aussi, mettant en avant le consentement général qui unit les hommes dans la confession d'un dessein intelligent, auteur de l'agencement de l'univers, Elliot propose la méthode suivante : considérer d'abord quel effet est produit sur l'esprit des hommes, lorsqu'ils contemplent l'ordre et l'harmonie de l'univers, partout répétés dans le détail des êtres, et établir ainsi de fait l'évidence du dessein ; ensuite demander quelle est la cause de ce fait : la conviction de l'existence d'un auteur intelligent du monde repose-t-elle sur des conclusions de la raison, sur des observations de l'expérience ou sur les prescriptions du sentiment (*feeling*) ?

Cette réponse d'Elliot est à la fois traditionnelle et habile. D'une part, elle renvoie à la vieille technique qui, par accumulation d'illustrations, d'exemples d'organisation et de finalité, s'efforce de susciter l'évidence et de fortifier le consentement universel contre les sceptiques et les athées. C'était déjà le procédé de Balbus dans le livre II du *De natura deorum* de Cicéron ; et il est repris à satiété par Fénelon, Derham et bien d'autres [1]. D'autre part, habilement, Elliot dissocie la présentation de l'évidence religieuse, qui relève d'une simple question de fait, de l'examen philosophique, plus incertain, des causes

---

1. Fénelon, *Traité de l'existence et des attributs de Dieu* (1712) ; William Derham, *Physico-theology* (1713).

rationnelles de cette croyance presque universelle : quand bien même la philosophie ne réussirait pas à décider entre la raison, l'expérience ou le sentiment, l'évidence du dessein resterait entière. En un mot, la religion naturelle n'a pas à fonder son évidence selon une règle philosophique, même si la philosophie peut s'interroger sur ses causes.

On ne sait si Elliot transmit ou non sa réponse à Hume. Le texte définitif des *Dialogues* montre que ce dernier n'a pas dévié de son argument initial[1] : l'examen philosophique a à connaître de l'évidence du dessein et ne peut se borner ici, à la différence du cas des religions populaires, à l'étude des causes de la croyance religieuse dans la nature humaine ; on ne peut approcher la religion naturelle que sur un mode critique.

On ignore également quelle était l'importance de l'« échantillon » que Hume avait envoyé à son ami. N. Kemp Smith suggère, dans son introduction aux *Dialogues*[2], que l'échantillon ne contenait pas les parties finales et s'arrêtait peut-être à la fin de la IVe partie, la lettre d'Elliot ne renfermant aucune référence assignable au texte humien au delà de la IIIe partie[3]. Ce n'est là qu'une hypothèse qu'il n'est pas possible de vérifier.

En revanche, il est très vraisemblable que, comme il en témoigne dans une lettre de 1753[4], Hume ait pendant plusieurs années laissé de côté les *Dialogues*, pour consacrer l'essentiel

---

1. On voit mal, en raison de l'incompatibilité des positions d'Elliot et de Hume envers la religion naturelle, comment le premier aurait pu exercer une influence sur la XIIe partie des *Dialogues*, ainsi que le suggère N. Kemp Smith, dans son introduction au texte, 1re éd. London, Thomas Nelson and Sons, 1935 ; 2e éd., citée, 1947, p. 87-88.

2. *Ibid.*, p. 87.

3. Elliot fait référence à la formule par laquelle Cléanthe, dans la IIIe partie, en appelle au sentiment (*feeling*) de Philon.

4. Lettre du 5 janvier 1753 à John Clephane, *Letters*, I, p. 170.

de ses efforts à la rédaction de *l'Histoire d'Angleterre*. Et ce n'est que douze ans plus tard, dans une lettre au même Elliot que Hume fait de nouveau mention de l'ouvrage. Après avoir déclaré qu'il n'était au moment engagé dans aucun travail, il poursuit : « N'est-il pas dur et tyrannique de votre part, plus tyrannique qu'aucun acte des Stuarts, de ne pas me permettre de publier mes *Dialogues* ? »[1]. Il est clair que Hume fait alors circuler des copies de son manuscrit auprès de certains de ses amis, pour solliciter leur avis sur une éventuelle publication, la réponse étant, semble-t-il, généralement négative. Il est clair aussi qu'en 1763 le texte est complet. Dans une autre lettre, adressée au Rev. Hugh Blair, Hume écrit : « je n'ai pas présentement l'intention de publier l'ouvrage dont vous parlez ; mais quand je l'aurai, j'espère que vous n'aurez pas d'objection à ce que je vous le dédicace »[2].

Ce n'est qu'en 1776 qu'il est de nouveau fait mention des *Dialogues* dans la correspondance. Sentant sa fin approcher, Hume se soucie d'une édition posthume de son ouvrage. Dans le testament qu'il rédige en janvier 1776, il déclare léguer à Adam Smith tous ses manuscrits et lui laisser un entier pouvoir sur ses papiers, à l'exception des *Dialogues*, qu'il lui demande de publier[3]. Ce souci marqué d'assurer la conservation et la publication de l'ouvrage s'exprime encore dans une nouvelle lettre, datée du 3 mai, à Adam Smith, lequel était fort réticent à assumer la responsabilité qui lui était conférée[4]. Dans cette

---

1. Lettre du 12 mars 1763, *Letters*, 1, p. 379-380.
2. Blair, professeur à l'Université d'Edimbourg et théologien modéré, avait félicité Hume, dans une lettre du 29 septembre, de son départ pour la France, mais lui conseillait de ne pas publier les *Dialogues*, même pour s'acquérir la louange des philosophes français. *New Letters of David Hume*, R. Klibansky et E. C. Mossner (eds.), Oxford, Clarendon Press, 1954, p. 72-74.
3. *Letters*, II, p. 317 note.
4. *Letters*, II, p. 317-318.

lettre, soigneusement pesée et de nature officielle, Hume laisse à son correspondant le choix du moment opportun de la publication, eu égard à la nature de l'ouvrage et à la situation d'Adam Smith. Et, de nouveau, dans un message plus personnel daté du même jour, il tente d'obtenir l'accord de son correspondant[1].

Doutant de la bonne volonté d'Adam Smith à s'engager dans cette affaire, Hume envisage d'autres moyens et écrit à William Strahan, son éditeur: «Il y a quelques années, j'ai composé un ouvrage qui ferait un petit volume in 12. Quelques-uns de mes amis me flattent d'avoir écrit là la meilleure chose de ma carrière. Je me suis abstenu jusqu'à présent de la publier, parce que j'étais désireux de vivre tranquillement, à l'abri des vociférations… J'y introduis un sceptique, qui est en vérité réfuté et qui renonce à la fin à son argumentation – bien plus, qui avoue qu'il ne faisait que s'amuser avec toutes ses arguties; mais, avant d'être réduit au silence, il développe plusieurs sujets qui donneront de l'ombrage et qui seront jugés très audacieux et s'écartant de beaucoup de la voie commune…». Manifestement, Hume s'entoure de précautions, et, pour attirer son éditeur, il dit son intention de procéder à une petite édition de 500 exemplaires, en lui laissant la propriété littéraire du tout[2]. Mais le lendemain de cette lettre, il apprend le caractère mortel de sa maladie, et le 12 juin il annonce à William Strahan qu'il a rédigé un codicille à son testament, le rendant maître de ses manuscrits[3]. Le codicille conservé est daté du 17 août: Hume annule toutes les dispositions précédentes, lègue ses manus-crits à Strahan; et il ajoute: «Je désire que mes *Dialogues sur*

1. *Letters*, II, p. 316-317.
2. Lettre du 8 juin 1776, *Letters*, II, p. 322-324.
3. *Letters*, II, p. 325-326.

la religion naturelle soient imprimés et publiés dans les deux ans après ma mort »[1]. Comme suite à un nouveau codicille où il demande à son neveu d'assurer la publication du texte, au cas où elle ne le serait pas par Strahan, il écrit à Adam Smith le 15 août et lui annonce qu'il a fait faire une copie pour son neveu (ce qui porte à trois le nombre de copies) et il ajoute : « À réviser [mes *Dialogues*] (ce que je n'ai pas fait depuis 15 ans), je trouve que rien n'a été écrit avec plus de soin et d'art ». Et il demande à Adam Smith d'accepter la propriété de la copie qu'il lui envoie, pour le cas où le texte ne serait pas publié dans les cinq ans[2]. Ainsi, Hume prenait une triple précaution : dans les deux ans après sa mort, le soin de la publication du texte était confié à Strahan ; ensuite, avant cinq ans, à son neveu ; enfin, après cinq ans, à Adam Smith. Il revient sur le sujet dans une dernière lettre à Adam Smith, le 23 août[3] ; et il meurt le 25 août, après avoir écrit dans une lettre d'adieu à sa vieille amie, la Comtesse de Boufflers : « Je vois la mort s'approcher pas à pas, sans anxiété ni regret »[4].

La suite de l'histoire montre que les soins pris par Hume n'étaient pas sans raison ; et c'est grâce à la fidélité vigilante de la famille de notre philosophe que le texte fut publié près de trois ans après sa mort. Très rapidement, John Home, le frère, annonce à Adam Smith que les copies des *Dialogues* et de *My own life* (composé par Hume peu de temps avant sa fin) sont prêtes et seront envoyées à Strahan, lequel confirme qu'il accomplira sa promesse. En fait, les réticences marquées d'Adam Smith et la grande prudence de Strahan font traîner le projet ; et en mars 1777, l'éditeur finit par annoncer à John

---

1. *Letters*, II, p. 324, note 1.
2. *Letters*, II, p. 334.
3. *Letters*, II, p. 335-336.
4. *Letters*, II, p. 335.

Home qu'il ne publiera pas le texte et qu'il laisse ce soin au
neveu de Hume, le jeune David. Entre-temps, la publication
séparée de *My own life*, accompagné d'une lettre d'Adam
Smith, relatant les derniers jours du philosophe, avait suscité
bruits et fureurs; la sagesse, l'humeur sereine et presque
enjouée du philosophe devant la mort faisait scandale auprès
des dévots : un sceptique ne peut mourir que misérablement.
Rien ne nous est connu ensuite, jusqu'en 1779, quand, dans
des conditions obscures, paraissent presque coup sur coup
deux éditions des *Dialogues*, sans nom d'éditeurs, la première
sans doute avant mai à Edimbourg et certainement assurée par
le jeune David, la seconde en juin, à Londres [1].

Il aura donc fallu près de trente ans. Cette longue histoire
montre toute l'importance que Hume attachait aux *Dialogues*.
Et elle peut nous fournir quelques indications sur la méthode
de leur auteur. L'impression générale s'impose que Hume
avait fait l'essentiel du travail de composition au début des
années 1750 et qu'il a procédé ensuite à des révisions, lors de
deux périodes bien distinctes. Récapitulons ce que les pièces
du dossier nous apprennent de certain ou de très probable [2]. Un
brouillon de tout ou partie des *Dialogues*, divisé en parties,
existe dès 1751, correspondant déjà à un important travail de
composition, et même de rédaction, les trois premières au
moins s'approchant de leur forme définitive. De 1751 à 1763,
Hume fait circuler son texte auprès d'amis sûrs, afin de
recueillir leur avis sur le contenu et sur l'opportunité d'une
publication. En 1761, ou peu de temps avant, Hume révise son

---

1. Pour plus de détail, voir J.V. Price, *op. cit.*, p. 113-128. On trouve le texte
de *My own life* et la lettre d'Adam Smith en appendice à l'édition des *Dialogues*
par N. Kemp Smith, *op. cit.*, p. 223-248. Trad. fr. M. Malherbe, *Essais et Traités
sur plusieurs sujets*, Paris, Vrin, 1999, t. I, p. 53-67.

2. *Cf.* N. Kemp Smith, *op. cit.*, p. 92-96.

texte (alors achevé), puis le laisse en l'état, pendant 15 ans, jusqu'en 1776. Dans les mois qui précèdent sa mort, il s'applique à une dernière révision.

L'analyse du travail de révision, tel qu'on peut le reconstituer sur le manuscrit qui est en la possession de la Royal Society d'Edimbourg (et qui a été suivi par le neveu de Hume), autorise quelques conclusions. L'examen des corrections, de l'écriture de Hume (15 ans séparent les deux révisions) et du filigrane du papier[1], montre que : 1) les premières pages d'introduction, presque vierges de corrections, ont été sans doute mises au propre à une époque plus tardive que celle du reste du manuscrit : 2) les additions de 1776 appartiennent pour l'essentiel à la XIIᵉ partie ; 3) l'on peut reconstituer de la façon suivante la composition de la fin de la XIIᵉ partie : l'actuel paragraphe de conclusion par Pamphile suivait initialement le 4ᵉ paragraphe avant la fin dans le texte définitif (« Il est contraire… ») ; en 1761, semble-t-il, Hume rédigea dans la marge le 3ᵉ paragraphe avant la fin (« Connaître Dieu… ») et en note le paragraphe (« Il semble évident… ») ; certainement en 1776, Hume barra le paragraphe écrit dans la marge et le récrivit sur une feuille, suivi de l'actuel avant-dernier paragraphe[2] ; et sur une autre feuille il récrivit la note, ainsi qu'un nouveau paragraphe (« Tous les hommes de saine raison… ») avec indications d'insertion (respectivement, p. 349, p. 327 et p. 323 de la présente traduction). Ainsi, il est clair que Hume a porté un soin attentif à l'introduction et qu'il a remis le final plusieurs fois sur le métier. La chose est importante non

1. *Cf.* N. Kemp Smith, *op. cit.*, p. 95, qui tire de l'examen du filigrane la confirmation de son argumentation. J.V. Price, *op. cit.*, p. 129-131, conteste qu'on puisse tirer un enseignement assuré d'une telle étude.
2. Si l'on suit l'argumentation de N. Kemp Smith. J.V. Price est plus réservé (p. 133-134).

seulement pour l'histoire du texte, mais aussi pour le commentaire : comment introduire et, surtout, comment conclure une argumentation sceptique ? Les inflexions suggérées par l'ultime révision intéressent l'interprétation de l'ensemble de l'œuvre.

L'*HISTOIRE NATURELLE DE LA RELIGION* ET LES *DIALOGUES*

Rédigée autour de 1750, mais parue en 1757 dans le recueil portant le titre *Four Dissertations* et comprenant en outre les essais *of the Passions, of Tragedy, of the Standard of Taste*, l'*Histoire naturelle de la religion* a été composée par Hume au moment même où il était engagé dans la rédaction des *Dialogues*. En l'absence d'indications sur les intentions initiales et les conditions de cette rédaction conjointe [1], l'on en est réduit à la seule certitude qu'un auteur aussi conscient et aussi déterminé que Hume, écrivant sur le sujet de la religion, n'a pas manqué de penser le partage et la complémentarité des deux textes. Non seulement, la même philosophie s'y exprime, mais aussi, très certainement, une seule et unique stratégie les commande, quand bien même ils sont assez autonomes pour pouvoir être lus indépendamment l'un de l'autre.

L'introduction de l'*Histoire* semble exposer clairement le principe du partage. Elle distingue entre deux questions, celle

---

1. La première mention qu'on connaisse de l'*Histoire* se trouve dans une lettre du 12 juin 1755, adressée à Andrew Millar (*Letters*, I, p. 223). Sur les circonstances de la publication de ce texte, voir la lettre à William Strahan du 25 janvier 1772 (*Letters*, II, p. 252-254) et l'étude biographique et bibliographique de E.C. Mossner, « Hume's *Four Dissertations* », *Modern Philology Review*, XLVIII, 1951, p. 27-57. D'une façon générale, voir l'introduction à la nouvelle traduction que nous avons donnée de ce texte, *Essais et Traités sur plusieurs sujets*, t. IV, Paris, Vrin, 2002, p. 27 *sq.*

du fondement de la religion dans la raison et celle de son origine dans la nature humaine. Et, après avoir déclaré que la première question, qui est la plus importante, trouve une réponse évidente dans les « premiers principes du pur théisme et de la pure religion », le texte annonce son intention de traiter la seconde, réputée plus obscure : la question de l'origine est inévitable, dans la mesure où la croyance en une puissance invisible et intelligente n'est ni universelle ni uniforme ; c'est pourquoi, il faut, dans une histoire naturelle, exposer la circonstance qui a donné naissance à une croyance ne répondant pas à un instinct naturel, et les causes qui ont engendré les différentes formes de religion.

Cette distinction, en même temps qu'elle sépare les deux questions, les rend beaucoup plus pressantes qu'elles n'étaient dans les débats de l'époque sur la religion. En effet, prévalait la représentation (dérivée du Christianisme et rationalisée) selon laquelle la même religion, qui est inscrite originairement dans la nature humaine et qui avait été la première religion de l'humanité, est redécouverte dans l'enquête rationnelle, le philosophe retrouvant par raison ce que le peuple aurait toujours connu par un instinct naturel, n'eût été l'effet de la superstition et de l'intrigue des prêtres. Or Hume déclare que la religion ne jouit d'aucune immédiateté, qu'elle n'est portée par aucune évidence naturelle (en quelque sens que ce soit) et qu'elle est le terme, soit d'une chaîne causale d'événements, soit d'une chaîne démonstrative de raisons. En faisant du polythéisme, et non point du théisme, la première religion de l'humanité, en retraçant la genèse d'un théisme populaire, à partir du polythéisme et sous l'influence de la superstition, en condamnant cette histoire à un flux et un reflux incessant, interdisant que le théisme populaire puisse jamais se purifier en une forme plus sublime, l'*Histoire* suscite un divorce irré-

ductible entre deux formes de religion : les religions populaires (polythéistes et théistes) dont une histoire naturelle rend
compte suffisamment, et la religion rationnelle qui serait capable de satisfaire à la question du fondement et pour laquelle la
question de l'origine n'aurait pas de sens. Ainsi, *l'Histoire*
traiterait de la religion populaire et de sa genèse, tandis que les
Dialogues régleraient la question du fondement de la religion
savante, identifiée à la religion naturelle.

Certes, l'objet propre à chacun des deux textes est ainsi
distingué. Mais la difficulté est que ce partage des objets ne
coïncide pas avec la distinction des deux questions. En effet,
dans le corollaire général qui conclut *l'Histoire*, Hume
reprend non seulement sa thèse que l'idée du théisme n'est pas
originaire et qu'elle ne jouit donc pas d'une évidence spon-
tanée où nature et raison se confirmeraient mutuellement,
même si l'esprit s'y porte assez naturellement quand on la lui
propose ; mais il laisse entendre encore que la religion savante
n'est jamais suffisamment fondée pour libérer enfin la religion
de ses origines. À un esprit éduqué, l'inférence du dessein
s'impose fortement, de même que l'idée du caractère unique
de l'intelligence qui préside à ce dessein ; mais il y a là un effet
et non une raison. L'harmonie du monde frappe l'esprit, mais
l'esprit est incapable d'en tirer une preuve. Or ce 1er paragraphe du corollaire général est redoublé presque littéralement
dans certaines de ses formules[1], au début de la XIIe partie des
Dialogues, quand Philon, après une réfutation impitoyable de

---

1. Comparer : « Un bruit, une intention, un dessein sont évidents en toutes
choses… » (*Histoire*) et : « Un but, une intention, un dessein frappent de toutes
parts le plus irréfléchi et le plus stupide des penseurs… » (*Dialogues*). « Les
contrariétés de la nature… établissent un but, une intention unique, quoique
inexplicable et incompréhensible » (*Histoire*). « … L'Être divin, tel qu'il se
découvre à la raison dans l'organisation et l'artifice inexplicables de la nature »
(*Dialogues*). Comparer également avec le début de la XIe section de l'*Histoire*.

l'argument du dessein, naturel et moral, avoue l'efficace de la religion naturelle même sur l'esprit du «penseur» le plus irréfléchi. De même que les événements divers et contraires de la vie humaine suscitent chez le barbare ignorant la crainte des puissances invisibles qui répandent les biens et les maux, de même le spectacle de l'ordre du monde suscite chez l'homme de science et de culture, suffisamment protégé par son bien-être des vicissitudes de l'existence, l'adoration admirative de l'intelligence suprême. La religion savante n'échappe pas aux effets, c'est-à-dire à l'histoire naturelle.

L'analyse génétique vaut donc aussi pour la religion naturelle, une fois que la réfutation a fait la preuve de la vanité de ses prétentions rationnelles. Le partage entre religion populaire et religion savante est un partage des effets. De même que les religions populaires prennent leur origine dans l'expérience du désordre sensible des biens et des maux, de même la religion naturelle prend son origine dans la contemplation de l'ordre et de l'harmonie du monde. Le contenu de l'expérience change ; ce ne sont pas les mêmes passions ou les mêmes motifs qui agissent : ici l'amour de la vérité et une curiosité spéculative, là la crainte ; et les conditions ne sont pas les mêmes : tantôt l'urgence dans laquelle est plongée l'humanité primitive ou populaire, tantôt le loisir et le confort des recherches spéculatives. Ce ne sont pas non plus les mêmes attributs de la Divinité qui sont valorisés : les figures du polythéisme et du théisme populaire représentent une toute-puissance multiple, violente, qu'il faut apaiser ; le théisme rationnel entretient l'image d'un Dieu unique, faisant la preuve d'une intelligence et d'une sagesse qu'il faut vénérer.

La suite du corollaire général suggère la cause pour laquelle échoue ce projet d'un théisme fondé expérimentalement. Précisément, le désordre des biens et des maux ne

prend pas place dans l'ordre de l'univers. Il reste toujours une part de l'expérience humaine, et la part la plus vive, pour motiver les religions populaires et pour plonger dans l'embarras une religion naturelle qui prétend trouver un fondement suffisant dans l'expérience. Assurément, le théiste expérimental ne tombe pas dans la superstition, assurément il a la supériorité de connaître le système causal de la nature. Mais cette sérénité spéculative ne met pas l'existence pratique à l'abri des revers de la fortune. Et tous les Cléanthes finissent tôt ou tard par avouer : « Si vous réussissez… à prouver que l'humanité est malheureuse ou corrompue, c'en est fini de toute religion. Car dans quel but établir les attributs naturels de la Divinité, si les attributs moraux sont encore douteux et incertains ? »[1].

L'appréhension du domaine de la religion est ainsi rendue complexe, non seulement par la distinction entre les deux sortes de religion, populaire et savante, mais encore par l'ambiguité de la religion naturelle. Celle-ci prétend se distinguer des religions populaires par son caractère de religion rationnelle, capable de satisfaire à la question du fondement. Et à cet égard, en dépit de son insuccès, cette prétention est bien un caractère distinctif, qui, par la nature des questions posées, par la méthode adoptée, par la valeur de vérité invoquée, fait de ce théisme une branche de la philosophie[2]. Non seulement, la religion naturelle tire son origine de la philosophie, mais elle partage la même exigence de fondement. Il

---

1. *Dialogues*, X, p. 273.
2. *Cf.* la formule de l'*Enquête sur l'entendement humain*, sect. XI : « Toute la philosophie du monde et toute la religion, qui n'est rien qu'une espèce de philosophie, sont impuissantes à nous porter au-delà du cours habituel de l'expérience », trad. fr. M. Malherbe, *Essais et Traités sur plusieurs sujets*, t. III, Paris, Vrin, 2004, p. 170.

y a en elle une dimension spéculative, qui est absente des religions populaires. C'est bien pourquoi, une simple histoire naturelle ne suffit pas à son égard ; il faut encore y appliquer un examen proprement critique, ce qui est la tâche des *Dialogues*.

Mais, par ailleurs, pour autant qu'elle est vraiment une religion, et non pas seulement un système cosmogonique, la religion naturelle partage avec les religions populaires l'essence générale de la religion. Qu'est-ce en effet que la religion ? Toute religion est motivée par une certaine expérience (le désordre de l'existence humaine, l'ordre de la nature) ; elle en recherche la ou les causes, hors des enchaînements de causalité qui font la matière de l'expérience commune et de la science ; faute d'atteindre dans cette recherche une raison suffisante, elle pose l'existence de la Divinité par un acte de croyance et attribue à l'Être suprême, ou aux divers dieux, intention et puissance sur le monde et sur les hommes ; et elle tire son influence de l'intérêt que les hommes trouvent à croire, que ce soit l'intérêt du peuple ignorant pressé de parer aux désordres de la vie humaine qu'il ne maîtrise pas, par une action sur les puissances inconnues et redoutables, ou l'intérêt des philosophes, nourris de la science expérimentale de Newton et pressés de trouver dans la rationalité intentionnelle d'un dessein la garantie de la rationalité des enchaînements de causalité que la science établit, dans une connaissance qui est expérimentale et non point d'essence ; enfin, toute religion rend un culte : ou il faut apaiser les puissances obscures par des prières, des sacrifices, des actions, ou il faut adorer, par un culte intérieur pénétré d'admiration, un principe sublime qui est à la fois le maître de la nature et le dispensateur de la justice.

Système philosophique prétendant à un fondement rationnel et comportement religieux trouvant, en vertu de certaines circonstances, son origine dans la nature humaine ;

répondant d'un côté à l'exigence spéculative de la vérité, de l'autre côté à l'appel pratique de la recherche du bonheur; établissant les attributs de la cause suprême de l'univers, mais aussi la providence morale d'un Dieu juste et attentif aux affaires humaines, la religion naturelle ne se prête pas à une approche simple : il ne suffit ni de soumettre ses arguments à l'examen philosophique, ni de réduire ses formes dans la critique historique. Réfutée, elle conserve une force qu'il faut bien lui reconnaître ; réduite à sa genèse historique, elle ne se laisse cependant pas assimiler aux religions populaires et superstitieuses.

Cette difficulté à la définir se répète, lorsqu'on essaie de la circonscrire historiquement. Parce que nous en avons perdu le sens, elle nous paraît aujourd'hui comme un effet historique séparé et quelque peu énigmatique. Mais elle était pour les contemporains de Hume une réalité bien vivante, si vivante que la publication des *Dialogues* fut retardée par crainte du scandale. La certitude était largement partagée que les hommes, par la voie naturelle d'un raisonnement que confirme le sentiment intérieur, étaient capables de découvrir les vérités essentielles touchant l'existence et les attributs de Dieu, et aussi d'établir son gouvernement providentiel et moral, pour y fonder les devoirs des créatures. La querelle suscitée au début du siècle par les déistes, qui prétendaient faire de la religion un objet simplement philosophique, avait tourné à leur désavantage : ils en avaient retiré la réputation d'être des athées déguisés. Bien plus, loin d'être jugée contraire à la religion révélée, la religion naturelle paraissait comme le plus sûr moyen, au siècle des Lumières, d'introduire et de confirmer les vérités qui ne nous sont connues que par la parole de Dieu. Ainsi, le registre de la religion naturelle, précisément parce que celle-ci prend en charge la défense et l'illustration de la

religion, est historiquement beaucoup plus ouvert que la version abstraite qu'en représente le théisme expérimental. Ce registre est aussi philosophiquement varié : au sein de l'évidence religieuse conservée, les arguments théologiques peuvent être divers ; Butler peut dans sa jeunesse questionner la méthode démonstrative de Clarke et continuer, vingt ans plus tard, d'assumer la même tâche de représenter le gouvernement moral de Dieu et les devoirs des hommes. Bref, entre les philosophes traitant spéculativement de la question de Dieu et les prédicateurs éclairés motivant les fidèles par leurs sermons, la frontière n'est pas tracée[1].

Or Hume est attentif à cette variété interne de la religion naturelle, et, plusieurs fois, il la soumet à une analyse historique. Il importe d'abord d'isoler les *divines*, ces maîtres de religion qui sont à la fois des théologiens et des prédicateurs. Le jugement de Hume à leur égard ne varie pas : le théisme populaire, né par exacerbation, en quelque sorte, du polythéisme, vient à entretenir la notion d'un Être parfait, créateur du monde ; ce faisant, il coïncide par accident « avec les principes de la raison et de la vraie philosophie »[2] ; et « sa doctrine apparaît si conforme à la saine raison que la philosophie est portée à se fondre dans un tel système théologique »[3]. Mais cette alliance est ruineuse pour la philosophie, car, sous les apparences d'une théologie spéculative, les religions populaires continuent d'obéir à des motifs superstitieux ou enthousiastes, radicalement distincts des raisons philosophiques, et autrement plus puissants qu'elles. Rapidement, ce théisme

---

1. *Cf.* les analyses toujours utiles de Sir Leslie Stephen, *History of English thought in the Eighteenth Century*, 1ʳᵉ éd. London, Smith, Elder and Co, 1876, nouvelle édition New York, Harcourt, Brace and World, 1962.
2. *L'Histoire naturelle de la religion*, VI, p. 212 (trad. cit.).
3. *Ibid.*, XI, p. 77-78.

invente des mystères, pour susciter l'étonnement des dévots, et fait de l'abaissement de la raison humaine un culte rendu à la Divinité. Ainsi, la différence d'origine entre les religions populaires et la religion savante est insurmontable historiquement : l'unique issue d'un tel accord contre nature est la bigoterie. «Cette bigoterie opiniâtre, dont vous vous plaignez et que vous jugez si fatale à la philosophie, est en réalité sa fille qui, après s'être alliée à la superstition, abandonne entièrement les intérêts de sa mère et se fait son ennemi et sa persécutrice la plus acharnée» [1]. Et Hume développe son analyse avec assez de précision pour que son propos paraisse insupportable à un grand nombre de ses contemporains. Au temps des Grecs, la philosophie et la religion polythéiste vivaient en bonne intelligence, s'étant partagé l'humanité ; les philosophes jouissaient de la liberté de poursuivre des études qui, par leur caractère spéculatif, ne pouvaient mettre en danger le gouvernement de la société, ni même les pratiques de la religion populaire [2]. Après l'union de la philosophie et de la religion, au premier établissement du Christianisme, se sont généralisées chez tous les *divines* les déclamations contre la raison, contre les sens, contre les principes de la nature humaine, le scepticisme spéculatif étant mis au service des intérêts militants de la religion [3] ; et l'on est ainsi parvenu à «la théologie scolastique (qui) a une sorte d'appétit pour l'absurdité et la contradiction» [4].

On pourrait penser dans ces conditions qu'il suffit de dénoncer l'alliance et de faire en sorte que la philosophie retrouve ses droits dans une religion éclairée, enfin libérée.

1. *Enquête*, XI, trad. cit., p. 160.
2. *Enquête*, XI, p. 160 *sq.*
3. *Dialogues*, I, p. 101 *sq.*
4. *Histoire*, XI, trad. cit., p. 223.

C'est bien en ce sens que Cléanthe, à l'intention de Déméa, développe l'argument : « Locke semble avoir été le premier chrétien qui se soit hasardé ouvertement à affirmer que la *foi* n'était rien qu'une espèce de *raison*, la religion une branche de la philosophie… » [1]. Or Philon, renchérissant sur les propos de Cléanthe, accuse le trait historique : avec la perte d'influence de l'éducation et le développement de la connaissance, les *divines* ont modifié leur système philosophique ; « sceptiques hier, dogmatiques aujourd'hui » [2], ils savent donner le change d'une religion raisonnable. Lorsqu'il présente contre les matérialistes et les déistes une démonstration de la religion naturelle et morale, Clarke est tout autant un disciple de Locke que les théistes expérimentaux. Bref, comment discerner au sein de ce phénomène historique complexe qu'est la religion naturelle dans la première moitié du XVIIIe siècle, entre un théisme populaire déguisé et le théisme philosophique, alors que le premier sait couvrir ses fins pratiques sous les apparences de la philosophie, et que le second maintient actif un motif qui n'est pas réductible aux simples raisons philosophiques ? Le même Cléanthe qui dénonce les méthodes de la religion populaire avoue lui-même, lorsque la discussion en vient aux fins de la religion, « La religion, même corrompue, est encore meilleure que l'absence de toute religion » [3].

LA FORME DU DIALOGUE

Peut-on parler de la religion philosophiquement ? Même dans sa forme la plus philosophique, celle du théisme expéri-

1. *Dialogues*, I, p. 103.
2. *Dialogues*, I, p. 107.
3. *Dialogues*, XII, p. 329.

mental, libéré de la superstition, elle entretient une ambiguité irréductible : les raisons qu'elle produit s'imposent autant comme des faits de croyance et comme des valeurs motivant l'esprit humain. Lui manque-t-il de pouvoir apporter des raisons démonstratives suffisantes, qu'elle comble immédiatement ce défaut en invoquant le sentiment que le spectacle de l'ordre du monde ne manque pas de susciter dans les esprits éclairés, et qu'elle justifie cette évidence au nom des intérêts de la connaissance et de la morale. Toujours, elle esquive la critique, à la faveur de cet amalgame qu'elle réussit de l'ordre rationnel des arguments (quant à son contenu de représentation), de la chaîne « historique » des causes et des effets (quant aux circonstances qui la font naître et la détermine dans sa forme) et du jeu de valeurs spéculatives et pratiques qu'elle mobilise (quant au principe qui la fait vivre). La difficulté pour le philosophe est donc que la religion naturelle, étant un objet religieux, est à la fois un objet philosophique, un objet historique et un objet idéal. La géniale habileté de Hume est de commencer par la traiter comme une affaire de style : la religion naturelle est un objet qui se prête excellement à la forme du dialogue.

Il faut voir en effet dans le préambule du texte plus qu'une coquetterie ou une justification littéraire, où l'auteur indiquerait le sens de son entreprise au lecteur. Les déclarations de Pamphile doivent d'abord être replacées dans le contexte du débat d'époque sur la fonction philosophique du dialogue. En particulier, les toutes premières lignes sont la reprise d'un thème qui avait été largement développé par Shaftesbury. Plusieurs fois, dans les *Characteristicks*, Shaftesbury était revenu sur l'abandon ou le mauvais emploi d'une forme d'écriture en laquelle les Anciens avaient excellé. Le recul du dialogue, chez les modernes, de cet art pourtant si utile en

morale, où les caractères doivent être représentés, en même temps que définis, tient à la retraite de la philosophie dans les écoles et les monastères, et à la séparation qui en résulte, entre les hommes d'action et de gouvernement et les doctes voués aux recherches spéculatives; alors qu'en vérité la poursuite des fins de la vie publique et morale appelle l'enquête propre-ment philosophique, laquelle en retour ne peut s'abstraire des débats mettant en jeu les intérêts déterminés des hommes [1].

Or cette fonction médiatrice du dialogue commande l'art du bon dialogue, qui ne doit pas être une exposition didactique détournée. « Car ici l'auteur est annihilé, et le lecteur, auquel on cesse de s'adresser, ne représente plus personne » [2]. Au contraire, le dialogue place les personnages à distance et accorde à la scène une autonomie, une action dans laquelle ni l'auteur, ni le lecteur ne sont désormais impliqués personnel-lement. Ce recul esthétique, en quelque sorte, est la condition du mérite philosophique de ce mode d'écriture; il favorise une appréciation plus libre et plus exacte du poids respectif des discours et des arguments, qui doivent se soutenir par eux-mêmes. Ainsi, par sa liberté littéraire, le dialogue favorise la liberté du jugement, et il conjugue le sérieux philosophique avec le plaisir social de la conversation.

Il est évident que l'application de la forme du dialogue à la religion est une affaire délicate. Sur ce point, Shaftesbury souligne et dénonce à la fois une nouvelle pratique du dialogue par les auteurs orthodoxes. Ceux-ci, comprenant le parti qu'ils peuvent tirer de cette forme littéraire, à un moment où les voix

---

1. *Cf.* les *Moralists*, part I, section 1; *Advice to an Author*, section III; *Miscellaneous Reflections*, part V, chap. 2.
2. *Characteristicks*, 1, p. 200 (éd. de 1711). Voir notre étude « Hume and the art of dialogue », dans *Hume and Hume's connexions*, M. A. Stewart and J. P. Wright (eds.), Edinburgh, Edinburgh University Press, 1994, p. 201-223.

des hérétiques et des incroyants se multiplient et se font plus fortes, écrivent des dialogues dont la tournure réduit le risque de la libre pensée : tous les personnages sont de connivence avec l'auteur, y compris celui qui est censé représenter l'adversaire et qui est caricaturé jusqu'à l'impuissance. Tout au contraire, dans un véritable dialogue, la thèse adverse ou sceptique doit être présentée et appréciée dans ses arguments, et la thèse religieuse ne doit l'emporter que par ses mérites.

C'est donc dans le contexte d'une telle réflexion sur l'art du dialogue, réflexion associant depuis Shaftesbury les trois considérations de la forme littéraire, de la fonction philo-sophique et de l'application religieuse, que Hume écrit les *Dialogues*. Et son procédé est d'autant moins original qu'il répète délibérément des modèles que ses contemporains avaient présents à l'esprit.

Le modèle le plus ancien, et le plus reçu, est fourni par le *De natura deorum* de Cicéron. Tous les auteurs, traitant de religion, apologistes ou libres penseurs, ont pratiqué ce texte et y ont puisé arguments, illustrations et anecdotes. On y revient toujours, car cette œuvre, quelque décevante qu'elle puisse paraître pour un lecteur moderne, détient le privilège d'avoir la première mis en scène la question de la religion, de l'avoir soustraite aux décisions dogmatiques et de lui avoir apposé la forme du dialogue comme sa forme propre. Or, délibérément, et au su de ses lecteurs, Hume répète dans les *Dialogues* le *De natura deorum*. Il adopte la même distribution entre les trois personnages. Surtout, il maintient une analogie des compor-tements et des rôles, entre Velleius l'épicurien et Déméa le dogmatique, entre Balbus le stoïcien et Cléanthe le théiste expérimental, entre Cotta l'académicien et Philon le scepti-que. Certes, les thèses respectives ne concordent pas, car si Philon conserve de Cotta la puissance sceptique et la modé-

ration humaniste, il faut beaucoup d'humour à Hume pour unir dans le même esprit d'orthodoxie suffisante le matérialiste Velleius et le très religieux Déméa, et même pour rapprocher Balbus et Cléanthe, quand on sait que le livre II du *De natura deorum* a inspiré des générations d'apologistes populaires. Mais, précisément, les contenus sont moins importants que les tempéraments. Si Hume n'hésite pas à user de la matière du *De natura deorum* comme avec un kaléidoscope, il répète par ailleurs fidèlement les traits majeurs de la mise en scène. Ce caractère de répétition est encore renforcé dans son effet caustique, par le pastiche de l'introduction et de la conclusion du texte ancien. Les premiers mots de Pamphile reprennent et enrichissent le thème introductif adopté par Cicéron, selon lequel, si l'existence des dieux est largement reconnue et jouit d'une grande évidence, il n'en va pas de même pour la nature des dieux, qui est un sujet d'examen obscur, quoique important. Quant au paragraphe de conclusion des *Dialogues*, il est la transcription quasi littérale de la fin du *De natura deorum*.

Il y a de la malice dans cet artifice humien, et beaucoup d'habileté littéraire, le disciple étant bien supérieur au maître dans l'art du dialogue[1]. Mais il serait imprudent de ne pas dégager l'intention philosophique à l'œuvre dans cet humour ludique. La mise en scène n'est pas simple mise en forme : la pièce peut toujours être rejouée. C'est la même question du dessein et de la providence divine qui se répète sans cesse depuis Cicéron, suscitant la même critique sceptique. Que la répétition soit possible, avec le même prologue et le même final, montre à la fois la puissance de la question de la religion naturelle qu'aucune critique ne peut réduire définitivement, et

---

1. Le procédé de Cicéron reste assez grossier : il va, successivement, par exposition et réfutation de la thèse épicurienne et de la thèse stoïcienne.

en même temps sa vanité, car l'intrigue suit toujours le même progrès, pour aboutir au même terme sceptique.

Cicéron au plus lointain, Berkeley au plus proche. Là encore ceux des contemporains de Hume qui conservaient la mémoire de l'événement que fut la publication en 1732 de *l'Alciphron*, ne pouvaient manquer de faire le rapprochement. L'*Alciphron*, qui présentait sous forme de dialogues une apologie de la religion chrétienne, avait pris pour cible les libres penseurs, mais avait par là même rendu sensibles les solidarités complexes qu'entretenaient de façon plus ou moins avouée les différentes parties ; les frontières entre le déisme et certaines formes de rationalisme plus respectueuses de la religion étant bien difficiles à fixer et, inversement, le projet apologétique recouvrant, sous sa simplicité, des différences, sinon des antagonismes, bien difficiles à réduire. Hume a certainement retenu cette consistance de la scène religieuse, qui fait qu'une critique, si ajustée soit-elle, est à plusieurs détentes et peut toucher non seulement l'adversaire désigné, mais aussi l'adversaire de cet adversaire. Mais Hume a aussi retenu un autre trait, complémentaire, de *l'Alciphron* : l'ano-nymat. L'ouvrage fut publié sans nom d'auteur ; et cela à juste raison, puisque l'auteur est absent du dialogue. Dion, hôte d'Euphranor rapporte à Théagès une conversation dont il a été l'auditeur, sans y participer, et qui s'est tenue chez Criton, l'objet étant la libre pensée défendue par Alciphron et Lysi-clès. Aucun des personnages n'est le héraut de Berkeley, qui dissémine dans le tissu du dialogue des éléments repris de la philosophie de sa jeunesse. *L'Alciphron* n'est pas plus berke-leyen par le contenu, que les *Dialogues* ne seront humiens : le débat sur la religion jouit d'une autonomie propre, tirant son progrès du dialogue lui-même, dont la forme est à ce point consubstantielle à la question de la religion, qu'il n'est pas

besoin de poser une référence philosophique et dogmatique, fût-elle la philosophie de l'auteur. Il est vrai que la leçon à retenir n'est pas la même chez Berkeley et chez Hume : dans *l'Alciphron*, l'apologie n'a pas besoin du secours d'une philosophie, parce qu'elle est inspirée par la vérité de la religion chrétienne, vérité qui se suffit à elle-même ; dans les *Dialogues*, la religion est devenue l'objet d'une conversation inépuisable, qui n'est supportée par aucun principe de vérité.

Hume ne se borne pas à reprendre la manière berkeleyenne du dialogue, il fait aussi quelques emprunts scéniques. Ainsi, dans le quatrième dialogue de *l'Alciphron*, pressé par l'évidence des signes de dessein dans la nature, Alciphron s'accorde un moment de méditation[1]. Or l'épisode de la IIIe partie des *Dialogues* est clairement le démarquage de cette scène, quand Philon est momentanément réduit au silence par une argumentation de Cléanthe, qui est moins un raisonnement que la production de l'évidence du dessein. Et l'aveu d'impuissance d'Alciphron est repris dans la bouche de Cléanthe, à la fin de la VIIe partie. Le même emprunt sert deux fois !

Il ne faudrait pas imaginer que ces emprunts, ces répétitions, ces amalgames soient une faiblesse de la part de Hume. Ils sont au contraire les moyens d'un art consommé, art très classique, où la maîtrise de l'auteur s'affirme dans son aptitude à disposer du matériel reçu et, d'une manière d'autant plus raffinée qu'elle est plus discrète, à multiplier ces échos culturels qui font le plaisir distingué de l'honnête homme. On connaît les ambitions littéraires, d'abord déçues, puis satisfaites, de l'auteur du *Traité de la nature humaine* ; et ce n'est pas injure faite à sa philosophie que de reconnaître son grand

1. *Alciphron*, IV, 6.

art. Le dialogue, à côté de l'essai et de la narration historique, participe de cet effort de Hume pour atteindre un public débordant largement la seule caste des philosophes et pour conférer à la philosophie, sans toutefois céder aux facilités de la philosophie populaire, cette publicité sans laquelle elle serait tentée de se renfermer dans un dogmatisme étroit et triste. L'esprit d'examen doit user de formes souples, pour rester libre, et ne pas hésiter à s'adresser à l'homme de culture, pour rester naturel.

Au demeurant, Hume s'était déjà essayé au dialogue par deux fois. La section XI de *l'Enquête sur l'entendement humain*, primitivement intitulée « des conséquences pratiques de la religion naturelle », épouse la forme d'un dialogue, qui encadre un long discours prêté à Epicure. La forme dialoguée permet à Hume de ne pas prendre directement en charge l'exposé, qui est pourtant une application directe de sa doctrine de la causalité, et de l'attribuer à un ami sceptique qui, lui-même, fictivement fait parler Epicure. L'intention est clairement d'atténuer le caractère brutal, pour l'époque, de la thèse soutenue (à savoir : la liberté que se donne le raisonnement philosophique de prouver que les attributs moraux de la Divinité sont indémontrables, n'a pas d'effet sur la vie morale et la vie publique) ; mais il s'agit aussi, toute rigoureuse qu'elle soit au plan spéculatif, de rendre cette thèse inessentielle, sans importance. Un jeu de formes analogue se retrouve dans le dialogue qui conclut *l'Enquête sur les principes de la morale*, parue trois ans plus tard, précisément en 1751. Même sujet délicat : celui de la relativité de la morale ; mêmes artifices : le faux récit d'un voyage dans un faux pays, qui s'avère être la nation antique des Grecs, elle-même modèle contradictoire d'un jugement qu'il faut porter sur les mœurs présentes. Le dialogue permet de maintenir l'ouverture d'esprit indispen-

sable pour qu'on admette que la diversité des mœurs peut s'accorder, sans condamnation dogmatique, avec les principes universels du sens moral. Là encore, la forme n'est pas un simple ornement, mais le moyen de se garder de toute prévention, en des sujets si sensibles que la passion a déjà imposé ses objets avant que la réflexion n'ait eu le temps de s'amorcer, ou que la condamnation est déjà rendue avant que la raison n'ait pu faire valoir son droit au libre examen.

LA MATIÈRE DU DIALOGUE

Si la forme du dialogue, appliquée à la question de la religion, n'est pas originale chez Hume, quoique le lien entre la forme et la question soit rendu si étroit qu'il paraît nécessaire, la matière du dialogue est encore moins nouvelle : Hume la puise aux sources classiques des auteurs de l'antiquité, mais aussi dans les œuvres des écrivains modernes qui, français ou anglais, exercent une influence sur les comportements et les opinions du moment. Et non seulement il s'agit d'un matériel emprunté, mais ce matériel (vocabulaire, formules, thèses, arguments, valeurs) est encore rendu conventionnel par l'usage qui en est fait [1].

Au premier abord, il est facile de justifier ce procédé. Hume n'intervenant pas lui-même dans le dialogue, soit directement, soit par personnage interposé, il paraît légitime que Déméa, Cléanthe et Philon aient à représenter les trois grands types de discours qui sont alors tenus sur la religion : le discours, enraciné dans une longue tradition, des apologètes,

---

1. Dans la VIe partie, Cléanthe présente un argument « qui n'a été, je crois, jamais soutenu par aucun auteur » (p. 199).

des théologiens et des prédicateurs; le discours éclairé de la science nouvelle assumant volontiers la charge d'une véritable religion naturelle; enfin, le questionnement sceptique, constituant moins un discours propre qu'une menace intérieure aux deux précédents discours. Incontestablement, on retrouve dans les *Dialogues* l'économie générale du débat sur la religion dans l'*Enlightenment*.

Toutefois, il convient d'affiner cette appréciation. Tout d'abord, comme cela apparaît rapidement à l'examen des sources du texte, il faut se garder de vouloir trouver des clés. Les personnages n'ont pas pour charge de représenter un auteur désigné ou, comme chez Cicéron, une école de pensée aisément reconnaissable par ses enseignements. Par exemple, il est incontestable que dans la IXe partie, Déméa reprend l'argument *a priori* de Clarke[1], lequel, comme on le sait, est par ailleurs un porte-parole de Newton et un théologien dont le rationalisme effraie quelque peu les orthodoxes. Mais, dans la IIe partie, le même Déméa cite Malebranche; et l'on a pu souligner en lui l'influence de ce fonds français, important en terre britannique. En outre, dans la critique qu'il mène contre l'anthropomorphisme de Cléanthe et dans l'usage aveugle de l'analogie auquel il est obligé de consentir de façon inavouée, notre personnage se fait l'apôtre des distinctions de Browne entre la métaphore et l'analogie, entre l'analogie humaine et l'analogie divine[2]. Quant aux variations insistantes sur l'expérience du mal comme source du sentiment religieux, elles participent d'un principe de théodicée qui, tout en étant

---

1. Samuel Clarke, *A Demonstration of the Being and Attributes of God*, 1705, propositions 1 à 3. Voir aussi *The Answer to a seven letter, concerning the argument a priori*.
2. *Things Divine and Surnatural, conceived by Analogy with Things Natural and Human*, 1733.

déclaré inconnaissable, est posé de droit et qui ne diffère point, dans son esprit, du procédé de la théodicée systématique de William King[1] ou des arguments de prédicateurs, auxquels Butler saura donner un tour raisonnable[2]. Il est évident que, à un point de vue doctrinal, il serait malaisé de concilier les enseignements de Clarke, de Malebranche, de Browne, de King et de Butler. Mais Hume ne s'embarrasse pas de cela. D'une part, ses emprunts sont matériels, c'est-à-dire, ils ne retiennent ni les contextes de l'œuvre, ni les finalités poursuivies par l'auteur. D'autre part, si divers soient-ils, ces contenus s'harmonisent dans une unité qui n'est pas celle d'une doctrine, mais celle d'un comportement, d'un *temper* (pour employer le mot de Hume). Déméa – mais aussi Cléanthe et Philon – représente avant tout un certain comportement religieux, un *caractère*. Il est, des trois personnages, celui qui a la « fibre religieuse » et celui que, très habilement, Hume utilise à titre de révélateur. Son départ, notamment, à la fin de la XIe partie, vient témoigner que la discussion a été trop loin et que, pour tout homme de religion, l'idée du dessein moral de Dieu importe beaucoup plus que l'idée du dessein naturel que le rationalisme expérimental privilégie pour des besoins qui sont plus spéculatifs que pratiques.

1. Ce principe de théodicée est rendu sensible par l'écart entre le langage de Déméa et celui de Philon dans la Xe partie. Qu'on juge pouvoir ou ne pas pouvoir développer l'application du principe, ne modifie pas la nature de l'argument final qui est à l'œuvre. Hume fait référence à King dans une note (p. 259), comme à un philosophe optimiste, à ranger auprès de Leibniz. Le *De origine mali* de King (1702) fut traduit par Edmund Law en 1731, sous le titre *An Essay on the Origin of Evil*.

2. Joseph Butler, *The Analogy of Religion, Natural and Revealed, to the Constitution and Course of Nature* (1736). Déméa en appelle à l'idée que notre vie sur terre n'est que la partie d'une vie qui sera éternelle et où nous découvrirons les raisons de l'état d'épreuve dans lequel nous sommes plongés. Cette idée constitue un argument fondamental de la religion morale de Butler.

Déméa peut dissocier l'existence et la nature de la Divinité, déclarer la dernière incompréhensible et inconnue, sans renoncer à discourir sur Dieu, parce que l'argument *a priori* tire de l'existence nécessaire les prédicats onto-théologiques de la Divinité, ou, plus exactement, le caractère onto-théologique des attributs divins, qui par ailleurs peuvent rester inconnus. Et ce caractère, c'est l'infinité. La position d'une existence qui, nécessaire, ne peut être qu'existence, c'est-à-dire l'absolu infini au delà de toute compréhension finie, fait la force philosophique, supposée, de l'évidence à laquelle Déméa ne cesse de se référer. Assurément, pour ruiner l'onto-théologie, il suffit de montrer que les mots d'existence nécessaire n'ont pas de sens cohérent, que l'existence n'est pas un prédicat – preuve que Cléanthe s'empresse d'administrer. Mais lui-même est victime de cette même difficulté de l'infinité. Il est impossible de tirer une onto-théologie de l'argument expérimental : les attributs divins inférés par analogie ne peuvent d'aucune façon excéder la finitude humaine ; l'existence divine est indissociable de la détermination de sa nature et cette détermination, si raffinée soit-elle, reste empirique. De façon remarquable, à deux reprises, pour l'argument du dessein et pour l'argument moral, l'attaque de Philon porte d'abord sur cette question de l'infinité ; et dans les deux cas, par souci de cohérence, Cléanthe en vient à renoncer à ce caractère de la Divinité et se déclare content d'attributs naturels ou moraux simplement finis. Mais, en cédant sur l'infinité, il a cédé sur tout : d'un côté, un dieu fini devient n'importe quoi, de l'autre côté, on ne peut même pas le justifier de l'existence du mal. Bref, l'infinité est inconnaissable, soit qu'on veuille la penser à partir de l'existence nécessaire, soit qu'on cherche à l'inférer expérimentalement à partir de l'ordre et de l'harmonie du monde.

Les *Dialogues* sont une machine sceptique infernale : il suffit à son fonctionnement que soit instaurée la contradiction entre la voie *a priori* de Déméa et la voie *a posteriori* de Cléanthe. Les arguments critiques de Philon ne sont que le développement de cette contradiction sur fond de philosophie empiriste. Toutefois, il faut une condition : que la question de la religion naturelle puisse être traitée spéculativement, qu'elle soit libre de cette évidence et de cette importance dont Pamphile l'avait lestée initialement. C'est pourquoi, la Ire partie est indispensable, quoiqu'elle puisse paraître un préambule peu utile : Philon y conquiert son droit de parole. Dans son précepte d'éducation, Déméa prétend retarder l'examen critique de la religion à un temps où, l'évidence pratique de l'existence divine étant assurée, cet examen ne servira qu'à la renforcer. Mais en tentant de disqualifier le scepticisme, Cléanthe fait de même : le scepticisme est, dit-il, incompatible avec la vie courante ; il est de peu d'effet ; et, quand il est raisonnable, il proportionne son assentiment à l'évidence rencontrée : or, précisément, l'évidence expérimentale de la religion naturelle appellerait une telle modération. En réponse, Philon demande qu'on reconnaisse que la question de la religion naturelle dépasse l'expérience : de la sorte, elle ne sera plus réglée que par la logique de l'argumentation. Mais chassez l'évidence, elle se réinvestit toujours dans le discours de la religion, qui décidément ne cesse de déborder le discours philosophique. Il est vrai, elle détient une forte carte : la finalité.

LA CRITIQUE DE LA FINALITÉ

Ce serait assurément une erreur de penser que, livrés au sceptique, les *Dialogues* seraient un simple amusement philo-

sophique. On y trouve en effet la critique la plus impitoyable qui ait jamais été faite contre les arguments de finalité. Et, à l'intérieur de la philosophie humienne, ils parachèvent l'entreprise qui avait été engagée par le *Traité de la nature humaine* : la critique du principe de raison, d'abord menée sous les espèces de l'examen sceptique du principe de causalité, est ici redoublée, et en même temps portée à son extrémité, par la déconstruction du principe de finalité – cette légalité supposée, non point de la nécessité, mais de la contingence de l'expérience, légalité qu'un empirisme strict ne peut pas tolérer. Cette critique est l'œuvre de Philon.

Même les partisans de l'argument *a priori*, dans la longue histoire de la philosophie de la religion, ont toujours trouvé que la preuve par les causes finales était plus naturelle et plus convaincante : elle est immédiatement compréhensible par tous les hommes. Le théisme expérimental a tenté de la renouveler en lui donnant pour base la science nouvelle et en y cherchant une démonstration en règle. Mais qu'on accepte ou qu'on récuse cette tentative, la preuve par l'ordre et l'harmonie du monde a une force d'évidence qui d'emblée conforte le sentiment religieux et suscite l'adhésion à la vérité du principe divin, devant le spectacle de ses œuvres.

À cet égard, les *Dialogues* nous semblent bien plus concernés par la religion naturelle ainsi vécue et valorisée que par l'argumentation théologique. Certes, le dilemme théologique fournit la structure de la critique sceptique. Mais cela ne suffit pas : une réfutation a peu d'effet sur l'homme de religion, cet homme fût-il un théiste expérimental.

En effet, il n'y a dans le texte que deux parties qui soient strictement consacrées à la critique des preuves : la IIe partie et la IXe. Dans la IIe, en une seule critique, Philon dispose de

l'argument *a posteriori* avec autant de facilité que Cléanthe, dans la IXᵉ, de l'argument *a priori*. Il suffit de soumettre l'argument à la règle critique de proportion : n'y ayant pas de connexion *a priori* entre l'ordre et un dessein, mais seulement dans la mesure où nous faisons l'expérience, dans les productions humaines, que la matière ne se met pas en ordre d'elle-même, alors que les idées le font, l'argument est contraint de raisonner par analogie avec l'art et l'invention humaine. Et par conséquent, le degré d'évidence de l'inférence doit être subordonné au degré de similitude des cas comparés, la similitude des causes étant proportionnelle à la similitude des effets. Or la comparaison des effets (l'œuvre humaine, l'univers) montre leur disproportion, et une disproportion si considérable qu'elle interdit toute possibilité de comparaison puisqu'elle va de la partie au tout : l'argument prétend prendre la partie pour la règle du tout, alors que le tout, aussi bien dans l'espace que dans le temps, est sans mesure avec la partie. Avec cette seule remarque que l'univers est incomparable, Philon ôte son pouvoir démonstratif au théisme expérimental.

Mais, justement, le théisme expérimental ne perd pas pour autant tout pouvoir, et la comparaison avec les causes finales humaines reste légitime, à défaut d'être justifiée, si la « preuve » change de nature, si l'on passe d'un raisonnement physico-théologique à une inférence religieuse qui se borne à mettre en évidence, à élucider la signification de l'expérience finale de l'harmonie de l'univers. En vérité, les auteurs de religion de l'époque opéraient ordinairement ce glissement de façon insensible et y gagnaient l'assurance que dans la preuve conspirent la raison qui démontre, l'expérience qui appelle un principe de sens, et le sentiment qui adhère à l'évidence. La force de Hume est de séparer nettement la preuve comme démonstration et la preuve comme *sens*, et d'appliquer deux

modes critiques distincts : la réfutation de la démonstration par application de la méthodologie des raisonnements de causalité, et la réduction de l'inférence finale qui, sous la valeur de la finalité, cache le principe métaphysique de raison.

Cléanthe souligne lui-même la modification : de même qu'on prouve le mouvement en marchant (ce qui n'explique évidemment pas le mouvement!), de même les objections abstruses des philosophes, entendons : la réfutation de l'argument du dessein pris comme raisonnement, « doivent être réfutées par des illustrations, des exemples, des instances, plutôt que par un argument et une philosophie sérieuse »[1]. Aveu de faiblesse qui permet à Cléanthe de se placer sur un autre terrain, celui du fait de l'évidence finale, dont l'inférence n'est que le développement et dont l'objet est l'ordre et l'harmonie de l'univers recevant son sens d'un dessein intelligent et sage. Ainsi, dans l'expérience que tout homme a du monde (s'il n'est pas un barbare ignorant), sont compris le fait de l'ordre, l'appréhension de l'intention à laquelle cet ordre répond, et la certitude de l'existence du principe créateur qui a réalisé cette intention. Les raisons ne sont plus nécessaires ; le sens, à la fois sens commun, sens final et sentiment religieux, l'emporte. Par l'unité de son plan, par l'ajustement des moyens partout vérifié, l'univers, tout et parties, est le signe sensible du dessein divin. Le chemin qui mène du signe au signifié est beaucoup plus rapide que le chemin qui va, par le raisonnement, de l'effet à la cause ; et surtout il est spontané.

En conséquence, Cléanthe demande au sceptique de mitiger son scepticisme et d'ajuster son rationalisme aux clairs

---

1. *Dialogues*, p. 141. On comparera avec les formules de la IIe partie : « par cet argument *a posteriori*, et par cet argument seul, nous prouvons à la fois l'existence d'une Divinité et sa similitude avec l'esprit et l'intelligence humaine ».

instincts de la nature. En conséquence, la tâche de Philon a changé : si on peut régulièrement réfuter un argument théologique, lequel est un objet philosophique, comment faire la critique d'une évidence qui lie d'emblée l'expérience de l'ordre (indiscutable) et l'inférence finale du dessein (immédiate). Dénoncer cette «pensée» du sentiment qu'est la finalité, comme n'étant point un raisonnement, revient à reconnaître que le sentiment est assez fort pour penser et poser dans l'existence un objet qui est inaccessible. C'est pourquoi, si la critique de la religion naturelle doit être poursuivie, il faut désormais réduire cette évidence finale et montrer que s'y exerce un principe de finalité, proprement philosophique, sous le couvert de la simplicité naturelle de l'expérience-inférence mise en avant.

On se souvient que Déméa sauve la contenance de Philon, en contestant que l'analogie renfermée dans l'inférence puisse fournir une idée adéquate de la Divinité, c'est-à-dire que les prédicats analogiques puissent égaler l'infinité qui est le caractère ontologique de l'existence divine : l'idée de l'intelligence suprême n'est pas déterminable ; il faut adorer en silence. Étant un philosophe expérimental conséquent, Cléanthe maintient que l'idée d'un objet dont on ne peut avoir d'expérience n'est déterminable qu'empiriquement, par le moyen de l'analogie. Il est ainsi conduit à assumer l'anthropomorphisme qui accompagne l'argument du dessein. Or, par là même, le défenseur de la religion naturelle accorde deux choses : le principe de finalité n'est pas un principe rationnel pensable a *priori* ; son contenu et son exercice ne sont déterminables que par analogie avec l'expérience que l'homme a de sa propre activité finale. Ensuite, pour parler un langage kantien, l'application du principe de finalité n'est pas de type

réfléchissant, mais de type déterminant[1] : en l'absence d'une détermination analogique, aucune pensée ne peut avoir cours ; cette cause finale qu'est l'intelligence suprême n'est pensable que dans la mesure où elle est connue. Bref, le principe de finalité est traité empiriquement, comme un principe tiré de l'expérience, et analogiquement, puisque dans le cas de la Divinité il n'y a pas d'expérience propre possible.

Dès lors, Cléanthe est perdu : la critique sceptique menée par un empirisme strict contre la rationalité du principe de causalité, s'exerce à plus forte raison contre le principe de finalité. Au fond de ce dernier gît le principe de la causalité des idées : celui qui admet la causalité du dessein divin postule que Dieu produit le monde selon un plan du monde idéal, qu'il se représente en son entendement, et que l'ordre de ce monde idéal est la cause suffisante de l'harmonie du monde réel, dans la mesure où le monde idéal est un monde représenté, c'est-à-dire se justifiant par sa propre rationalité. Dans l'évidence de la représentation rationnelle qu'en a l'entendement divin, le monde en idée peut être présenté comme le modèle et la justification du monde réel. Pour le dire simplement : le dessein qui préside à l'existence de ce monde est celui d'un Être infiniment intelligent et sage. Or ce postulat d'une causalité rationnelle idéale ne peut être dérivé de l'expérience, laquelle ne livre qu'une analogie anthropomorphite.

---

1. Dans les *Prolégomènes à toute métaphysique future* (§ 58), lorsqu'il revient sur la critique humienne de l'anthropomorphisme, Kant déclare que l'analogie ne fait pas problème, si cette analogie se borne à remplir de façon symbolique le concept de l'Être suprême, qui est un concept rationnel. Dans le § 75 de la *Critique de la faculté de juger*, Kant reprend la question en faisant de l'analogie du dessein un principe pur subjectif pour la faculté réfléchissante. Pour une comparaison entre Hume et Kant sur ce point, voir notre *Kant ou Hume*, Paris, Vrin, 1980, chap. IV.

C'est le caractère purement métaphysique d'un tel postulat que Philon met en lumière dans la IVᵉ partie, en développant une critique qui n'est incongrue qu'en apparence et qui consiste à traiter empiriquement le principe de finalité (tel qu'il est exemplifié dans l'idée du dessein). Dans la IIᵉ partie, Philon avait fait confirmer à Cléanthe le caractère expérimental de l'argument du dessein et obtenu de lui qu'il accorde que les causes finales sont à traiter comme un certain type de causes parmi d'autres, leur opération causale ne faisant pas exception à la théorie générale de la causalité, selon laquelle tout ce qu'on peut trouver en guise de raison entre la cause et l'effet, n'est que la conjonction constante entre deux phénomènes. Dès lors, si les causes finales se comportent comme toutes les autres causes, elles ne peuvent apporter la satisfaction que le sentiment religieux espérait placer en elles. Accordons que le monde idéal pensé par Dieu soit la cause du monde réel perçu par les hommes. Ce monde idéal est une cause finale dont le pouvoir dépend de ce que ce monde est représenté et pensé par Dieu selon un certain principe. Mais en tant que cause, il est lui-même l'effet d'une cause supérieure etc., la régression des causes ne venant à cesser que par l'étroitesse des capacités humaines. Ainsi, il faut chercher la cause des causes finales, chercher la cause du dessein suprême – preuve par l'absurde que le principe de la causalité finale, distinguée des autres causalités, ne tient que par l'idéalité et la rationalité qu'on lui accorde subrepticement. Mais, a *priori*, l'ordre des idées ne se valide pas plus par soi que l'ordre des choses ; *a posteriori*, l'ordre des idées dans un entendement humain est soumis à une multitude de circonstances qui sont susceptibles de le faire varier, et ces circonstances seront transférées par analogie à l'entendement divin. Ainsi, « dire que les différentes idées qui composent la raison de l'Être suprême se

mettent en ordre d'elles-mêmes et par suite de leur propre nature, c'est proprement parler sans signification précise » [1].

La critique de Philon est décisive ; et Cléanthe ne peut plus ensuite, à partir de la Ve partie, opposer que des concessions et des protestations. Le postulat d'une rationalité métaphysique à l'œuvre dans l'évidence finale du dessein étant dénoncé, l'expérience de l'ordre et de l'harmonie du monde perd sa valeur religieuse, et la spontanéité du sentiment religieux, à passer du signe du monde au dessein manifesté, livre ce qu'elle cache : une inférence anthropomorphique doublée d'un anthropocentrisme, conduisant à privilégier l'analogie humaine. Dès lors, la critique peut revenir sur un emploi critique du principe de ressemblance, en le faisant jouer à la fois comme principe de détermination de l'idée de la cause et comme principe de détermination de la probabilité de l'idée. Sans l'analogie, rien n'est pensé de la Divinité et rien n'est non plus posé. L'inférence religieuse est donc bien une inférence philosophique : en l'absence d'une idée rationnelle de Dieu qui permettrait de lui attribuer a *priori* ses prédicats onto-logiques et d'employer l'analogie à titre de substitut symbo-lique (Cléanthe déclare lui-même que les mystiques sont des athées), toute la force de « l'hypothèse religieuse » dépend de l'exercice d'une analogie matérielle, soumise à la règle de proportion. Dans les parties V à VIII, Hume tire de cette règle une suite de variations qui viennent corroborer la critique de l'argument expérimental menée dans la IIe partie et la critique de l'évidence finale menée dans la IVe partie.

Considérons d'abord ce dernier aspect. La variation par maximum de ressemblance, maximum toujours relatif qui appelle à chaque fois une nouvelle variation, permet à Hume

---

1. *Dialogues*, p. 169.

de parcourir tous les types de finalité et de procéder à une sorte d'archéologie de l'évidence finale.

Mode de causalité parmi d'autres à l'intérieur du monde, la causalité du dessein est à considérer non seulement dans sa dimension intentionnelle, mais également dans son effectivité productrice – bref, comme une causalité artisanale. Or, si l'on examine comment l'industrie et la raison humaines agissent, une multitude de circonstances, ordinairement passées sous silence, surgissent : cette sorte de cause opère par essais et par échecs ; elle intéresse plusieurs acteurs, lesquels sont mortels et dotés d'un corps. La recherche du maximum de ressemblance veut donc que l'on applique ces circonstances au dessein divin. Un tel anthropomorphisme, de plus en plus grossier, est inévitable, dès qu'on renonce à l'infinité des attributs divins, c'est-à-dire à ce caractère ontologique que l'on ne peut d'aucune façon tirer de l'expérience d'un monde fini. Ayant dû abandonner l'infinité, le théiste expérimental est condamné à abandonner également le caractère de perfection qui est implicitement accordé à la causalité du dessein (un seul acte de création, un seul auteur, un plan simple dans son principe, une économie du tout ajustée). Ainsi, cet art de la raison, si vanté qu'on l'attribue à la Divinité, lorsqu'on l'analyse dans son effectivité concrète, perd ce caractère d'achèvement qu'on lui attribue spontanément, lorsqu'on ne voit en lui que la sagesse de l'intention et du système.

Après cette première réduction qui occupe la Ve partie, il reste cependant, comme le souligne Cléanthe, l'idée même du dessein, l'idée d'une causalité intentionnelle et rationnelle, transcendante à la réalité matérielle à laquelle elle s'applique. Et Cléanthe de déclarer y trouver un fondement suffisant pour la religion. Or, par une seconde variation, Philon brise cette ligne de repli. Appliquant le principe que, quand

religion : à la finalité rationnelle répond le théisme expérimental, à la finalité artisanale le polythéisme, à la finalité animale
le panthéisme, à la finalité naturalisée une cosmogonie natura-
liste, enfin à cette esthétique de l'apparence du désordre,
l'athéisme matérialiste qui est le système-limite, en ce qui
concerne la religion. Ainsi, en déconstruisant l'idée de finalité,
par un mouvement archaïsant, Philon exhume peu à peu la
source de la religion naturelle. En effet, cette religion qui, pour
s'authentifier comme religion, en appelait à l'évidence finale
et arguait de la spontanéité de cette évidence, masquant de la
sorte, sous l'alibi du sentiment religieux, un principe très
métaphysique – cette religion n'apparaît, au bout du compte,
que comme une hypothèse cosmogonique parmi d'autres. La
vraie question, et c'est une question entièrement spéculative
soumise à la décision philosophique, est celle-ci : quelle est
l'origine du monde ? Quelle est la cause du système de causalité qu'est le monde de notre expérience ? Question métaphysique, s'il en est, qui par essence dépasse tout traitement
empirique possible. Aussi, en ce domaine spéculatif, aucune
inférence, aucun des systèmes ne peut se montrer déterminant : « Rien que dans ce petit coin du monde, il y a quatre
principes, la raison, l'instinct, la génération, la végétation, qui
sont semblables les uns aux autres et sont les causes d'effets
semblables »[1].

Si l'évidence finale mise en avant par la religion naturelle
ne résiste pas à l'examen sceptique, on peut se demander quels
motifs, à défaut de raisons, l'animent et lui communiquent la
force d'une croyance.

À cette question la réponse est simple. L'argument du
dessein a pour but d'introduire l'argument moral : la finalité de

1. *Dialogues*, VII, p. 215.

la nature est au service de la finalité morale. Car peut-on penser que la Divinité se représente dans son entendement et crée par sa volonté un ordre harmonieux du monde qui n'ait pas pour fin le bonheur des hommes ?

La critique des attributs moraux de la Divinité et de la finalité morale (de la finalité du monde ordonnée au bien de l'homme) est développée dans les parties X et XI. Elle obéit à la même structure argumentative que la critique de l'argument du dessein : si les prédicats ontologiques (et notamment l'infinité) pouvaient être établis *a priori*, certes l'on serait peut-être autorisé à juger que le mal est compatible avec des attributs divins dont l'effectivité nous demeure incompréhensible. Mais la réfutation de l'argument *a priori*, par Cléanthe lui-même, dans la IXe partie, a définitivement fermé cette voie. Il ne reste donc que l'argument expérimental. Or les attributs moraux de la Divinité ne peuvent être tirés de l'analogie humaine, qui, si l'on s'obstine, livre tout au plus l'idée d'une finalité négative : si la Divinité a une puissance infinie, en sorte que tout ce qu'elle veut s'exécute, alors elle n'est pas bienveillante, puisque les hommes ne sont pas heureux ; si sa sagesse est infinie, en sorte que les moyens sont exactement ajustés aux fins, alors elle n'est pas miséricordieuse, puisque le cours de la nature ne va pas dans le sens de la félicité humaine. Ni dans le choix de la fin, ni dans la disposition des moyens, on ne peut conclure à une intention bonne.

La réalité du mal est incontournable. L'expérience qu'on en a peut être une expérience religieuse, mais d'une façon telle qu'elle suscite le sentiment religieux contre l'évidence finale : c'est la crainte qui anime ici l'homme religieux et qui lui fait vénérer une puissance dont les intentions sont inconnues et redoutables. L'épreuve de la faiblesse et de la misère humaine sert les religions populaires, mais non cette religion de gens

d'instruction et de science, qu'est le théisme expérimental.
C'est pourquoi, Philon, renchérissant sur Déméa, aiguise
l'argument critique : non seulement le mal n'a pas de place
dans l'harmonie universelle, non seulement il est un reste dont
l'inférence finale n'a que faire, mais, fût-il limité et si peu
important qu'on voudra, par la simple réalité de sa présence, il
nie la finalité et jusqu'à la réalité de l'ordre ; et il contamine
irréductiblement l'inférence finale.

Or Cléanthe a besoin de sauver la finalité morale, puique
dans sa perte elle entraîne la finalité naturelle : un dessein
suprême ne peut être pervers. Et surtout, peut-on percevoir
l'harmonie d'un monde où le mal naturel (sans compter le mal
moral) existe ? Le mal est un désordre irréductiblement contin-
gent. C'est pourquoi, après avoir tenté de nier l'importance
du mal, et même son existence absolue, et devant la critique
renouvelée de Philon, qu'il est impossible d'inférer, d'un
monde où existe le mal, l'existence d'un dessein infiniment
bon et sage, le théiste expérimental fait une dernière tentative :
justifier l'existence du mal en sacrifiant l'infinité de la Divinité. On supposera à l'Auteur de la nature une perfection finie
(quoique excellente) : « en un mot, la bienveillance, réglée par
la sagesse et limitée par la nécessité, peut produire un monde à
l'image de celui-ci » [1].

Même à ce prix, peut-on justifier le mal ? Le prix à payer
– le sacrifice de l'infinité divine – paraîtra intolérable à un
homme de religion ; mais la justification ainsi introduite
rejoint les arguments les plus classiques de la théodicée :
l'intention divine demeure absolument sage et bonne ; seule
l'exécution de l'intention est limitée. La nécessité du tout des
choses vient limiter la réalisation particulière du bonheur des

1. *Dialogues*, XI, p. 285.

hommes, qui sont partie de ce tout. La finalité naturelle borne la finalité morale. Ce ne sont pas les fins qui sont défectueuses ; mais, précisément, la sagesse divine ajuste les moyens aux fins, au mieux de ces fins et dans la mesure de ces moyens.

Pour amener à rien cette justification « technique » de la finalité, Philon développe l'argument des quatre circonstances. La totalité ou la plus grande partie de nos maux ont quatre sources principales, auxquelles la raison humaine remédierait, si elle en avait le pouvoir, aucune ne paraissant nécessaire ou inévitable. Résumons ces quatre circonstances : 1) Dans l'économie du règne animal, les peines aussi bien que les plaisirs servent à exciter les créatures humaines à l'action, alors que, à la place de la douleur, une simple diminution de plaisir pourrait suffire. 2) Le monde est conduit par des lois générales et régulières, au détriment du bien des êtres particuliers : on peut concevoir une providence qui, quand le bonheur des hommes est en jeu, agirait par des volitions particulières suffisamment fines pour ne pas perturber le cours général de la nature. 3) C'est de plus avec une grande parcimonie que les pouvoirs et les facultés sont attribués à chaque être particulier ; or, en ce qui concerne l'homme, il aurait suffi d'augmenter son goût pour l'industrie et le travail. 4) Enfin, il n'y a rien de si avantageux dans l'univers qui, par excès ou par défaut, ne conduise aux conséquences les plus fâcheuses.

Sous son aspect apparemment spéculatif, la critique est très incisive. L'ordre des choses est, relativement au bien de l'homme, grossier, trop général, étriqué et même relâché. On peut douter non seulement de son intention bienveillante, mais encore du mérite de ses généralités, de la valeur de ses accords, de l'exactitude de ses ajustements. Mais, diront les théistes, il ne faut pas lire ainsi directement la finalité de l'univers : le bien des créatures n'est assuré que dans la mesure où le permet la

nécessité du tout. Or l'argument ne vaut pas : cette nécessité est gratuite (la douleur pourrait ne pas exister) ; elle est rigide et sans raison (quelques volitions divines particulières ne troubleraient pas le cours général des choses) ; elle est à courte vue (il suffirait de donner aux hommes le goût du travail) ; enfin, elle est approximative (elle ne sait rester dans les limites de l'utilité des créatures). Bref, les moyens ignorent les fins. Cette critique est redoutable, parce qu'elle concerne l'ajustement des moyens aux fins et que, en termes théologiques, elle affecte le vouloir divin. La Divinité a-t-elle voulu le bien des créatures, et en particulier des hommes ? Mais que demande-t-on à une volonté bonne ? 1) qu'elle veuille le bien de son objet ; 2) que pour cela elle soit attentive à son objet ; 3) que pour cela elle veuille sans compter, avec la générosité qu'on attend d'une volonté ; 4) que pour cela elle ait assez de fermeté. Or, considérant la condition des hommes une raison simplement humaine peut établir que la disposition des moyens a été faite sans bienveillance, avec inattention, parcimonie et relâchement. De même qu'on ne saurait inférer l'intention du dessein, on ne peut justifier son vouloir.

Cette critique de la finalité est, sur le plan de l'argumentation, sans appel, pour le théisme expérimental. Que reste-t-il ? L'expérience de l'ordre et de l'agencement du monde, expérience qui est esthétique, dans la mesure où elle n'est pas la saisie d'un objet particulier. Quant au mal, il est un désordre qui ne peut être incorporé dans aucun ordre, par aucune justification. Une cause finale suprême ne peut être établie ni comme cause, ni comme sens, et encore moins être justifiée.

Or c'est encore la finalité qui fait la matière du premier développement de la XIIe partie, lequel développement oriente l'ensemble de cette partie qui peut paraître énigmatique. Après le départ de Déméa, Philon revient à un accord

avec Cléanthe d'autant plus libéral que l'équivoque est plus manifeste. Et dans le propos même du sceptique, de façon apparemment inattendue, l'évidence finale survit à la controverse. Aucun homme de sens commun ne peut s'y dérober. Philon déclare de lui-même : « personne n'a un sens de la religion plus profondément imprimé dans son esprit ni ne rend une plus profonde adoration à l'Être divin tel qu'il se découvre à la raison, dans l'inexplicable organisation et l'inexplicable artifice de la nature. Un but, une intention, un dessein frappe de partout le plus négligent, le plus stupide penseur »[1]. Si l'on entend ces propos avec les oreilles de Cléanthe qui renchérit en vantant le caractère à la fois intelligible et naturel de l'argument du dessein, alors le sceptique doit être tenu pour un simple faiseur de disputes. Mais il faut lire les formules de Philon avec exactitude : l'organisation qui se découvre dans la nature reste inexplicable, en sorte que l'Être divin n'est pas posé comme la cause du monde, mais comme un obscur objet d'adoration; d'autre part, si l'évidence finale d'un dessein *frappe* l'esprit, encore cet esprit doit-il être celui d'un penseur. Bref, l'évidence finale est la passion de celui qui contemple l'ordre des choses. Et ce n'est pas accorder ce que Cléanthe mettait en avant dans la IIIe partie, à savoir : l'inférence religieuse est une croyance naturelle. En effet, le sens commun ici invoqué n'est pas celui du vulgaire, mais celui des gens cultivés qui ont reçu une instruction et qui s'adonnent à la science. Et Philon développe : c'est une maxime établie *dans les écoles* que la nature ne fait rien en vain; c'est un fondement reconnu du *système copernicien* que l'économie et l'ajustement des moyens aux fins. Ainsi, pour assurer le progrès de ses explications, la science use de la finalité; et, par éducation,

---

1. *Dialogues*, XII, p. 315.

l'entendement finit par appliquer ce principe à la cause du monde elle-même. La croyance en l'existence d'un dessein suprême est bien irrésistible (si elle n'est pas universelle); mais c'est une *croyance philosophique*, et non naturelle.

La force de l'évidence finale est irrésistible; et Philon, homme de son temps et homme de science, n'y résiste pas. Mais il y a beaucoup d'effets culturels auxquels l'esprit même le plus clairvoyant ne résiste pas. Céder à une influence n'est pas la justifier. Inversement, on ne combat pas une tendance avec des arguments. C'est pourquoi, dans la fin du texte, Philon a recours à une procédure sceptique originale : on s'abandonnera à la tendance, mais on l'égarera; on videra l'évidence finale de son objet en établissant la concorde entre tous les systèmes, et en montrant au théiste et à l'athée que leur croyance est identique, à une différence inassignable près, dans le degré d'exactitude qu'il convient d'attribuer à l'analogie. Le conflit des hypothèses religieuses se résume à une dispute de mots.

Ainsi, quoiqu'elle s'impose à un esprit philosophique, l'évidence finale est-elle aveugle. Ainsi, la croyance qui l'accompagne et qui est un effet philosophique, peut-elle être neutralisée, comme le montrent les dernières paroles de Philon; il reste une croyance vague, une vivacité sans idée, en quelque sorte. Or, si l'idée de la Divinité se dilue de cette manière dans les arguments et les mots, la force de l'évidence ou la vivacité de la croyance est quelque chose de bien réel : elle résulte de la passion que la raison humaine éprouve pour elle-même; elle procède de l'essence de la finalité, qui est cette complaisance par laquelle la raison humaine, ce principe artisanal d'ordre, se représente à ses propres yeux comme étant le principe du tout – au degré près.

Principes de la présente traduction

Un dialogue littéraire, s'il est un vrai dialogue, repose sur un ensemble de conventions, qui sont de mise en scène et de langage. Pour ne pas se réduire à la conjonction de monologues, la conversation demande que les conditions de l'échange soient respectées : elle implique à la fois une rhétorique et un lexique communs aux interlocuteurs. Il faut en outre considérer que le dialogue médiatise tous les énoncés, qu'il les attribue à des personnages et qu'ainsi il en fait des objets de représentation. C'est pourquoi, il apparaît vite au lecteur que la langue de Hume n'est pas une langue philosophique, mais la langue d'une conversation distinguée et raffinée entre gens de bonne compagnie, où les valeurs du mot sont souvent plus importantes que sa signification, où souvent la désignation de la chose suffit à la détermination de l'idée, où la précision s'obtient par des jeux d'opposition, des effets de catégorisation, plutôt que par une rigueur conceptuelle ; etc. Le vocabulaire est conventionnel et, en quelque sorte, conceptuellement neutralisé ; si l'on veut connaître la signification de mots aussi philosophiquement imprécis que *topics, contrivance, fabric*, il suffit de se reporter à un bon dictionnaire donnant les sources et les usages du terme. Et les pastiches auxquels Hume se livre (notamment dans la IIIe et la Xe partie) montrent que c'est propos délibéré de sa part. Quant aux structures discursives du dialogue, elles ne sont pas moins convenues : les lois du genre sont respectées.

Mais quel art consommé ! L'écriture de Hume est une écriture classique, où le langage est un artifice et où la composition et le style font le génie. Ce classicisme a un avantage pour le lecteur français : le texte n'offre pas de grandes difficultés de compréhension immédiate ni de problèmes techni-

ques de traduction (sinon les difficultés ordinaires du passage
de l'anglais au français, soit syntaxiques, soit lexicales)[1]. Le
risque serait plutôt dans la tentation d'une transcription
directe, menant à un français lourd et maladroit. Pour notre
part, nous avons pris pour règle d'essayer de conserver au texte
son aisance, facile et subtile, en acceptant de diversifier la
traduction d'un même mot en fonction du contexte, en sacrifiant dans quelques cas l'exactitude au style, et en renforçant à
l'occasion les inflexions discursives.

Deux traductions ont été données des *Dialogues*, depuis
leur parution. La première, dès 1779, anonyme, sous le titre :
*Dialogues sur la religion naturelle, ouvrage posthume de
David Hume, écuyer*, à Edimbourg, 1779[2]. Dans son introduction, le traducteur déclare qu'il a eu connaissance du texte
anglais, plusieurs mois avant qu'il ne paraisse en Grande
Bretagne. Il vante les mérites de l'œuvre et, identifiant Hume à
Philon, il prend son parti contre les dévots. Cette traduction a
l'élégance et le caractère non technique des traductions de
l'époque. La seconde traduction est celle qui a été donnée par
Maxime David en 1912 et qui a été rééditée depuis[3]. Elle est
attentive au texte, mais assez souvent embarrassée par une
transcription trop directe. Certaines de ses solutions sont
cependant excellentes, et nous lui en sommes redevable.

---

1. Ainsi : *being*, dans *being of God* (opposé à *nature of God* et à comparer
avec *a perfect Being*) ne peut être traduit que par *existence*, Hume employant
lui-même par ailleurs le mot anglais *existence*. *Feeling* ne peut pas être traduit
autrement que par *sentiment* (nous avons cependant traduit parfois par *impression*), alors que Hume emploie également *sense*, *sentiment*. *Contrivance*, selon
que le sens est subjectif ou objectif, a été traduit par *industrie* (qui est le mot du
XVIIIe siècle) ou *organisation*.

2. Elle a été récemment reprise avec quelques coupures dans une édition
scolaire, Paris, 1982, introduction et commentaires par E. Zernik.

3. Dernière réédition, Paris, Vrin, 1973.

Nous avions établi notre traduction, lors de sa première publication en 1987, à partir du texte anglais fourni par les éditions de N. Kemp Smith[1] et de J.V. Price[2], elles-mêmes établies à partir du manuscrit que possède la Royal Society d'Edimbourg – la première jouissant de l'autorité de son auteur, la seconde ayant été contestée pour ses erreurs matérielles et pour ses incertitudes méthodiques, quoique étant par ailleurs fort utile. Depuis ce temps, plusieurs éditions des *Dialogues* ont vu le jour dans les pays de langue anglaise, souvent à des fins scolaires, dégageant un texte courant et modernisé, plus ou moins directement fondé sur le manuscrit d'Edimbourg. Dans l'attente de l'édition de référence des *Dialogues* à paraître dans la Clarendon edition (Oxford) des *Works of David Hume*, nous n'avons pas cru devoir revenir sur notre décision primitive.

Dans le même temps, les *Dialogues* ont trouvé leur place dans les études universitaires en France. Il nous a donc paru utile de mettre en regard de notre traduction le texte anglais, en nous fondant d'abord sur l'édition (éventuellement rectifiée et complétée) de N. Kemp Smith qui nous avait servi de base et qui reste provisoirement l'édition de référence. L'orthographe est modernisée, comme dans la plupart des éditions (à la différence de celle de J. V. Price). Nous avons aussi modernisé quelque peu la ponctuation (en éliminant notamment les deux points ":" de juxtaposition en usage au XVIIIᵉ siècle). Nous offrons ainsi un texte « normal », utile, nous l'espérons, au lecteur, mais qui ne saurait avoir la valeur d'une édition critique.

1. *Hume's Dialogue concerning natural religion*, London, Thomas Nelson and Sons, 1935; 2ᵉ ed. with supplement, 1947.
2. *Dialogues concerning natural religion by David Hume*, edited from the original manuscript, Oxford, Clarendon Press, 1976.

Nous n'avons ni modifié ni augmenté la sélection d'informations que nous portions en bas de page dans notre première édition et qui nous paraissaient alors philosophiquement intéressantes : corrections, mentions des ajouts (que Hume, le plus souvent, écrivait sur le dernier feuillet de la partie considérée, avec des indications d'insertion). Pour les corrections, sont donné dans l'ordre, et séparés par le signe "]", l'expression ou le mot définitif et l'expression ou le mot primitif. Sont aussi donnés en note des extraits d'auteurs (à l'exception de Hume lui-même), en des cas où l'évidence littérale rend l'emprunt de Hume patent. Pour la mise en évidence de ces emprunts, nous sommes en partie redevable à N. Kemp Smith, R. H. Hurlbutt, A. Jeffner et J.V. Price. La masse de ces emprunts ou références s'est accrue au fil des éditions plus récentes, auxquelles le lecteur pourra se reporter s'il le désire.

[N.d.E.] : Nous indiquons en marge de la traduction la pagination de la précédente édition française par M. Malherbe des *Dialogues sur la religion naturelle*, Paris, Vrin, 1997.

DIALOGUES
SUR LA RELIGION NATURELLE

PAMPHILUS TO HERMIPPUS

It has been remarked, my *Hermippus*, that, though the ancient philosophers conveyed most of their instruction in the form of dialogue, this method of composition has been little practised in later ages, and has seldom succeeded in the hands of those, who have attempted it. Accurate and regular argument, indeed, such as is now expected of philosophical inquirers, naturally throws a man into the methodical and didactic manner; where he can immediately, without preparation, explain the point, at which he aims; and thence proceed, without interruption, to deduce the proofs, on which it is established. To deliver a SYSTEM in conversation scarcely appears natural; and while the dialogue-writer desires, by departing from the direct style of composition, to give a freer air to his performance, and avoid the appearance of *author* and *reader*, he is apt to run into a worse inconvenience, and convey the image of *pedagogue* and *pupil*. Or if he carries on the dispute

PAMPHILE À HERMIPPE

On a remarqué [1], mon cher *Hermippe*, que, bien que les anciens philosophes aient transmis la plus grande part de leur enseignement sous la forme du dialogue, cette méthode de composition a été peu pratiquée aux époques qui ont suivi et a rarement réussi entre les mains de ceux qui en ont fait l'essai. Et, en vérité, l'exactitude et la régularité dans l'argumentation, qu'on attend aujourd'hui de la recherche philosophique, poussent tout naturellement à adopter la manière méthodique et didactique, qui permet d'exposer immédiatement, sans préparation, le point auquel on veut parvenir, et de passer ensuite, sans interruption, à l'enchaînement des preuves servant à l'établir. User de la conversation pour exposer un système n'apparaît guère naturel ; et à vouloir, par le dialogue écrit, en abandonnant le style direct dans la composition, imprimer un tour plus libre à son ouvrage et éviter de donner l'apparence de *l'auteur s'adressant au lecteur*, on prend le risque de tomber dans un inconvénient encore pire et d'éveiller | l'image du 72 *maître s'adressant à l'élève*. Ou bien, si l'on conduit le débat

---

1. Shaftesbury, *Characteristicks* (1711), *the moralists* : « J'ai souvent cherché pourquoi, nous autres modernes, qui abondons tant en traités et essais, nous sommes si parcimonieux en matière de dialogue, procédé qui était jadis considéré comme le moyen le plus raffiné et le meilleur de traiter même les plus graves sujets » (II, p. 187).

in the natural spirit of good-company, by throwing in a variety of topics, and preserving a proper balance among the speakers, he often loses so much time in preparations and transitions, that the reader will scarcely think himself compensated, by all the graces of dialogue, for the order, brevity, and precision, which are sacrificed to them.

There are some subjects, however, to which dialogue writing is peculiarly adapted, and where it is still preferable to the direct and simple method of composition.

Any point of doctrine, which is so *obvious*, that it scarcely admits of dispute, but at the same time so *important*, that it cannot be too often inculcated, seems to require some such method of handling it; where the novelty of the manner may compensate the triteness of the subject, where the vivacity of conversation may enforce the precept, and where the variety of lights, presented by various personages and characters, may appear neither tedious nor redundant.

Any question of philosophy, on the other hand, which is so *obscure* and *uncertain*, that human reason can reach no fixed determination with regard to it – if it should be treated at all – seems to lead us naturally into the style of dialogue and conversation. Reasonable men may be allowed to differ, where no one can reasonably be positive. Opposite sentiments, even without any decision, afford an agreeable amusement. And if the subject be curious and interesting, the book carries us, in a manner, into company, and unites the two greatest and purest pleasures of human life, study and society.

Happily, these circumstances are all to be found in the subject of NATURAL RELIGION. What truth so obvious, so certain, as the *being* of a God, which the most ignorant ages

avec le naturel qui anime la bonne compagnie, en mettant de la variété dans les sujets et en maintenant entre les interlocuteurs l'équilibre qui convient, on perd souvent alors un temps si long en préparations et en transitions, que le lecteur aura peine à croire que toutes les grâces du dialogue le dédommagent de l'ordre, de la brièveté et de la précision, qu'il a fallu leur sacrifier.

Il y a cependant des sujets auxquels la forme du dialogue est particulièrement adaptée et où elle est encore préférable à la méthode de composition simple et directe.

Tout point de doctrine si *évident* qu'il souffre à peine de dispute, mais si *important* aussi qu'on ne saurait trop souvent l'inculquer dans les esprits, semble devoir être traité selon une méthode de cette sorte, où la nouveauté de la manière compense la banalité du sujet, où la vivacité de la conversation rend le précepte plus frappant et où la variété des éclairages présentés par les divers personnages et caractères n'apparaît ni fastidieuse ni redondante.

D'autre part, toute question de philosophie qui est si *obscure* et *incertaine* que la raison humaine ne peut se déterminer à son sujet de façon ferme, paraît – s'il faut vraiment en traiter – nous amener naturellement à choisir le style du dialogue et de la conversation. On peut souffrir que des hommes raisonnables diffèrent d'opinion là où personne ne peut raisonnablement se prononcer; des sentiments opposés, même s'il n'en sort rien de décisif, procurent un divertissement agréable; et pourvu que le sujet soit curieux et intéressant, le livre nous introduit, pour ainsi dire, en bonne compagnie et | joint les deux plaisirs les plus grands et les plus purs de la vie humaine que sont l'étude et la société.

Par bonheur, la RELIGION NATURELLE est un sujet qui réunit toutes ces circonstances. Y a-t-il vérité aussi évidente, aussi certaine que l'*existence* d'un Dieu, existence que les époques

have acknowledged, for which the most refined geniuses have ambitiously striven to produce new proofs and arguments? What truth so important as this, which is the ground of all our hopes, the surest foundation of morality, the firmest support of society, and the only principle, which ought never to be a moment absent from our thoughts and meditations? But in treating of this obvious and important truth, what obscure questions occur, concerning the *nature* of that divine being, his attributes, his decrees, his plan of providence? These have been always subjected to the disputations of men. Concerning these, human reason has not reached any certain determination. But these are topics so interesting, that we cannot restrain our restless inquiry with regard to them; though nothing but doubt, uncertainty, and contradiction have, as yet, been the result of our most accurate researches.

This I had lately occasion to observe, while I passed, as usual, part of the summer season with *Cleanthes*, and was present at those conversations of his with *Philo* and *Demea*, of which I gave you lately some imperfect account. Your curiosity, you then told me, was so excited, that I must of necessity enter into a more exact detail of their reasonings, and display those various systems, which they advanced with regard to so delicate a subject as that of natural religion. The remarkable contrast in their characters still farther raised your expectations; while you opposed the accurate philosophical turn of

les plus ignorantes ont reconnue et en faveur de laquelle les
génies les plus raffinés se sont ambitieusement efforcés de
produire des preuves nouvelles et de nouveaux arguments? Y
a-t-il vérité aussi importante que celle-ci, qui est le fondement
de toutes nos espérances, la base la mieux assurée de la moralité, le soutien le plus ferme de la société et le seul principe à
ne devoir jamais être, un seul instant, absent de nos pensées
et de nos méditations? Mais, quand on traite de cette évidente
et importante vérité, quelles obscures questions surgissent
touchant la *nature* de cet Être divin, ses attributs, ses décrets, le
plan de sa providence [1]! Ces questions ont toujours été sujettes
aux disputes des hommes : la raison humaine n'est jamais
parvenue à se déterminer de façon certaine à leur propos. Mais
ce sont des sujets si intéressants que nous ne pouvons nous
retenir de les soumettre sans cesse à un nouvel examen; et
pourtant, le doute, l'incertitude et la contradiction ont été,
jusqu'à présent, le seul résultat de nos recherches les plus
précises.

Il me fut récemment donné de faire cette observation, lorsque, passant comme à l'accoutumée une partie de la
saison d'été avec *Cléanthe*, j'assistai aux conversations qu'il
eut avec *Philon* et *Déméa* et dont je vous donnai récemment
un grossier compte-rendu. | Votre curiosité, me dites-vous   74
alors, fut si excitée qu'il me faut, de toute nécessité, entrer
dans un détail plus exact de leurs raisonnements et développer les divers systèmes qu'ils proposèrent, touchant un sujet
aussi délicat que celui de la religion naturelle. Le remarquable
contraste de leurs caractères accroissait encore votre attente :
vous opposiez la précision de la tournure philosophique de

---

1. Cicéron, *De natura deorum*, I, 1, 1 : « C'est une recherche très difficile
comme tu le sais, Brutus, et très obscure que celle qui porte sur la nature des
dieux; et pourtant elle est très importante pour la connaissance de l'âme et
nécessaire pour régler le sentiment religieux ».

Cleanthes to the careless scepticism of *Philo*, or compared either of their dispositions with the rigid inflexible orthodoxy of *Demea*. My youth rendered me a mere auditor of their disputes; and that curiosity, natural to the early season of life, has so deeply imprinted in my memory the whole chain and connection of their arguments, that, I hope, I shall not omit or confound any considerable part of them in the recital.

Cléanthe à l'insouciance du scepticisme de *Philon*, ou bien vous compariez leur disposition respective avec la rigide inflexibilité de l'orthodoxie de *Déméa*. Par ma jeunesse, je restai un simple auditeur de leurs disputes; et la curiosité naturelle à cette première saison de la vie a si profondément gravé dans ma mémoire toute la chaîne et la liaison de leurs arguments que, je l'espère, aucune partie importante n'en sera omise ou rendue confuse dans mon exposé.

PART I

After I joined the company, whom I found sitting in *Cleanthes'* library, *Demea* paid *Cleanthes* some compliments, on the great care, which he took of my education, and on his unwearied perseverance and constancy in all his friendships. The father of *Pamphilus*, said he, was your intimate friend. The son is your pupil, and may indeed be regarded as your adopted son; were we to judge by the pains which you bestow in conveying to him every useful branch of literature and science. You are no more wanting, I am persuaded, in prudence than in industry. I shall, therefore, communicate to you a maxim which I have observed with regard to my own children, that I may learn how far it agrees with your practice. The method I follow in their education is founded on the saying of an ancient, *That students of philosophy ought first to learn logics, then ethics, next physics, last of all the nature of the gods* [a]. This science of natural theology, according to him, being the most profound and abstruse of any, required the maturest judgement in its

a. Chrysippus apud Plut. de repug. Stoicorum.

PREMIÈRE PARTIE

Après que j'eus rejoint la compagnie que je trouvais réunie dans la bibliothèque de *Cléanthe*, *Déméa* adressa à *Cléanthe* quelques compliments sur le grand soin qu'il prenait de mon éducation et sur l'infatigable persévérance et constance qu'il montrait en toutes ses amitiés. Le père de *Pamphile*, dit-il, était votre ami intime. Le fils est votre élève, et, en vérité, on le regardera comme votre fils adoptif, si l'on en juge par les peines que vous prenez pour lui transmettre chaque partie utile des lettres et des sciences. Et, j'en suis persuadé, votre prudence n'est pas moindre que votre zèle. Je vous communiquerai donc une maxime que j'ai respectée à l'égard de mes propres enfants, afin d'apprendre jusqu'à quel point elle s'accorde avec votre pratique. La méthode que je suis dans leur éducation repose sur le précepte d'un ancien : *que ceux qui étudient en philosophie apprennent d'abord la logique, puis l'éthique, ensuite la physique et, en dernier lieu, ce qui concerne la nature des dieux*[a]. Cette science de la théologie naturelle, étant selon cet auteur la plus profonde et la plus abstruse de toutes, demande la plus grande maturité de jugement | chez ceux qui 76

---

a. Chrysippe, dans Plutarque, *Des contradictions des Stoïciens*, IX, 1035, a-b.

students; and none but a mind, enriched with all the other sciences can safely be entrusted with it.

Are you so late, says *Philo*, in teaching your children the principles of religion? Is there no danger of their neglecting or rejecting altogether those opinions, of which they have heard so little, during the whole course of their education? It is only as a science, replied *Demea*, subjected to human reasoning and disputation, that I postpone the study of natural theology. To season their minds with early piety is my chief care; and by continual precept and instruction and I hope too, by example, I imprint deeply on their tender minds an habitual reverence for all the principles of religion. While they pass through every other science, I still remark the uncertainty of each part; the eternal disputations of men, the obscurity of all philosophy, and the strange, ridiculous conclusions, which some of the greatest geniuses have derived from the principles of mere human reason. Having thus tamed their minds to a proper submission and self-diffidence, I have no longer any scruple of opening to them the greatest mysteries of religion, nor apprehend any danger from that assuming arrogance of philosophy, which may lead them to reject the most established doctrines and opinions.

Your precaution, says *Philo*, of seasoning your children's minds early with piety, is certainly very reasonable; and no more than is requisite, in this profane and irreligious age. But what I chiefly admire in your plan of education is your method of drawing advantage from the very principles of philosophy and learning, which, by inspiring pride and self-sufficiency, have commonly, in all ages, been found so destructive to the principles of religion. The vulgar, indeed, we may remark, who are unacquainted with

l'étudient; et seul un esprit enrichi par toutes les autres sciences peut se voir confier sans danger cette étude.

Tardez-vous tant, dit *Philon*, à enseigner à vos enfants les principes de la religion? N'est-il pas à redouter qu'ils négligent ou rejettent complètement des opinions dont ils ont si peu entendu parler, pendant tout le cours de leur éducation? – Je n'ajourne l'étude de la théologie naturelle, répondit *Déméa*, que dans la mesure où elle est une science soumise aux raisonnements et aux disputes humaines. Mais accommoder de bonne heure leurs esprits à la piété est mon soin principal; et par des préceptes et des enseignements répétés, et, je l'espère, par l'exemple, j'imprime profondément dans leurs tendres esprits l'habitude du respect pour tous les principes de la religion. Tandis qu'ils parcourent toutes les autres sciences, je souligne encore l'incertitude de chaque partie, les éternelles disputes des hommes, l'obscurité de toute philosophie et les conclusions étranges, ridicules, que certains des plus grands génies ont tirées des principes de la simple raison humaine. Ayant ainsi dompté leur esprit et l'ayant réduit à la soumission et à la défiance de soi qui conviennent, je n'ai plus de scrupule à leur ouvrir les plus grands mystères de la religion et je ne redoute plus rien de cette présomptueuse arrogance de la philosophie qui pourrait les conduire à rejeter les doctrines et les opinions les mieux établies.

La précaution que vous prenez, dit *Philon*, d'accommoder de bonne heure l'esprit de vos enfants à la piété, est certainement très raisonnable et n'excède pas ce qui convient à cet âge profane et irréligieux. Mais ce que j'admire surtout dans votre plan d'éducation, c'est votre façon de tirer avantage des principes mêmes de la philosophie et du savoir, qui, en tout temps, par | l'orgueil et la suffisance qu'ils inspirent, se sont communément montrés si pernicieux pour les principes de la religion. Le vulgaire, à vrai dire, notons-le, qui n'est point familier de la

77

science and profound inquiry, observing the endless disputes of the learned, have commonly a thorough contempt for philosophy; and rivet themselves the faster, by that means, in the great points of theology, which have been taught them. Those, who enter a little into study and inquiry, finding many appearances of evidence in doctrines the newest and most extraordinary, think nothing too difficult for human reason; and presumptuously breaking through all fences, profane the inmost sanctuaries of the temple. But *Cleanthes* will, I hope, agree with me, that, after we have abandoned ignorance, the surest remedy, there is still one expedient left to prevent this profane liberty. Let *Demea's* principles be improved and cultivated. Let us become thoroughly sensible of the weakness, blindness, and narrow limits of human reason. Let us duly consider its uncertainty and endless contrarieties, even in subjects of common life and practice. Let the errors and deceits of our very senses be set before us; the insuperable difficulties, which attend first principles in all systems; the contradictions, which adhere to the very ideas of matter, cause and effect, extension, space, time, motion; and in a word, quantity of all kinds, the object of the only science, that can fairly pretend to any certainty or evidence. When these topics are displayed in their full light, as they are by some philosophers and almost all divines, who can retain such confidence in this frail faculty of reason as to pay any regard to its determinations in points so sublime, so abstruse, so remote from common life and experience [1]? When the coherence of the parts of a stone, or even

---

1. experience] practice

science et de la recherche approfondie, lorsqu'il observe les disputes sans fin des savants, nourrit ordinairement un complet mépris pour la philosophie et, par ce moyen, s'accroche d'autant plus solidement aux grands points de la théologie qui lui ont été enseignés. Ceux qui entrent un peu dans l'étude et la recherche, trouvant maint semblant d'évidence dans les doctrines les plus nouvelles et les plus extraordinaires, pensent que rien n'est trop difficile pour la raison humaine ; et, dans leur présomption, brisant toutes les barrières, ils profanent les sanctuaires les plus intimes du temple. Mais *Cléanthe* conviendra avec moi, je l'espère, qu'une fois l'ignorance quittée, laquelle est le plus sûr remède, il reste encore un expédient pour prévenir cette liberté sacrilège. Améliorons et cultivons les principes de *Déméa* ; acquérons la pleine conscience de la faiblesse, de l'aveuglement et des limites étroites de la raison humaine. Considérons dûment son incertitude et ses contrariétés sans fin, même dans les sujets de la vie commune et de la pratique ; plaçons devant nous les erreurs et les illusions de nos propres sens, les difficultés insurmontables qui accompagnent les premiers principes dans tous les systèmes, les contradictions qui s'attachent aux idées mêmes de matière, de cause et d'effet, d'étendue, d'espace, de temps, de mouvement, et, en un mot, de toute espèce de quantité – l'objet de la seule science qui puisse équitablement prétendre à quelque certitude ou évidence. Quand ces articles sont exposés dans leur pleine lumière, comme ils le sont par quelques philosophes et par presque tous les théologiens, | qui peut conserver 78 assez de foi en cette fragile faculté de la raison pour accorder aucune attention à ses arrêts sur des points aussi sublimes, aussi abstrus, aussi éloignés de la vie commune et de l'expérience [1] ? Quand la cohésion des parties d'une pierre, ou même

---

1. expérience] pratique

that composition of parts, which renders it extended; when these familiar objects, I say, are so inexplicable, and contain circumstances so repugnant and contradictory; with what assurance can we decide concerning the origin of worlds, or trace their history from eternity to eternity?

While *Philo* pronounced these words, I could observe a smile in the countenance both of *Demea* and *Cleanthes*. That of *Demea* seemed to imply an unreserved satisfaction in the doctrines delivered. But in *Cleanthes'* features, I could distinguish an air of finesse; as if he perceived some raillery or artificial malice in the reasonings of *Philo*.

You propose then, *Philo*, said *Cleanthes*, to erect religious faith on philosophical scepticism; and you think, that if certainty or evidence be expelled from every other subject of inquiry, it will all retire to these theological doctrines, and there acquire a superior force and authority. Whether your scepticism be as absolute and sincere as you pretend, we shall learn by and by, when the company breaks up. We shall then see, whether you go out at the door or the window; and whether you really doubt, if your body has gravity, or can be injured by its fall; according to popular opinion, derived from our fallacious senses and more fallacious experience. And this consideration, *Demea*, may, I think, fairly serve to abate our ill-will to this humorous sect of the sceptics. If they be thoroughly in earnest, they will not long trouble the world with their doubts, cavils, and disputes. If they be only in jest, they are, perhaps, bad railers, but can never be very dangerous, either to the state, to philosophy, or to religion.

la composition des parties qui en fait quelque chose d'étendu – quand ces objets familiers, dis-je, sont à ce point inexplicables et contiennent des circonstances si incompatibles et si contradictoires, avec quelle assurance pouvons-nous décider de l'origine des mondes ou suivre leur histoire d'éternité en éternité ?

Tandis que *Philon* prononçait ces mots, je pus observer un sourire à la fois sur le visage de *Déméa* et sur celui de *Cléanthe*. Celui de *Déméa* semblait signifier une satisfaction sans réserve envers les doctrines énoncées. Mais sur les traits de *Cléanthe*, je pus discerner un air de finesse, comme s'il percevait quelque raillerie ou malice délibérée dans les raisonnements de *Philon*.

Vous proposez donc, *Philon*, dit *Cléanthe*, d'ériger la foi religieuse sur un scepticisme philosophique; et vous pensez que si la certitude ou l'évidence est bannie de tout autre objet de recherche, elle se réfugiera toute entière dans ces doctrines théologiques et y acquerra une force et une autorité supérieure. Que votre scepticisme soit aussi absolu et sincère que vous le prétendez, c'est ce que nous apprendrons tout à l'heure, quand la compagnie se dispersera. Nous verrons alors si vous sortez par la porte ou par la fenêtre, et si vous doutez vraiment que votre corps obéisse à la gravité ou qu'il puisse être blessé par sa chute, conformément à l'opinion populaire qui se tire de nos sens fallacieux et de notre expérience encore plus fallacieuse. Et je crois, | *Déméa*, que cette considération peut à bon droit 79 contribuer à fléchir notre animosité envers cette secte plaisante des sceptiques. S'ils sont parfaitement sérieux, ils ne troubleront pas longtemps le monde de leurs doutes, de leurs arguties et de leurs disputes. S'ils ne font que se jouer, ce sont peut-être de mauvais plaisants, mais ils ne sauraient jamais être très dangereux ni pour l'État, ni pour la philosophie, ni pour la religion.

In reality, *Philo*, continued he, it seems certain, that though a man in a flush of humour, after intense reflection on the many contradictions and imperfections of human reason, may entirely renounce all belief and opinion, it is impossible for him to persevere in this total scepticism, or make it appear in his conduct for a few hours. External objects press in upon him. Passions solicit him. His philosophical melancholy dissipates; and even the utmost violence upon his own temper will not be able during any time, to preserve the poor appearance of scepticism. And for what reason impose on himself such a violence? This is a point, in which it will be impossible for him ever to satisfy himself, consistent with his sceptical principles. So that upon the whole nothing could be more ridiculous than the principles of the ancient *Pyrrhonians*, if in reality they endeavoured, as is pretended, to extend throughout the same scepticism, which they had learned from the declamations of their school[1], and which they ought to have confined to them.

In this view, there appears a great resemblance between the sects of the *Stoics* and *Pyrrhonians*, though perpetual antagonists: And both of them seem founded on this erroneous maxim, that what a man can perform sometimes, and in some dispositions, he can perform always, and in every disposition. When the mind, by stoical reflections, is elevated into a sublime enthusiasm of virtue, and strongly smit with any species of honour or public good, the utmost bodily pain and sufferance will not prevail over such a high sense of duty; and it is possible, perhaps, by its means, even to smile and exult in the midst of tortures. If this sometimes may be the case in fact and reality, much more may a philosopher,

1. from the declamations of their school] from the sciences

En réalité, *Philon*, poursuivit-il, il semble certain qu'un homme, pût-il dans un accès d'humeur, après une intense réflexion sur les nombreuses contradictions et imperfections de la raison humaine, résigner entièrement toute croyance et toute opinion, – que cet homme ne saurait persévérer dans ce scepticisme total ou en faire preuve dans sa conduite quelques heures durant. Les objets extérieurs l'assaillent ; les passions le sollicitent ; sa mélancolie philosophique se dissipe ; et même la plus extrême violence faite à son tempérament naturel ne réussira pas un instant à sauver la pauvre apparence de scepticisme. Et pour quelle raison s'imposer à soi-même une telle violence ? C'est un point sur lequel il ne pourra jamais se satisfaire, en s'en tenant à ses principes sceptiques ; de sorte que rien ne saurait être plus ridicule que les principes des anciens *Pyrrhoniens*, s'il est vrai qu'ils essayaient, comme on le prétend, d'étendre partout le même scepticisme qu'ils avaient appris dans les déclamations de leur école [1] et qui n'aurait jamais dû en sortir.

À cet égard, il paraît y avoir une grande ressemblance entre la secte des *Stoïciens* et celle des *Pyrrhoniens*, bien qu'ils aient été de perpétuels adversaires ; ces deux sectes semblent reposer sur la maxime erronée que ce qu'un homme peut accomplir | parfois et dans certaines dispositions, il peut l'accomplir toujours et en toute disposition. Quand l'esprit, porté par des réflexions stoïques est ravi d'un enthousiasme sublime pour la vertu et qu'il est fortement épris pour telle *espèce* d'honneur ou de bien public, même les dernières peines corporelles et les pires souffrances ne triompheront pas d'un sens aussi élevé du devoir ; et peut-être, fort de ce sens, sera-t-il capable de sourire et d'exulter au milieu des tortures. Si cela peut parfois réellement se produire dans les faits, à plus forte raison, un philo-

80

---

1. dans les déclamations de leur école] des sciences

in his school, or even in his closet, work himself up to such an enthusiasm, and support in imagination the acutest pain or most calamitous event, which he can possibly conceive. But how shall he support this enthusiasm itself? The bent of his mind relaxes, and cannot be recalled at pleasure: avocations lead him astray, misfortunes attack him unawares, and the *philosopher* sinks by degrees into the *plebeian*.

I allow of your comparison between the *Stoics* and *Sceptics*, replied *Philo*. But you may observe, at the same time, that though the mind cannot, in Stoicism, support the highest flights of philosophy, yet even when it sinks lower, it still retains somewhat of its former disposition; and the effects of the Stoic's reasoning will appear in his conduct in common life, and through the whole tenor of his actions. The ancient schools, particularly that of *Zeno*, produced examples of virtue and constancy which seem astonishing to present times.

> Vain Wisdom all and false Philosophy.
> Yet with a pleasing sorcery could charm
> Pain, for a while, or anguish, and excite
> Fallacious Hope, or arm the obdurate breast
> With stubborn Patience, as with triple steel.

In like manner, if a man has accustomed himself to sceptical considerations on the uncertainty and narrow limits of reason, he will not entirely forget them when he turns his reflection on other subjects; but in all his philosophical principles and reasoning, I dare not say, in his common conduct, he will be found different from those, who either

sophe peut-il, dans son école, ou même dans son cabinet, se prendre d'un tel enthousiasme et endurer, en imagination, les douleurs les plus vives ou les événements les plus désastreux qu'il puisse concevoir. Mais comment endurera-t-il cet enthousiasme lui-même ? La tension de son esprit se relâche et ne peut être rappelée à volonté. Des occupations viennent le détourner, des malheurs l'attaquent à l'improviste. Et le *philosophe* s'abîme bientôt dans *l'homme du peuple*.

J'admets votre comparaison entre les *Stoïciens* et les *Sceptiques*, répondit *Philon*. Mais vous pouvez observer en même temps que dans le stoïcisme, quoique l'esprit ne parvienne pas se soutenir dans les plus hautes envolées de la philosophie, cependant, même quand il redescend, il conserve encore quelque chose de sa disposition précédente ; et les effets du raisonnement du stoïcien se marqueront par sa conduite dans la vie commune et à travers la marche générale de ses actions. Les anciennes écoles, particulièrement celle de *Zénon*, ont produit des exemples de vertu et de constance qui semblent étonnants aux temps présents.

> Rien que vaine sagesse et fausse philosophie ;
> Qui pouvait cependant par une plaisante sorcellerie
> Charmer pour un temps la douleur ou l'angoisse,
> | Susciter un fallacieux espoir ou armer un cœur endurci
> D'opiniâtre patience, comme d'un triple acier [1].

81

De même façon, si un homme s'est accoutumé à des considérations sceptiques sur l'incertitude et les étroites limites de la raison, il ne les oubliera pas complètement quand il tournera sa réflexion sur d'autres sujets ; mais dans tous ses principes et ses raisonnements philosophiques, je n'oserai dire dans sa conduite ordinaire, il se montrera différent de ceux qui n'ont

---

1. John Milton, *Le paradis perdu*, II, v. 565-569.

never formed any opinions in the case, or have entertained sentiments more favourable to human reason.

To whatever length anyone may push his speculative principles of scepticism, he must act, I own, and live, and converse like other men; and for this conduct he is not obliged to give any other reason than the absolute necessity he lies under of so doing. If he ever carries his speculations farther than this necessity constrains him, and philosophizes, either on natural or moral subjects, he is allured by a certain pleasure and satisfaction, which he finds in employing himself after that manner. He considers besides, that everyone, even in common life, is constrained to have more or less of this philosophy; that from our earliest infancy we make continual advances in forming more general principles of conduct and reasoning; that the larger experience we acquire, and the stronger reason we are endowed with, we always render our principles the more general and comprehensive; and that what we call *philosophy* is nothing but a more regular and methodical operation of the same kind. To philosophize on such subjects is nothing essentially different from reasoning on common life; and we may only expect greater stability, if not greater truth, from our philosophy, on account of its exacter and more scrupulous method of proceeding.

But when we look beyond human affairs and the properties of the surrounding bodies; when we carry our speculations into the two eternities, before and after the present state of things; into the creation and formation of the universe; the existence and properties of spirits; the powers and operations of one universal spirit, existing without beginning and without end; omnipotent, omniscient, immutable, infinite, and incomprehensible, we must be far removed from the smallest tendency to scepticism not to be apprehensive, that we have

jamais formé d'opinions sur la question ou qui ont entretenu des sentiments plus favorables à la raison humaine.

Si loin qu'un homme pousse les principes spéculatifs de son scepticisme, il doit, je le reconnais, agir et vivre et converser comme les autres hommes ; et, pour cette conduite, il n'est pas forcé de donner d'autre raison que la nécessité absolue où il se trouve de procéder de la sorte. Si jamais il porte ses spéculations plus loin que ne l'exige cette nécessité et philosophe sur des sujets naturels ou moraux, c'est qu'il subit l'attrait d'une sorte de plaisir, de satisfaction, qu'il trouve à s'employer ainsi. De plus, il observe que chacun, même dans la vie commune, est contraint d'avoir plus ou moins de cette philosophie ; que, depuis notre première enfance, nous ne cessons de former progressivement des principes plus généraux de conduite et de raisonnement ; qu'à mesure où l'expérience que nous acquérons se fait plus large et la raison dont nous sommes doués plus forte, nous rendons nos principes toujours plus généraux et compréhensifs ; et que ce que nous appelons *philosophie* n'est rien qu'une opération plus régulière et plus méthodique de la même espèce. Philosopher sur de tels sujets revient pour l'essentiel à raisonner sur la vie | commune ; et nous pouvons seulement attendre plus de stabilité, sinon plus de vérité, de notre philosophie, par suite de sa manière plus exacte et plus scrupuleuse de procéder.

Mais quand nous regardons au delà des affaires humaines et des propriétés des corps environnants ; quand nous poussons nos spéculations jusqu'à considérer les deux éternités, avant et après l'état présent des choses, et aussi la création et la formation de l'univers, l'existence et les propriétés des esprits, les pouvoirs et les opérations d'un esprit universel, existant sans commencement ni fin, omnipotent, omniscient, immuable, infini et incompréhensible : il nous faut être bien éloignés de la plus petite tendance au scepticisme, pour ne pas saisir que nous

here got quite beyond the reach of our faculties. So long as we confine our speculations to trade or morals or politics or criticism, we make appeals, every moment, to common sense and experience, which strengthen our philosophical conclusions, and remove (at least, in part) the suspicion, which we so justly entertain with regard to every reasoning, that is very subtle and refined. But in theological reasonings, we have not this advantage; while at the same time we are employed upon objects, which, we must be sensible, are too large for our grasp, and of all others, require most to be familiarized to our apprehension. We are like foreigners in a strange country, to whom everything must seem suspicious, and who are in danger every moment of transgressing against the laws and customs of the people, with whom they live and converse. We know not how far we ought to trust our vulgar methods of reasoning in such a subject; since, even in common life and in that province, which is peculiarly appropriated to them, we cannot account for them, and are entirely guided by a kind of instinct or necessity in employing them.

All sceptics pretend, that if reason be considered in an abstract view, it furnishes invincible arguments against itself, and that we could never retain any conviction or assurance, on any subject, were not the sceptical reasonings so refined and subtle, that they are not able to counterpoise the more solid and more natural arguments, derived from the senses and experience. But it is evident, whenever our arguments lose this advantage, and run wide of common life, that the most refined scepticism comes to be on a footing with them, and is able to oppose and counterbalance them. The one has no more

sommes allés alors bien au delà de la portée de nos facultés. Aussi longtemps que nous bornons nos spéculations au commerce, à la morale, à la politique ou à l'esthétique, à tout moment nous faisons appel au sens commun et à l'expérience qui viennent fortifier nos conclusions philosophiques et écarter (du moins en partie) le soupçon que nous entretenons si justement envers tout raisonnement très subtil et très raffiné. Mais dans les raisonnements théologiques, nous n'avons pas cet avantage, puisque, précisément, nous nous appliquons à des objets qui, nous devons le sentir, sont trop grands pour notre prise et qui, plus que tous les autres, demandent à être rendus familiers à notre appréhension. Nous sommes comme des voyageurs dans un pays étranger, à qui toutes choses doivent sembler suspectes et qui courent le risque, à chaque instant, de transgresser les lois et les coutumes du peuple avec lequel ils vivent et conversent. Nous ne savons jusqu'où nous devons faire confiance, en un tel sujet, à nos méthodes ordinaires de raisonner, puisque, | même dans la vie courante et   83 dans le domaine qui leur est particulièrement approprié, nous ne pouvons en rendre raison et que, dans leur emploi, nous sommes entièrement guidés par une sorte d'instinct ou de nécessité.

Tous les sceptiques prétendent que, à considérer la raison d'un point de vue abstrait, on trouve en elle d'invincibles arguments contre elle-même, et que, sur aucun sujet, nous ne conserverions conviction ou assurance, s'il ne se faisait que les arguments sceptiques sont si raffinés et subtils qu'ils ne sont pas capables de faire contrepoids aux arguments plus solides et plus naturels, tirés des sens et de l'expérience. Mais il est évident que chaque fois que nos arguments perdent cet avantage et s'éloignent de la vie courante, le plus raffiné scepticisme se retrouve sur un pied d'égalité avec eux et est capable de s'y opposer et de les contrebalancer. L'un n'a pas plus de

weight than the other. The mind must remain in suspense between them; and it is that very suspense or balance which is the triumph of scepticism.

But I observe, says *Cleanthes*, with regard to you, *Philo*, and all speculative sceptics, that your doctrine and practice are as much at variance in the most abstruse points of theory as in the conduct of common life. Wherever evidence discovers itself, you adhere to, it, notwithstanding your pretended scepticism; and I can observe too some of your sect to be as decisive as those, who make greater professions of certainty and assurance. In reality, would not a man be ridiculous, who pretended to reject *Newton's* explication of the wonderful phenomenon of the rainbow, because that explication gives a minute anatomy of the rays of light; a subject, forsooth, too refined for human comprehension? And what would you say to one, who having nothing particular to object to the arguments of *Copernicus* and *Galileo* for the motion of the earth, should withhold his assent, on that general principle, that these subjects were too magnificent and remote to be explained by the narrow and fallacious reason of mankind?

There is indeed a kind of brutish and ignorant scepticism, as you well observed, which gives the vulgar a general prejudice against what they do not easily understand, and makes them reject every principle, which requires elaborate reasoning to prove and establish it. This species of scepticism is fatal to knowledge, not to religion; since we find, that those who make greatest profession of it, give often their assent, not only to the great truths of theism, and natural theology [1], but

---

1. theology] religion

poids que l'autre. L'esprit doit rester en suspens entre les deux ; et c'est précisément ce suspens, cette mise en balance, qui est le triomphe du scepticisme.

Mais, dit *Cléanthe*, j'observe en ce qui vous concerne, *Philon*, vous et tous les sceptiques spéculatifs, que votre doctrine et votre pratique sont en désaccord autant dans les points les plus abstrus de théorie que dans la conduite de la vie courante. Partout où l'évidence se dévoile, vous y adhérez, en dépit de votre prétendu scepticisme, et je peux observer aussi que certains de votre secte sont aussi péremptoires que ceux qui font de plus grandes professions de certitude et d'assurance. En réalité, ne serait-il pas ridicule, celui qui prétendrait rejeter l'explication donnée par *Newton* de ce merveilleux phénomène de l'arc en ciel, sous le prétexte que cette explication fait une anatomie minutieuse des | rayons lumineux – un 84 sujet en vérité trop raffiné pour l'humaine compréhension ? Et que diriez-vous à celui qui, n'ayant rien à objecter de particulier aux arguments de *Copernic* et de *Galilée* en faveur du mouvement de la terre, retiendrait son assentiment au nom du principe général que ces sujets sont trop grandioses et trop éloignés pour être expliqués par l'étroite et trompeuse raison humaine ?

Certes, il existe une sorte de scepticisme grossier et ignorant, comme vous l'avez bien observé, qui fournit au vulgaire un préjugé général contre ce qu'il ne comprend pas aisément et qui lui fait rejeter tout principe qui, pour être prouvé et établi, demande un raisonnement élaboré. Cette sorte de scepticisme est fatal à la connaissance, mais non à la religion, puisque nous voyons ceux qui en font le plus profession accorder souvent leur assentiment, non seulement aux grandes vérités du théisme et de la théologie [1] naturelle, mais

---

1. théologie] religion

even to the most absurd tenets, which a traditional superstition has recommended to them. They firmly believe in witches; though they will not believe nor attend to the most simple proposition of *Euclid*. But the refined and philosophical sceptics fall into an inconsistency of an opposite nature. They push their researches into the most abstruse corners of science; and their assent attends them at every step, proportioned to the evidence, which they meet with. They are even obliged to acknowledge, that the most abstruse and remote objects are those, which are best explained by philosophy. Light is in reality anatomized. The true system of the heavenly bodies is discovered and ascertained. But the nourishment of bodies by food [1] is still an inexplicable mystery; the cohesion of the parts of matter is still incomprehensible. These sceptics, therefore, are obliged, in every question, to consider each particular evidence apart, and proportion their assent to the precise degree of evidence, which occurs. This is their practice in all natural, mathematical, moral, and political science. And why not the same, I ask, in the theological and religious? Why must conclusions of this nature be alone rejected on the general presumption of the insufficiency of human reason, without any particular discussion of the evidence? Is not such an unequal conduct a plain proof of prejudice and passion?

Our senses, you say, are fallacious, our understanding erroneous, our ideas even of the most familiar objects, extension, duration, motion, full of absurdities and contradictions. You defy me to solve the difficulties, or reconcile the repu-

---

1. nourishment of bodies by food] falling of a stone

même aux doctrines les plus absurdes qu'une superstition traditionnelle leur a recommandées. Ils croient fermement aux sorcières; pourtant, ils ne croiront ni ne prêteront attention à la plus simple proposition *d'Euclide*. Mais les sceptiques raffinés tombent dans une inconséquence d'une nature opposée. Ils poussent leurs recherches dans les coins les plus abstrus de la science; et à chaque pas ils donnent un assentiment proportionné à l'évidence qu'ils rencontrent. Ils sont même obligés de reconnaître que les objets les plus abstrus et les plus éloignés sont ceux qui sont les mieux expliqués par la philosophie. La lumière est réellement anatomisée; le vrai système des corps célestes est découvert et établi avec certitude. | Mais la nutrition des corps par les aliments [1] est encore un mystère inexplicable; la cohésion des parties de la matière reste incompréhensible. Ces sceptiques sont donc obligés, en toute question, de considérer séparément chaque évidence particulière et de proportionner leur assentiment au degré précis d'évidence qui se présente. Telle est leur pratique dans toutes les sciences, naturelle, mathématique, morale et politique. Et pourquoi ne serait-elle pas la même, je vous prie, dans les sciences théologiques et religieuses? Pourquoi les conclusions de cette nature doivent-elles seules être rejetées, sur la présomption générale de l'insuffisance de la raison humaine, sans discussion particulière de l'évidence qui s'y attache? Une conduite aussi inégale n'est-elle pas une preuve claire de préjugé et de passion?

Nos sens, dites-vous, sont trompeurs, notre entendement prête à l'erreur, nos idées, même celles des objets les plus familiers, de l'étendue, de la durée, du mouvement, sont remplies d'absurdités et de contradictions. Vous me mettez au défi de résoudre les difficultés ou de réconcilier les contra-

85

---

1. la nutrition des corps par les aliments] la chute d'une pierre

gnancies, which you discover in them. I have not capacity for so great an undertaking; I have not leisure for it; I perceive it to be superfluous. Your own conduct, in every circumstance, refutes your principles; and shows the firmest reliance on all the received maxims of science, morals, prudence, and behaviour.

I shall never assent to so harsh an opinion as that of a celebrated writer[b], who says that the sceptics are not a sect of philosophers; they are only a sect of liars. I may, however, affirm, (I hope, without offence), that they are a sect of jesters or railers. But for my part, whenever I find myself disposed to mirth and amusement, I shall certainly choose my entertainment of a less perplexing and abstruse nature. A comedy, a novel, or at most a history, seems a more natural recreation than such metaphysical subtleties and abstractions.

In vain would the sceptic make a distinction between science and common life, or between one science and another. The arguments, employed in all, if just, are of a similar nature, and contain the same force and evidence. Or if there be any difference among them, the advantage lies entirely on the side of theology and natural religion. Many principles of mechanics are founded on very abstruse reasoning; yet no man, who has any pretensions to science, even no speculative sceptic, pretends to entertain the least doubt with regard to them. The *Copernican* system contains the most surprising paradox, and the most contrary to our natural conceptions, to appearances, and to our very senses; yet even monks and inquisitors are now constrained to withdraw their opposition to it. And

b. *L'Art de penser.*

riétés que vous y découvrez. Je n'ai pas la capacité d'une si grande entreprise; je n'en ai point le loisir; je m'aperçois qu'elle est superflue. Votre propre conduite, en toute circonstance, réfute vos principes et montre la plus ferme confiance en toutes les maximes reçues de la science, de la morale, de la prudence et du comportement.

| Je n'acquiescerai jamais à une opinion aussi rude que 86 celle d'un auteur célèbre[b] qui dit que les sceptiques ne forment pas une secte de philosophes, mais seulement une secte de menteurs. J'affirmerai cependant (sans vouloir vous offenser) qu'ils forment une secte de plaisantins ou de railleurs. Mais pour ma part, toutes les fois que je me trouverai d'humeur à être gai ou à m'amuser, je choisirai certainement un divertissement d'une nature moins embrouillante et moins abstruse. Une comédie, un roman, au mieux une histoire, semble une récréation plus naturelle que de telles subtilités et abstractions métaphysiques.

En vain le sceptique ferait-il une distinction entre la science et la vie courante, ou entre une science et une autre. Les arguments employés ici et là, s'ils sont justes, sont de nature semblable et contiennent la même force et la même évidence. Ou, s'il y a une différence, l'avantage repose entièrement du côté de la théologie et de la religion naturelle. De nombreux principes de mécanique se fondent sur des raisonnements très abstrus; et pourtant pas un homme ayant la moindre prétention à la science, pas même un sceptique spéculatif, ne prétend entretenir de doute à leur égard. Le système copernicien contient le plus surprenant paradoxe, et le plus contraire à nos conceptions naturelles, aux apparences et à nos sens mêmes. Et cependant les moines et les inquisiteurs sont aujourd'hui contraints de revenir sur l'opposition qu'ils y faisaient. Et

---

b. Antoine Arnaud et Pierre Nicole, *L'Art de penser*, Premier discours.

shall *Philo*, a man of so liberal a genius, and extensive knowledge, entertain any general undistinguished scruples with
regard to the religious hypothesis, which is founded on the
simplest and most obvious arguments, and, unless it meet with
artificial obstacles, has such easy access and admission into
the mind of man?

And here we may observe, continued he, turning himself
towards *Demea*, a pretty curious circumstance in the history
of the sciences. After the union of philosophy with the popular
religion, upon the first establishment of Christianity, nothing
was more usual, among all religious teachers, than declamations against reason, against the senses, against every principle
derived merely from human research and inquiry. All topics of
the ancient Academics were adopted by the Fathers; and
thence propagated for several ages in every school and pulpit
throughout Christendom. The Reformers embraced the same
principles of reasoning, or rather declamation; and all pane-
gyrics on the excellence of faith were sure to be interlarded
with some severe strokes of satire against natural reason. A
celebrated prelate[c] too, of the Romish communion, a man of
the most extensive learning, who wrote a demonstration of
Christianity, has also composed a treatise, which contains all
the cavils of the boldest and most determined *Pyrrhonism*.
Locke seems to have been the first Christian, who ventured
openly to assert, that *faith* was nothing but a species of *reason*,
that religion was only a branch of philosophy, and that a chain
of arguments, similar to that which established any truth in
morals, politics, or physics, was always employed in disco-

c. Monsr. Huet.

faudra-t-il que ce soit *Philon*, homme d'un esprit si large et d'un savoir si étendu, qui entretienne des doutes généraux et indistincts à l'égard de l'hypothèse religieuse, laquelle se fonde sur les | arguments les plus simples et les plus évidents, 87 et qui, si elle ne rencontre pas d'obstacles artificiels, trouve si aisément accès et accueil dans l'esprit humain ?

Et nous pouvons observer ici, continua-t-il en se tournant vers *Déméa*, une assez curieuse circonstance dans l'histoire des sciences. Après l'union de la philosophie avec la religion populaire, lors du premier établissement du Christianisme, rien n'était plus habituel, chez tous les maîtres de religion, que les déclamations contre la raison, contre les sens, contre tout principe dérivé d'une recherche et d'une investigation simplement humaine. Tous les lieux communs des Académiciens de l'antiquité furent adoptés par les Pères; et, de là, ils se propagèrent pendant des siècles, dans chaque école et du haut de chaque chaire, par toute la Chrétienté. Les réformateurs embrassèrent les mêmes principes de raisonnement, ou plutôt de déclamation; et tous les panégyriques sur l'excellence de la foi furent à l'envi entrelardés des traits satiriques les plus sévères à l'encontre de la raison naturelle. À son tour, un célèbre prélat[c], de confession romaine, homme du plus grand savoir, qui écrivit une démonstration du christianisme, a aussi composé un traité qui renferme toutes les arguties du pyrrhonisme le plus hardi et le plus résolu. *Locke*[1] semble avoir été le premier chrétien qui se soit hasardé ouvertement à affirmer que la *foi* n'était rien qu'une espèce de *raison*, la religion une branche de la philosophie, et qu'une chaîne d'arguments semblable à celle propre à établir les vérités de la morale, de la politique ou de la physique, était employée toujours dans la

c. Pierre Daniel Huet, *Traité philosophique de la faiblesse de l'esprit humain* (1723), chap. 14.

1. *Essai sur l'entendement humain*, IV, 17, 24; IV, 19, 4 *sq.*

vering all the principles of theology, natural and revealed. The ill use, which *Bayle* and other libertines made of the philosophical scepticism of the Fathers and first Reformers, still farther propagated the judicious sentiment of *Mr Locke*; and it is now in a manner avowed, by all pretenders to reasoning and philosophy, that atheist and sceptic are almost synonymous. And as it is certain, that no man is in earnest, when he professes the latter principle, I would fain hope that there are as few, who seriously maintain the former.

Don't you remember, said *Philo*, the excellent saying of *Lord Bacon* on this head. That a little philosophy, replied *Cleanthes*, makes a man an atheist; a great deal converts him to religion. That is a very judicious remark too, said *Philo*. But what I have in my eye is another passage, where, having mentioned *David's fool*, who said in his heart there is no God, this great philosopher observes, that the atheists nowadays have a double share of folly: for they are not contented to say in their hearts there is no God, but they also utter that impiety with their lips, and are thereby guilty of multiplied indiscretion and imprudence. Such people, though they were ever so much in earnest, cannot, methinks, be very formidable.

But though you should rank me in this class of fools, I cannot forbear communicating a remark, that occurs to me from the history of the religious and irreligious scepticism, with which you have entertained us. It appears to me, that there are strong symptoms of priestcraft in the whole progress of this affair. During ignorant ages, such as those which followed

découverte de tous les principes de | théologie, naturelle et   88
révélée. Le mauvais usage que *Bayle* et d'autres libertins firent
du scepticisme philosophique des Pères et des premiers Réformateurs répandit encore davantage le judicieux sentiment de
M. Locke. Et il est maintenant avoué, en quelque sorte, par tous
ceux qui se piquent de raisonnement et de philosophie,
qu'athée et sceptique sont presque synonymes. Et comme il est
certain que nul n'est sérieux qui professe le dernier principe, je
souhaiterais volontiers qu'il n'y en ait pas plus à soutenir
sérieusement le premier.

Vous rappelez-vous, dit *Philon*, l'excellent mot de Lord
Bacon sur ce chapitre ? – Qu'un peu de philosophie, répondit
Cléanthe, fait d'un homme un athée, mais que beaucoup le
convertit à la religion[1] – C'est là aussi une fort judicieuse
remarque, dit *Philon*. Mais ce que j'avais en vue est un autre
passage où après avoir mentionné *le fou de David*, qui dit dans
son cœur qu'il n'y a pas de Dieu[2], ce grand philosophe observe
que les athées aujourd'hui ont une double part de folie : car ils
ne se contentent pas de dire dans leurs cœurs qu'il n'y a pas de
Dieu, ils profèrent encore cette impiété de leurs lèvres ; et ainsi
ils se rendent coupables d'un manque redoublé de jugement et
de prudence[3]. De telles gens, quel que soit leur sérieux, ne
peuvent, à mon avis, être très redoutables.

Mais dussiez-vous me ranger dans cette classe de fous, je
ne peux m'empêcher de vous faire part d'une remarque que
m'inspire l'histoire du scepticisme religieux et irréligieux que
vous nous avez retracée. Il | me paraît y avoir de forts indices   89
de l'intrigue des prêtres dans tout le progrès de cette affaire.
Aux époques où l'ignorance dominait, comme celles qui suivi-

---

1. *Essais*, XVI, « de l'athéisme ».
2. Psaume 14, verset 1.
3. *Meditationes sacrae*, X ; *Essais* XVI. Hume modifie le sens de
l'argument de Bacon.

the dissolution of the ancient schools, the priests perceived, that atheism, deism, or heresy of any kind could only proceed from the presumptuous questioning of received opinions, and from a belief, that human reason was equal to everything. Education had then a mighty influence over the minds of men, and was almost equal in force to those suggestions of the senses and common understanding, by which the most determined sceptic must allow himself to be governed. But at present, when the influence of education is much diminished, and men, from a more open commerce of the world, have learned to compare the popular principles of different nations and ages, our sagacious divines have changed their whole system of philosophy, and talk the language of *Stoics*, *Platonists*, and *Peripatetics*, not that of *Pyrrhonians* and *Academics*. If we distrust human reason, we have now no other principle to lead us into religion. Thus, sceptics in one age, dogmatists in another; whichever system best suits the purpose of these reverend gentlemen, in giving them an ascendant over mankind, they are sure to make it their favourite principle and established tenet.

It is very natural, said *Cleanthes*, for men to embrace those principles, by which they find they can best defend their doctrines; nor need we have any recourse to priestcraft to account for so reasonable an expedient. And surely, nothing can afford a stronger presumption, that any set of principles are true, and ought to be embraced, than to observe, that they tend to the confirmation of true religion, and serve to confound the cavils of atheists, libertines and freethinkers of all denominations.

rent la dissolution des anciennes écoles, les prêtres comprenaient bien que l'athéisme, le déisme, toute espèce d'hérésie ne pouvait provenir que de l'examen présomptueux des opinions établies, et de la croyance que la raison humaine était à l'égal de toutes choses. L'éducation avait alors une puissante influence sur l'esprit des hommes, et égalait presque en force ces suggestions des sens et de l'entendement commun, par lesquelles le sceptique le plus déterminé doit se reconnaître lui-même gouverné. Mais à présent que l'influence de l'éducation a beaucoup diminué et que les hommes, par suite d'un commerce plus ouvert avec le monde, ont appris à comparer les principes populaires des différentes nations et des diverses époques, nos sagaces théologiens ont changé tout leur système de philosophie, et parlent le langage des *Stoïciens*, des *Platoniciens*, des *Péripatéticiens*, et non celui des *Pyrrhoniens* et des *Académiciens*. Si nous nous défions de la raison humaine, nous n'avons maintenant plus d'autre principe pour nous conduire à la religion. Ainsi, sceptiques hier, dogmatiques aujourd'hui : le système, quel qu'il soit, qui sert le mieux l'intention de ces révérends gentlemen, en leur donnant de l'ascendant sur l'humanité, ils ne manquent pas d'en faire leur principe favori et leur dogme établi.

Il est bien naturel, dit *Cléanthe*, que les hommes embrassent les principes par lesquels ils voient qu'ils peuvent défendre au mieux leurs doctrines ; et nous n'avons pas besoin d'avoir recours à l'intrigue des prêtres pour rendre compte d'un expédient aussi raisonnable. Et certainement, rien ne peut fournir une | présomption plus forte de la vérité d'un ensemble de principes et du devoir de les embrasser, que d'observer qu'ils tendent à la confirmation de la vraie religion et qu'ils servent à confondre les arguties des athées, des libertins et des libres-penseurs de tout nom.

90

PART II

I must own, *Cleanthes*, said *Demea*, that nothing can more surprise me, than the light, in which you have, all along, put this argument. By the whole tenor of your discourse, one would imagine that you were maintaining the being of a God, against the cavils of atheists and infidels and were necessitated to become a champion for that fundamental principle of all religion. But this, I hope, is not, by any means, a question among us. No man, no man, at least, of common sense, I am persuaded, ever entertained a serious doubt with regard to a truth so certain and self-evident. The question is not concerning the BEING but the NATURE of GOD. This I affirm, from the infirmities of human understanding, to be altogether incomprehensible and unknown to us. The essence of that supreme mind, his attributes, the manner of his existence, the very nature of his duration : these and every particular, which regards so divine a being, are mysterious to men. Finite, weak, and blind creatures, we ought to humble ourselves in his august presence, and, conscious of our frailties, adore in silence his infinite perfections which eye hath not seen, ear hath not heard, neither hath it entered into the heart of man to conceive them. They are covered in a deep

DEUXIÈME PARTIE

Je dois avouer, *Cléanthe*, dit *Déméa*, que rien ne peut me surprendre davantage que la lumière dans laquelle vous avez tout du long placé cet argument. À considérer le sens général de votre discours, on imaginerait que vous étiez en train de défendre l'existence de Dieu contre les arguties des athées et des infidèles, et que vous étiez contraint de vous faire le champion de ce principe fondamental de toute religion. Mais ceci, je l'espère, ne fait pas le moins du monde question entre nous. Aucun homme, du moins aucun homme de sens commun, j'en suis persuadé, n'a jamais nourri de doute sérieux concernant une vérité aussi certaine et aussi immédiatement évidente. La question n'est pas touchant l'EXISTENCE, mais la NATURE de DIEU. Et celle-ci, je l'affirme au vu des infirmités de l'entendement humain, nous est totalement incompréhensible et inconnue. L'essence de cet Esprit suprême, ses attributs, le mode de son existence, la nature même de sa durée, ces points et tous les autres encore qui regardent un Être si divin, restent mystérieux aux yeux des hommes. Créatures finies, faibles et aveugles, nous devons nous humilier devant son auguste Présence et, conscients de notre fragilité, adorer en silence ses infinies perfections que l'œil n'a point vues, que l'oreille n'a pas entendues, et | qu'il n'est pas entré dans le cœur 92 de l'homme de concevoir. Elles sont voilées par une profonde

cloud from human curiosity. It is profaneness to attempt penetrating through these sacred obscurities. And next to the impiety of denying his existence, is the temerity of prying into his nature and essence, decrees and attributes.

But lest you should think, that *my piety* has here got the better of *my philosophy*, I shall support my opinion, if it needs any support, by a very great authority. I might cite all the divines almost, from the foundation of Christianity, who have ever treated of this or any other theological subject; but I shall confine myself, at present, to one equally celebrated for piety and philosophy. It is *Father Malebranche*, who, I remember, thus expresses himself[a]. « One ought not so much (says he) to call God a spirit, in order to express positively what he is, as in order to signify that he is not matter. He is a being infinitely perfect : of this we cannot doubt. But in the same manner as we ought not to imagine, even supposing him corporeal, that he is clothed with a human body, as the *Anthropomorphites* asserted, under colour that that figure was the most perfect of any ; so neither ought we to imagine, that the spirit of God has human ideas or bears *any* resemblance to our spirit ; under colour that we know nothing more perfect than a human mind. We ought rather to believe, that as he comprehends the perfections of matter without being material... he comprehends also the perfections of created spirits, without being spirit, in the manner we conceive spirit that his true name is *He that is*, or, in other words, Being without restriction, All Being, the Being infinite and universal ».

After so great an authority, *Demea*, replied *Philo*, as that which you have produced, and a thousand more, which you

---

a. *Recherche de la Vérité*, Liv. 3, Chap. 9.

nuée à la curiosité humaine ; c'est une profanation de tenter de pénétrer ces obscurités sacrées. Et proche de l'impiété de nier l'existence de Dieu, vient l'audace de chercher à scruter sa nature et son essence, ses décrets et ses attributs.

Mais de peur que vous ne pensiez que ma *piété* a pris le pas ici sur ma *philosophie*, j'appuierai mon opinion, à supposer qu'elle ait besoin de soutien, d'une très grande autorité. Je pourrais citer presque tous les théologiens depuis la fondation du Christianisme, qui aient jamais traité de ce sujet ou de tout autre sujet théologique ; mais je me limiterai maintenant à un d'entre eux qui est aussi célèbre par sa piété que par sa philosophie. Il s'agit du Père *Malebranche* qui, je me souviens, s'exprime ainsi[a] : « On ne doit pas tant, dit-il, appeler Dieu un esprit, pour exprimer positivement ce qu'il est, que pour signifier qu'il n'est pas matière. C'est un Être infiniment parfait ; nous ne pouvons en douter. Mais de même que nous ne devons pas imaginer, quand même nous le supposerions corporel, qu'il est habillé d'un corps humain, comme les *anthropomorphites* l'ont affirmé, sous le prétexte que cette forme est la plus parfaite de toutes ; de même ne | devons-nous pas non plus imaginer que l'esprit de Dieu a des idées humaines ou entretient *quelque* ressemblance avec notre esprit, sous le prétexte que nous ne connaissons rien de plus parfait qu'un esprit humain. Nous devons plutôt croire que, comme il renferme les perfections de la matière, sans être matériel…, il renferme aussi les perfections des esprits créés, sans être esprit de la même manière que nous concevons les esprits ; que son nom véritable est *Celui qui est*, c'est-à-dire l'Être sans restriction, Tout-Être, l'Être infini et universel ».

Après une autorité aussi grande, *Déméa*, répondit *Philon*, que celle que vous avez produite, et mille autres que vous

93

a. *Recherche de la Vérité*, livre 3, chap. 9.

might produce, it would appear ridiculous in me to add my sentiment, or express my approbation of your doctrine. But surely, where reasonable men treat these subjects, the question can never be concerning the *being* but only the *nature* of the deity. The former truth, as you well observe, is unquestionable and self-evident. Nothing exists without a cause; and the original cause of this universe (whatever it be) we call GOD; and piously ascribe to him every species of perfection. Whoever scruples this fundamental truth deserves every punishment, which can be inflicted among philosophers, to wit, the greatest ridicule, contempt and disapprobation. But as all perfection is entirely relative, we ought never to imagine, that we comprehend the attributes of this divine being, or to suppose, that his perfections have any analogy or likeness to the perfections of a human creature. Wisdom, thought, design, knowledge; these we justly ascribe to him; because these words are honourable among men, and we have no other language or other conceptions, by which we can express our adoration of him. But let us beware, lest we think, that our ideas anywise correspond to his perfections, or that his attributes have any resemblance to these qualities among men. He is infinitely superior to our limited view and comprehension, and is more the object of worship in the temple than of disputation in the schools.

In reality, *Cleanthes*, continued he, there is no need of having recourse to that affected scepticism, so displeasing to you, in order to come at this determination. Our ideas reach no farther than our experience; we have no experience of divine attributes and operations; I need not

pourriez produire, il paraîtrait ridicule de ma part d'ajouter mon sentiment ou d'exprimer combien j'approuve votre doctrine. Mais assurément, lorsque l'on traite raisonnablement ces sujets, la question ne peut jamais être touchant *l'existence*, mais seulement la *nature* de la Divinité. La première vérité est, comme vous l'avez bien observé, incontestable et immédiatement évidente. Rien n'existe sans une cause; et la cause originelle de cet univers (quelle qu'elle soit) nous l'appelons DIEU, et pieusement nous lui attribuons toute espèce de perfection. Quiconque interroge cette vérité fondamentale mérite tous les châtiments qui peuvent être infligés chez les philosophes, à savoir le ridicule, le mépris et la désapprobation la plus extrême. Mais comme toute perfection est entièrement relative, nous ne devons jamais imaginer que nous comprenons les attributs de cet Être divin, ou supposer que ses perfections ont de l'analogie ou de la ressemblance avec les perfections de la créature humaine. Sagesse, pensée, dessein, connaissance : c'est à juste titre que nous lui attribuons cela, parce que ces mots sont honorables parmi les hommes, et que nous n'avons pas d'autre | langage ou d'autres conceptions 94 par lesquelles exprimer notre adoration à son égard. Mais gardons-nous de penser que nos idées correspondent aucunement à ses perfections, ou que ses attributs aient quelque conformité avec ces mêmes qualités chez les hommes. Il est infiniment supérieur à notre vue et à notre compréhension trop limitée; et il est davantage objet de culte dans le temple qu'objet de dispute dans les écoles.

En réalité, *Cléanthe*, poursuivit-il, il n'est pas besoin d'avoir recours à ce scepticisme affecté qui vous déplaît si fort, pour en venir à cette position. Nos idées ne portent pas plus loin que notre expérience; or nous n'avons pas d'expérience des attributs et des opérations divines; je n'ai pas besoin de

conclude my syllogism: you can draw the inference yourself. And it is a pleasure to me (and I hope to you too) that just reasoning and sound piety here concur in the same conclusion, and both of them establish the adorably mysterious and incomprehensible nature of the supreme being.

Not to lose any time in circumlocutions, said *Cleanthes*, addressing himself to *Demea*, much less in replying to the pious declamations of *Philo*; I shall briefly explain how I conceive this matter. Look round the world: Contemplate the whole and every part of it: You will find it to be nothing but one great machine, subdivided into an infinite number of lesser machines, which again admit of subdivisions, to a degree beyond what human senses and faculties can trace and explain. All these various machines, and even their most minute parts, are adjusted to each other with an accuracy, which ravishes into admiration all men, who have ever contemplated them. The curious adapting of means to ends, throughout all nature, resembles exactly, though it much exceeds, the productions of human contrivance; of human design, thought, wisdom, and intelligence. Since therefore the effects resemble each other, we are led to infer, by all the rules of analogy, that the causes also resemble; and that the author of nature is somewhat similar to the mind of man; though possessed of much larger faculties, proportioned to the grandeur of the work, which he has executed. By this argument *a posteriori*, and by this argument alone, do we

conclure mon syllogisme, vous pouvez tirer l'inférence par vous-même. Et ce m'est un plaisir (pour vous aussi, je l'espère) que le raisonnement juste et la saine piété se rejoignent ici dans la même conclusion, et que les deux établissent la nature adorablement mystérieuse et incompréhensible de l'Être suprême.

Je ne perdrai pas de temps en circonlocutions, dit *Cléanthe*, s'adressant à *Déméa*, bien plutôt qu'en réponse aux pieuses déclamations de *Philon*; j'expliquerai rapidement comment je conçois cette question. Jetez vos regards partout sur le monde, contemplez le tout et chacune de ses parties; vous trouverez qu'il n'est rien qu'une grande machine, divisée en une infinité de machines plus petites, qui admettent à nouveau des subdivisions à un degré qui dépasse ce que les sens et les facultés humaines peuvent discerner et expliquer. Toutes ces diverses machines, et même leurs parties plus petites, sont ajustées les unes aux autres avec une précision qui ravit d'admiration tous les hommes qui les ont jamais contemplées. La minutieuse adaptation des | moyens aux fins à travers 95 toute la nature ressemble exactement, bien que les dépassant de beaucoup, aux productions de l'industrie humaine – du dessein, de la pensée, de la sagesse et de l'intelligence humaine. Par conséquent, puisque les effets se ressemblent, nous sommes conduits à inférer, par toutes les règles de l'analogie, que les causes aussi se ressemblent et que l'Auteur de la nature est en quelque manière semblable à l'esprit de l'homme, bien que doué de facultés beaucoup plus vastes, proportionnées à la grandeur de l'ouvrage qu'il a exécuté. Par cet argument *a posteriori*, et par cet argument seulement, nous

prove at once the existence of a deity, and his similarity to human mind and intelligence.

I shall be so free, *Cleanthes*, said *Demea*, as to tell you, that from the beginning I could not approve of your conclusion concerning the similarity of the deity to men; still less can I approve of the mediums, by which you endeavour to establish it. What! No demonstration of the being of God! No abstract arguments! No proofs *a priori*! Are these *which* have hitherto been so much insisted on by philosophers all fallacy, all sophism? Can we reach no farther in this subject than experience [1] and probability? I will not say, that this is betraying the cause of a deity; but surely, by this affected candour, you give advantages to atheists, which they never could obtain, by the mere dint of argument and reasoning.

What I chiefly scruple in this subject, said *Philo*, is not so much, that all religious arguments are by *Cleanthes* reduced to experience, as that they appear not to be even the most certain and irrefragable of that inferior kind. That a stone will fall, that fire will burn, that the earth has solidity, we have observed a thousand and a thousand times; and when any new instance of this nature is presented, we draw without hesitation the accustomed inference. The exactly similarity of the cases gives us a perfect assurance of a similar event; and a stronger evidence is never desired nor sought after. But

---

1. experience] moral evidence] experience

prouvons à la fois l'existence d'une Divinité et sa similitude avec l'esprit et l'intelligence humaine [1].

Je prendrai la liberté de vous dire, *Cléanthe*, dit *Déméa*, que dès le départ je ne pouvais approuver votre conclusion concernant la similitude de la Divinité avec les hommes; encore moins puis-je approuver les moyens termes par lesquels vous essayez de l'établir. Quoi! Pas de démonstration de l'existence de Dieu! Pas d'arguments abstraits! Pas de preuves *a priori*! Tout cela, sur quoi les philosophes ont jusqu'à présent tant insisté, est pure tromperie, pur sophisme? Ne pouvons-nous, sur ce sujet, nous porter plus loin que l'expérience [2] et la probabilité? Je ne dirai pas que c'est trahir la cause de la Divinité; mais certainement, par cette sincérité forcée, vous donnez aux athées des avantages qu'ils ne pourraient jamais obtenir par la seule force de l'argument et du raisonnement.

| Ce qui dans ce sujet me gêne principalement, dit *Philon*, 96 n'est pas tant que tous les arguments religieux soient réduits par *Cléanthe* à l'expérience, mais c'est qu'ils ne doivent même pas être comptés parmi les plus certains et les plus irréfragables de ce genre inférieur d'arguments. Que la pierre tombera, que le feu brûlera, que la terre soit solide, nous l'avons observé mille et mille fois; et quand se présente un nouveau cas de cette nature, nous tirons sans hésiter l'inférence accoutumée. L'exacte similitude des cas nous donne la parfaite assurance d'un événement semblable; et jamais une évidence plus forte n'est désirée ni recherchée. Mais

---

1. *Cf.* George Cheyne, *Philosophical Principles of Religion : natural and revealed* (London, 1715) : « Par la nature, j'entends cette machine vaste, sinon infinie, de l'univers, qui est la production parfaite et sage de Dieu Tout-Puissant et qui consiste en une infinité de machines plus petites, dont chacune est ajustée par poids et mesure » (p. 2).
2. expérience] évidence morale] expérience

wherever you depart, in the least, from the similarity of the cases, you diminish proportionably the evidence; and may at last bring it to a very weak *analogy*, which is confessedly liable to error and uncertainty. After having experienced the circulation of the blood in human creatures, we make no doubt, that it takes place in *Titius* and *Maevius*; but from its circulation in frogs and fishes, it is only a presumption, though a strong one, from analogy, that it takes place in men and other animals. The analogical reasoning is much weaker, when we infer the circulation of the sap in vegetables from our experience, that the blood circulates in animals; and those, who hastily followed that imperfect analogy, are found, by more accurate experiments, to have been mistaken.

If we see a house, *Cleanthes*, we conclude, with the greatest certainty, that it had an architect or builder, because this is precisely that species of effect, which we have experienced to proceed from that species of cause. But surely you will not affirm, that the universe bears such a resemblance to a house, that we can with the same certainty infer a similar cause, or that the analogy is here entire and perfect. The dissimilitude is so striking, that the utmost you can here pretend to is a guess, a conjecture, a presumption concerning a similar cause; and how that pretension will be received in the world, I leave you to consider.

It would surely be very ill received, replied *Cleanthes*; and I should be deservedly blamed and detested, did I allow, that the proofs of a deity amounted to no more than a guess or conjecture. But is the whole adjustment of means to ends in a house and in the universe so slight a resemblance? The economy of

partout où vous vous écartez, si peu que ce soit, de la similitude des cas, vous diminuez proportionnellement l'évidence et vous pouvez finir par la réduire à une très faible *analogie*, qui est de l'aveu général sujette à l'erreur et à l'incertitude. Après avoir fait l'expérience de la circulation du sang dans les créatures humaines, nous ne doutons pas qu'elle ait lieu en *Titus* et *Mævius*; mais de ce que le sang circule chez les grenouilles et les poissons, l'analogie ne fournit qu'une présomption, forte à vrai dire, que la même chose a lieu chez les hommes et les autres animaux. Le raisonnement analogique est beaucoup plus faible quand nous inférons la circulation de la sève dans les végétaux, à partir de l'expérience que nous avons de la circulation du sang des animaux; et ceux qui ont suivi hâtivement cette analogie imparfaite, des expériences plus précises ont montré qu'ils se sont trompés.

En voyant une maison, *Cléanthe*, nous concluons, avec la plus grande certitude qu'elle a eu un architecte ou un constructeur, parce que c'est précisément cette sorte d'effet que l'expérience nous a montré provenir de cette sorte de cause. Mais vous n'affirmerez sûrement | pas que l'univers entretient avec   97 une maison une ressemblance telle que nous puissions avec la même certitude inférer une cause semblable, ni que l'analogie soit ici entière et parfaite. La dissimilitude est si frappante que tout ce à quoi vous pouvez prétendre se monte à une supposition, une conjecture, une présomption, concernant une cause semblable; et comment cette prétention sera reçue dans le monde, je vous le laisse envisager.

Elle serait certainement très mal reçue, répondit *Cléanthe*; et je mériterais à juste titre blâme et réprobation, si j'avouais que les preuves en faveur d'une Divinité ne s'élevaient à rien de plus qu'une supposition ou une conjecture. Mais est-ce une si mince ressemblance entre une maison et l'univers que l'entier ajustement des moyens aux fins, que l'économie des

final causes? The order, proportion, and arrangement of every part? Steps of a stair are plainly contrived, that human legs may use them in mounting; and this inference is certain and infallible. Human legs are also contrived for walking and mounting; and this inference, I allow, is not altogether so certain, because of the dissimilarity which you remark; but does it, therefore, deserve the name only of presumption or conjecture?

Good God! cried *Demea*, interrupting him, where are we? Zealous defenders of religion allow that the proofs of a deity fall short of perfect evidence! And you, *Philo*, on whose assistance I depended, in proving the adorable mysteriousness of the divine nature, do you assent to all these extravagant opinions of *Cleanthes*? For what other name can I give them? Or why spare my censure, when such principles are advanced, supported by such an authority, before so young a man as *Pamphilus*?

You seem not to apprehend, replied *Philo*, that I argue with *Cleanthes* in his own way; and by showing him the dangerous consequences of his tenets, hope at last to reduce him to our opinion. But what sticks most with you, I observe, is the representation which *Cleanthes* has made of the argument *a posteriori*; and finding that that argument is likely to escape your hold and

causes finales, que l'ordre, la proportion et l'arrangement de chaque partie? Les marches d'un escalier sont manifestement agencées pour que les jambes humaines puissent s'en servir pour monter; et cette inférence est certaine et infaillible[1]. Que les jambes humaines soient aussi agencées pour marcher et pour monter, cette inférence, je l'avoue, n'est pas absolu-ment aussi certaine, à cause de la dissimilitude que vous remarquez: mais mérite-t-elle le nom de simple présomption ou conjecture?

| Mon Dieu, s'écria *Déméa*, l'interrompant, où sommes-nous? De zélés défenseurs de la religion avouent que les preuves en faveur d'une Divinité n'atteignent pas une parfaite évidence! Et vous, *Philon*, sur l'assistance duquel je me reposais pour prouver le caractère adorablement mystérieux de la nature divine, vous approuvez toutes ces opinions extravagantes de *Cléanthe*? Car quel autre nom puis-je leur donner? Ou pourquoi ménagerai-je ma censure, quand de tels principes sont avancés, soutenus par une telle autorité, en présence d'un aussi jeune homme que *Pamphile*?

Vous ne semblez pas comprendre, répondit *Philon*, que j'argumente avec *Cléanthe* selon sa manière et que, en lui montrant les conséquences dangereuses de ses doctrines, j'espère à la fin le ramener à notre opinion. Mais ce qui vous gêne le plus, je l'observe, c'est la représentation que *Cléanthe* a donné de l'argument *a posteriori*; et, comme vous voyez que l'argument menace d'échapper à votre prise et de s'évanouir

98

---

1. Fénelon, *Lettres sur divers sujets de métaphysique et de religion*, chap. II: « Si j'entre dans une maison… je rencontre un escalier dont les marches sont visiblement faites pour monter… En vain, quelqu'un me viendra dire que cette maison s'est faite d'elle-même par pur hasard et que les hommes qui y trouvent cet ordre purement fortuit s'en servent, et s'imaginent qu'il a été fait tout exprès pour leur usage… L'ouvrage du monde entier a cent fois plus d'art, d'ordre, de sagesse, de proportion et de symétrie, que tous les ouvrages les plus industrieux des hommes ». Fénelon répète ici Cicéron, *De natura deorum*, II, 5, 15.

vanish into air, you think it so disguised that you can scarcely believe it to be set in its true light. Now, however much I may dissent, in other respects, from the dangerous principle of *Cleanthes*, I must allow, that he has fairly represented that argument; and I shall endeavour so to state the matter to you that you will entertain no farther scruples with regard to it.

Were a man to abstract from everything which he knows or has seen, he would be altogether incapable, merely from his own ideas, to determine what kind of scene the universe must be, or to give the preference to one state or situation of things above another. For as nothing which he clearly conceives could be esteemed impossible or implying a contradiction, every chimera of his fancy would be upon an equal footing; nor could he assign any just reason, why he adheres to one idea or system, and rejects the others, which are equally possible.

Again, after he opens his eyes, and contemplates the world as it really is, it would be impossible for him, at first, to assign the cause of any one event, much less, of the whole of things or of the universe. He might set his fancy a-rambling; and she might bring him in an infinite variety of reports and representations. These would all be possible; but being all equally possible, he would never, of himself, give a satisfactory account for his preferring one of them to the rest. Experience alone can point out to him the true cause of any phenomenon.

Now, according to this method of reasoning, *Demea*, it follows (and is, indeed, tacitly allowed by *Cleanthes* himself) that order, arrangement, or the adjustment of final causes is not, of itself, any proof of design; but only so far as it has been experienced to proceed from that principle. For aught we can

dans les airs, vous l'estimez si déguisé que vous avez peine à croire qu'il soit placé dans sa vraie lumière. Or, si éloigné que je puisse être, par ailleurs, des dangereux principes de *Cléanthe*, je dois avouer qu'il a représenté comme il faut cet argument ; et je vais essayer de vous exposer la chose de telle façon que vous n'ayez plus d'hésitation à son égard.

Imaginez qu'un homme fasse abstraction de tout ce qu'il sait ou a vu : il serait parfaitement incapable, s'il ne consulte que ses propres idées, de déterminer quelle sorte de spectacle doit offrir l'univers, ou de donner la préférence à tel état, à telle situation des choses, plutôt qu'à telle autre. Car rien de ce qu'il conçoit clairement ne pouvant être jugé impossible ou impliquant une contradiction, n'importe quelle chimère de sa fantaisie | serait sur le même pied, et il ne pourrait donner de 99 bonne raison pour justifier son adhésion à une idée, à un système, et son rejet des autres qui sont également possibles.

De plus, après avoir ouvert les yeux et contemplé le monde, tel qu'il est réellement, il lui serait impossible, à première vue, de donner la cause d'un événement quelconque et, moins encore, la cause de l'ensemble des choses ou de l'univers. Il pourrait laisser vagabonder sa fantaisie et elle pourrait lui rapporter une infinie variété de relations et de représentations. Lesquelles seraient toutes également possibles ; et, toutes l'étant également, il ne pourrait jamais de lui-même avancer une justification suffisante de sa préférence en faveur de l'une, plutôt que des autres. Seule l'expérience peut lui indiquer la vraie cause du phénomène.

Or, selon cette méthode de raisonnement, *Déméa*, il s'ensuit (et, à vrai dire, *Cléanthe* le concède lui-même tacitement) que l'ordre, l'arrangement, l'ajustement des causes finales ne sont pas par eux-mêmes la preuve d'un dessein, mais seulement dans la mesure où l'expérience a établi qu'ils procèdent de ce principe. Car, pour autant que nous soyons

That all inferences, *Cleanthes*, concerning fact are founded on experience, and that all experimental reasonings are founded on the supposition, that similar causes prove similar effects, and similar effects similar causes; I shall not, at present, much dispute with you. But observe, I entreat you, with what extreme caution all just reasoners proceed in the transferring of experiments to similar cases. Unless the cases be exactly similar, they repose no perfect confidence in applying their past observation to any particular phenomenon. Every alteration of circumstances occasions a doubt concerning the event; and it requires new experiments to prove certainly, that the new circumstances are of no moment or importance. A change in bulk, situation, arrangement, age, disposition of the air, or surrounding bodies: any of these particulars may be attended with the most unexpected consequences; and unless the objects be quite familiar to us, it is the highest temerity to expect with assurance, after any of these changes, an event similar to that which before fell under our observation. The slow and deliberate steps of philosophers here, if anywhere, are distinguished from the precipitate march of the vulgar, who, hurried on by the smallest similitude, are incapable of all discernment or consideration.

But can you think, *Cleanthes*, that your usual phlegm and philosophy have been preserved in so wide a step as you have taken, when you compared to the universe houses, ships, furniture, machines and from their similarity in some circumstances inferred a similarity in their causes? Thought, design, intelligence, such as we discover in men and other animals, is

Que toutes les inférences, *Cléanthe*, concernant les faits soient fondées sur l'expérience et que tous les raisonnements expérimentaux soient fondés sur la supposition que des causes semblables prouvent des effets semblables, et des effets semblables des causes semblables, je n'en disputerai guère, à présent, avec vous. Mais observez, je vous en conjure, de quelle extrême précaution tous les bons raisonneurs s'entourent au moment de transposer leurs expériences à des | cas semblables. À moins que les cas ne soient exactement   101 semblables, ils se gardent d'appliquer avec une entière confiance leur expérience passée à un phénomène particulier. Toute modification des circonstances soulève un doute touchant l'événement; et il faut de nouvelles expériences pour prouver avec certitude que les nouvelles circonstances sont sans conséquence ni importance. Un changement dans la masse, la situation, l'arrangement, l'âge, l'état de l'air, ou les corps environnants, l'un de ces détails peut s'accompagner des conséquences les plus inattendues. Et à moins que les objets ne nous soient tout à fait familiers, il est de la plus grande témérité d'attendre avec assurance, après l'un de ces changements, un événement semblable à celui qui se présentait auparavant à notre observation. Le pas lent et délibéré des philosophes, ici plus que nulle part, se distingue de la marche précipitée du vulgaire qui, emporté par la moindre similitude, est incapable de discernement et d'examen.

Mais pouvez-vous penser, *Cléanthe*, que votre retenue et votre philosophie habituelles sortent indemnes d'un pas aussi large que celui que vous avez fait, quand vous avez comparé l'univers à des maisons, des bateaux, des meubles, des machines, et que vous avez, de la similitude de certaines circonstances, inféré une similitude dans leurs causes? La pensée, le dessein, l'intelligence, tels que nous les trouvons chez les hommes et les autres animaux, ne constituent qu'un

no more than one of the springs and principles of the universe, as well as heat or cold, attraction or repulsion, and a hundred others, which fall under daily observation. It is an active cause, by which some particular parts of nature, we find, produce alterations on other parts. But can a conclusion, with any propriety, be transferred from parts to the whole? Does not the great disproportion bar all comparison and inference? From observing the growth of a hair, can we learn anything concerning the generation of a man? Would the manner of a leaf's blowing, even though perfectly known, afford us any instruction concerning the vegetation of a tree?

But allowing that we were to take the *operations* of one part of nature upon another for the foundation of our judgement concerning the *origin* of the whole (which never can be admitted), yet why select so minute, so weak, so bounded a principle as the reason and design of animals is found to be upon this planet? What peculiar privilege has this little agitation of the brain which we call thought, that we must thus make it the model of the whole universe? Our partiality in our own favour does indeed present it on all occasions; but sound philosophy ought carefully to guard against so natural an illusion.

So far from admitting, continued *Philo*, that the operations of a part can afford us any just conclusion concerning the origin of the whole, I will not allow any one part to form a rule for another part, if the latter be very remote from the former. Is there any reasonable ground to conclude, that the inhabitants of other planets possess thought, intelligence, reason, or anything similar to these faculties in men? When nature has so extremely diversified her manner of operation in this small globe, can we imagine, that she incessantly copies herself

des ressorts et des principes de l'univers, à côté de la chaleur et du froid, de l'attraction et de la répulsion, et de cent autres qui tombent sous l'observation quotidienne. C'est une cause active par laquelle certaines parties particulières de la nature produisent, nous le voyons, des altérations sur d'autres parties. Mais une conclusion | peut-elle, avec quelque justesse, être transpo- 102 sée des parties au tout ? L'immense disproportion ne prohibe-t-elle pas toute comparaison et toute inférence ? De l'observation de la croissance d'un cheveu, pouvons-nous apprendre quelque chose sur la génération d'un homme ? La façon dont pousse une feuille, fût-elle parfaitement connue, nous instruirait-elle le moins du monde sur la végétation d'un arbre ?

Mais dussions-nous prendre les *opérations* d'une partie de la nature sur une autre, comme le fondement de notre jugement sur l'*origine* du tout (ce qui jamais ne sera admissible), pourquoi encore choisir un principe aussi chétif, aussi faible, aussi borné que le sont sur cette planète la raison et le dessein des animaux ? Quel privilège particulier a cette petite agitation du cerveau que nous appelons *pensée* pour que nous devions en faire le modèle de tout l'univers ? Sans doute, notre partialité en notre faveur nous la présente en toute occasion, mais la saine philosophie doit se garder soigneusement d'une illusion aussi naturelle.

Je suis si loin d'admettre, poursuivit *Philon*, que les opérations d'une partie puisse nous apporter une juste conclusion sur l'origine du tout que je n'accorderai même pas qu'une partie fasse règle pour une autre partie, si cette dernière est très éloignée de la première. Y a-t-il aucun motif raisonnable pour conclure que les habitants d'autres planètes possèdent la pensée, l'intelligence, la raison ou rien de semblable à ces facultés qui sont en l'homme ? Quand la nature a diversifié à un tel point sa façon d'opérer à l'intérieur de ce petit globe, pouvons-nous imaginer qu'elle ne fasse que se copier à travers

throughout so immense a universe? And if thought, as we may well suppose, be confined merely to this narrow corner, and has even there so limited a sphere of action, with what propriety can we assign it for the original cause of all things? The narrow views of a peasant, who makes his domestic economy the rule for the government of kingdoms, is in comparison a pardonable sophism.

But were we ever so much assured, that a thought and reason, resembling the human, were to be found throughout the whole universe, and were its activity elsewhere vastly greater and more commanding than it appears in this globe, yet I cannot see why the operations of a world, constituted, arranged, adjusted, can with any propriety be extended to a world, which is in its embryo-state, and is advancing towards that constitution and arrangement. By observation, we know somewhat of the economy, action, and nourishment of a finished animal; but we must transfer with great caution that observation to the growth of a foetus in the womb, and still more, to the formation of an animalcule in the loins of its male-parent. Nature, we find, even from our limited experience, possesses an infinite number of springs and principles, which incessantly discover themselves on every change of her position and situation. And what new and unknown principles would actuate her in so new and unknown a situation, as that of the formation of a universe, we cannot, without the utmost temerity, pretend to determine.

A very small part of this great system, during a very short time, is very imperfectly discovered to us; and do we thence pronounce decisively concerning the origin of the whole?

un si vaste univers ? Et si, comme nous pouvons bien le suppo-
ser, la pensée est uniquement confinée à cet | étroit canton et   103
n'a, même là, qu'une sphère d'action fort limitée, quelle
convenance y a-t-il à la donner pour la cause de toutes choses ?
Les étroites vues d'un paysan qui fait de son économie
domestique la règle du gouvernement des royaumes sont en
comparaison un sophisme pardonnable.

Mais quand bien même nous aurions l'assurance qu'une
pensée et une raison, ressemblant à celles des hommes, se
donnent à voir par tout l'univers, et leur activité fût-elle
ailleurs immensément plus grande et plus dominante qu'elle
ne se montre sur ce globe, encore ne puis-je voir pourquoi les
opérations d'un monde constitué, arrangé, ajusté, peuvent
avec quelque convenance être étendues à un monde qui est
dans un état embryonnaire et qui tend vers cette constitution et
cet arrangement. Par l'observation, nous connaissons quelque
chose de l'économie, de l'action et de la nutrition d'un animal
parvenu à terme ; mais nous devons transposer avec beaucoup
de précaution cette observation à la croissance d'un fœtus dans
le sein maternel, et bien plus encore, à la formation d'un animalcule dans les reins de son parent mâle. La nature, comme
nous le voyons, à la lumière de notre expérience pourtant
limitée, possède un nombre infini de ressorts et de principes
qui se découvrent incessamment à chacun de ses changements
de position et de situation. Et quels seraient les principes
nouveaux et inconnus propres à la mettre en action dans une
situation si nouvelle et si inconnue, c'est ce que nous ne
saurions, sans la plus grande témérité, prétendre déterminer.

Une très petite partie de ce grand système, pendant un temps
très court, nous est imparfaitement découverte : | forts de cela,   104
irons-nous trancher de façon décisive sur l'origine du tout ? [1]

---

1. *Paragraphe ajouté dans la marge du manuscrit p. 95 (Ire partie
après :... par une sorte d'instinct ou de nécessité, et renvoyé ici.*

Admirable conclusion! Stone, wood, brick, iron, brass, have not, at this time, in this minute globe of earth, an order or arrangement without human art and contrivance: therefore the universe could not originally attain its order and arrangement, without something similar to human art. But is a part of nature a rule for another part very wide of the former? Is it a rule for the whole? Is a very small part a rule for the universe? Is nature in one situation, a certain rule for nature in another situation, vastly different from the former?

And can you blame me, *Cleanthes*, if I here imitate the prudent reserve of *Simonides*, who, according to the noted story, being asked by *Hiero*, *What God was?*, desired a day to think of it, and then two days more; and after that manner continually prolonged the term, without ever bringing in his definition or description? Could you even blame me, if I had answered at first, *that I did not know*, and was sensible that this subject lay vastly beyond the reach of my faculties? You might cry out sceptic and railer, as much as you pleased; but having found, in so many other subjects, much more familiar, the imperfections and even contradictions of human reason, I never should expect any success from its feeble conjectures, in a subject, so sublime, and so remote from the sphere of our observation. When two *species* of objects have always been observed to be conjoined together, I can *infer*, by custom, the existence of one wherever I *see* the existence of the other; and this I call an argument from experience. But how this argument can have place, where the objects, as in the present case, are single, individual, without parallel, or

Admirable conclusion! Aujourd'hui, sur ce minuscule globe terrestre, pierre, bois, brique, fer, cuivre, ne présentent pas d'ordre ou d'arrangement, si n'interviennent l'art et l'invention humaine; donc, à l'origine, l'univers ne pouvait parvenir à son ordre et à son arrangement sans quelque chose de semblable à l'art humain. Mais une partie de la nature fait-elle règle pour une autre partie très éloignée de la première? Fait-elle règle pour le tout? Une très petite partie fait-elle règle pour l'univers? La nature, dans une situation donnée, fait-elle une règle sûre pour la nature, dans une autre situation immensément différente de la première?

Et pouvez-vous me blâmer, *Cléanthe*, si j'imite ici la prudente réserve de *Simonide* qui, selon l'histoire bien connue, étant interrogé par *Hiéron* sur *ce qu'était Dieu*, demanda un jour pour y réfléchir, puis deux jours de plus, et de cette façon recula continuellement le terme, sans jamais apporter sa définition ou sa description[1]? Pourriez-vous même me blâmer si je vous avais répondu tout de suite que *je ne savais pas* et que j'avais le sentiment que ce sujet dépassait immensément la portée de mes facultés? Vous pourriez crier au sceptique et au railleur autant qu'il vous plairait; mais ayant trouvé, en tant d'autres sujets bien plus familiers, les imperfections et même les contradictions de la raison humaine, je ne saurais jamais attendre de succès de ses faibles conjectures sur un sujet aussi sublime et aussi éloigné de la sphère de notre observation. Après avoir toujours observé que deux *espèces* d'objets sont jointes ensemble, | je peux *inférer*, par habitude, l'existence de l'une, toutes les fois que je *vois* l'existence de l'autre; et j'appelle cela un argument d'expérience. Mais comment cet argument peut s'appliquer là où, comme dans le cas présent, les objets sont uniques, individuels, sans correspondance ni

105

---

1. Cicéron, *De natura deorum*, I, 22, 60.

specific resemblance, may be difficult to explain. And will any man tell me with a serious countenance, that an orderly universe must arise from some thought and art, like the human; because we have experience of it? To ascertain this reasoning, it were requisite, that we had experience of the origin of worlds; and it is not sufficient surely, that we have seen ships and cities arise from human art and contrivance –

Philo was proceeding in this vehement manner, somewhat between jest and earnest, as it appeared to me, when he observed some signs of impatience in *Cleanthes*, and then immediately stopped short. What I had to suggest, said *Cleanthes*, is only that you would not abuse terms, or make use of popular expressions to subvert philosophical reasoning. You know, that the vulgar often distinguish reason from experience, even where the question relates only to matter of fact and existence; though it is found, where that *reason* is properly analysed, that it is nothing but a species of experience. To prove by experience the origin of the universe from mind is not more contrary to common speech than to prove the motion of the earth from the same principle. And a caviller might raise all the same objections to the *Copernican* system, which you have urged against my reasonings. Have you other earths, might he say, which you have seen to move? Have –

Yes! cried *Philo*, interrupting him, we have other earths. Is not the moon another earth, which we see to turn round its centre? Is not Venus another earth, where we observe the same phenomenon? Are not the revolutions of the sun also a confirmation, from analogy, of the same theory? All the planets, are

ressemblance spécifique, voilà qui peut être difficile à expliquer. Et on viendra me dire, d'une mine sérieuse, qu'un univers ordonné doit provenir d'une pensée, d'un art semblable à celui des hommes, parce que nous en avons l'expérience? Mais pour rendre certain ce raisonnement, il faudrait que nous ayons l'expérience de l'origine des mondes; et il n'est certainement pas suffisant que nous ayons vu des bateaux et des cités provenir de l'art et de l'invention humaine –

Philon poursuivait sur ce ton véhément, mi-plaisant, misérieux, à ce qu'il me semblait, lorsqu'il observa quelques signes d'impatience de la part de *Cléanthe*, et immédiatement alors, il s'arrêta court. Ce que j'avais à vous faire remarquer, dit *Cléanthe*, c'est seulement de bien vouloir ne pas abuser des termes ni user d'expressions populaires pour renverser le raisonnement philosophique. Vous savez que le vulgaire distingue souvent la raison de l'expérience, là même où la question se rapporte uniquement à des choses de fait et d'existence, bien qu'on s'aperçoive, quand cette *raison* est convenablement analysée, qu'elle n'est rien d'autre qu'une espèce d'expérience. Prouver par expérience que l'univers tire son origine de l'esprit n'est pas plus contraire au langage commun que de prouver le mouvement de la terre d'après le même principe. Et un ergoteur pourrait soulever contre le système copernicien exactement les mêmes objections que celles que vous avez dressées contre mes raisonnements. | Avez-vous d'autres terres, pourrait-il dire, que vous ayez vues se mouvoir? Avez-vous – 106

Oui! s'écria *Philon*, l'interrompant, nous avons d'autres terres. La lune n'est-elle pas une autre terre que nous voyons tourner autour de son centre? Vénus n'est-elle pas une autre terre pour laquelle nous observons le même phénomène? Les révolutions du soleil ne sont-elles pas aussi une confirmation, par analogie, de la même théorie? Toutes les planètes ne sont-

they not earths, which revolve about the sun? Are not the
satellites moons, which move round Jupiter and Saturn, and
along with these primary planets, round the sun? These
analogies and resemblances, with others which I have not
mentioned, are the sole proofs of the *Copernican* system: And
to you it belongs to consider, whether you have any analogies
of the same kind to support your theory.

In reality, *Cleanthes*, continued he, the modern system
of astronomy is now so much received by all inquirers, and
has become so essential a part even of our earliest education,
that we are not commonly very scrupulous in examining the
reasons, upon which it is founded. It is now become a matter of
mere curiosity to study the first writers on that subject, who
had the full force of prejudice to counter, and were obliged to
turn their arguments on every side, in order to render them
popular and convincing. But if we peruse *Galileo*'s famous
Dialogues concerning the system of the world, we shall find,
that that great genius, one of the sublimest that ever existed,
first bent all his endeavours to prove, that there was no foundation for the distinction commonly made between elemen-
tary and celestial substances. The Schools, proceeding
from the illusions of sense, had carried this distinction very
far, and had established the latter substances to be ingenerable, incorruptible, unalterable, impassible; and had assigned
all the opposite qualities to the former. But *Galileo*, beginning with the moon, proved its similarity in every particular
to the earth; its convex figure, its natural darkness when
not illuminated, its density, its distinction into solid and liquid,
the variations of its phases, the mutual illuminations of
the earth and moon, their mutual eclipses, the inequalities

elles pas des terres qui roulent autour du soleil ? Les satellites
ne sont-ils pas des lunes qui se meuvent autour de Jupiter et de
Saturne et, en même temps que ces planètes primaires, autour
du soleil ? Ces analogies et ces ressemblances, entre autres que
je n'ai pas mentionnées, sont les seules preuves du système
copernicien, et c'est à vous qu'il appartient de considérer si
vous avez des analogies de la même sorte pour soutenir votre
théorie.

En réalité, *Cléanthe*, poursuivit-il, le système moderne
d'astronomie est maintenant si bien reçu de tous les savants et
est devenu une partie si essentielle de notre première éducation
que nous ne sommes pas d'ordinaire très scrupuleux dans
l'examen des raisons sur lesquelles il repose. C'est maintenant
devenu une affaire de pure curiosité que d'étudier les premiers
auteurs ayant écrit sur ce sujet, qui eurent à affronter la pleine
force du préjugé et furent obligés de retourner leurs arguments
sur toutes les faces, afin de les rendre populaires et convaincants. Mais si nous lisons avec soin les célèbres dialogues de
Galilée traitant du système du monde, nous trouverons que ce
grand génie, l'un des plus sublimes qui aient jamais existé,
appliqua d'abord tous ses efforts à prouver que la distinction
communément admise entre les substances élémentaires et
les substances célestes était dépourvue de fondement. | Les   107
écoles, prenant pour point de départ les illusions des sens,
avaient porté très loin cette distinction et avaient établi que les
substances célestes étaient ingénérables, incorruptibles inaltérables et impassibles ; et elles avaient attribué toutes les
qualités opposées aux substances élémentaires. Mais *Galilée*,
commençant par la lune, prouva sa similitude en tous points
avec la terre : sa forme convexe, son obscurité naturelle, quand
elle n'est pas éclairée, sa densité, sa division en solide et
liquide, les variations de ses phases, l'éclairement mutuel de
la terre et de la lune, leurs mutuelles éclipses, les inégalités

of the lunar surface, etc. After many instances of this kind, with regard to all the planets, men plainly saw, that these bodies became proper objects of experience; and that the similarity of their nature enabled us to extend the same arguments and phenomena from one to the other.

In this cautious proceeding of the astronomers, you may read your own condemnation, *Cleanthes*; or rather may see, that the subject in which you are engaged exceeds all human reason and inquiry. Can you pretend to show any such similarity between the fabric of a house and the generation of a universe? Have you ever seen nature in any such situation as resembles the first arrangement of the elements? Have worlds ever been formed under your eye? And have you had leisure to observe the whole progress of the phenomenon, from the first appearance of order to its final consumation? If you have, then cite your experience, and deliver your theory.

de la surface lunaire, etc.[1]. Après beaucoup d'exemples de cette sorte, relatifs à toutes les planètes, les hommes virent clairement que ces corps devenaient de vrais objets d'expérience et que la similitude de leur nature nous permettait d'étendre de l'un à l'autre les mêmes arguments et les mêmes phénomènes.

Dans cette prudente démarche des astronomes, vous pouvez, *Cléanthe*, lire votre propre condamnation; ou plutôt, voir que le sujet dans lequel vous êtes engagé dépasse toute raison et toute recherche humaines. Pouvez-vous montrer une telle similitude entre la construction d'une maison et la génération d'un univers? Avez-vous jamais vu la nature dans aucune situation qui ressemble au premier arrangement des éléments? Des mondes se sont-ils formés sous vos yeux? Et avez-vous eu le loisir d'observer la marche entière du phénomène, de sa première apparition jusqu'à sa consommation finale? Si tel est le cas, alors convoquez votre expérience et exposez votre théorie.

1. Galilée, *Dialogues*, Première journée.

PART III

How the most absurd argument, replied *Cleanthes*, in the hands of a man of ingenuity and invention, may acquire an air of probability! Are you not aware, *Philo*, that it became necessary for *Copernicus* and his first disciples to prove the similarity of the terrestrial and celestial matter; because several philosophers, blinded by old systems, and supported by some sensible appearances, had denied this similarity? But that it is by no means necessary, that theists should prove the similarity of the works of nature to those of art; because this similarity is self-evident and undeniable? The same matter, a like form: What more is requisite to show an analogy between their causes, and to ascertain the origin of all things from a divine purpose and intention? Your objections, I must freely tell you, are no better than the abstruse cavils of those philosophers who denied motion, and ought to be refuted in the same manner, by illustrations, examples, and instances, rather than by serious argument and philosophy.

Suppose, therefore, that an articulate voice were heard in the clouds, much louder and more melodious than any which human art could ever reach; suppose, that this voice were extended in the same instant over all nations, and spoke to

TROISIÈME PARTIE

Comme l'argument le plus absurde, répondit *Cléanthe*, dans les mains d'un homme d'adresse et d'invention, peut acquérir un air de probabilité ! Ne voyez-vous pas *Philon*, qu'il devint nécessaire pour *Copernic* et ses premiers disciples de prouver la similitude de la matière terrestre et de la matière céleste, parce que plusieurs philosophes, aveuglés par de vieux systèmes et confortés par quelques apparences sensibles, avaient nié cette similitude ; mais qu'il n'est aucunement nécessaire que les théistes prouvent la similitude des œuvres de la nature avec celles de l'art, parce que cette similitude est immédiatement évidente et indéniable ? La même matière, une forme semblable, que faut-il de plus pour faire voir une analogie entre leurs causes et pour s'assurer que l'origine de toutes choses réside dans une intention et un propos divin ? Vos objections, je dois vous le dire franchement, ne valent pas mieux que les arguties abstruses de ces philosophes qui niaient le mouvement, et elles doivent être réfutées de la même manière, par des illustrations, des exemples, des indices, plutôt que par un argument et une philosophie sérieuse.

Supposez donc qu'une voix claire et nette se fît entendre dans les nuages, beaucoup plus forte et plus mélodieuse que tout ce à quoi l'art humain pourrait se | porter ; supposez que cette voix couvrît au même instant toutes les nations et parlât à

each nation in its own language and dialect; suppose, that the words delivered not only contain a just sense and meaning, but convey some instruction altogether worthy of a benevolent being, superior to mankind: could you possibly hesitate a moment concerning the cause of this voice? And must you not instantly ascribe it to some design or purpose? Yet I cannot see but all the same objections (if they merit that appellation) which lie against the system of theism, may also be produced against this inference.

Might you not say, that all conclusions concerning fact were founded on experience; that when we hear an articulate voice in the dark, and thence infer a man, it is only the resemblance of the effects, which leads us to conclude that there is a like resemblance in the cause; but that this extraordinary voice, by its loudness, extent, and flexibility to all languages, bears so little analogy to any human voice, that we have no reason to suppose any analogy in their causes; and consequently, that a rational, wise, coherent speech proceeded, you know not whence, from some accidental whistling of the winds, not from any divine reason or intelligence? You see clearly your own objections in these cavils; and I hope too, you see clearly, that they cannot possibly have more force in the one case than in the other.

But to bring the case still nearer the present one of the universe, I shall make two suppositions, which imply not any absurdity or impossibility. Suppose that there is a natural, universal, invariable language, common to every individual of human race; and that books are natural productions, which perpetuate themselves in the same manner with animals and vegetables, by descent and propagation.

chacune sa propre langue et son propre dialecte ; supposez que les mots prononcés non seulement rendissent un sens et une signification juste, mais qu'ils transmissent quelque instruction parfaitement digne d'un Être bienveillant, supérieur à l'humanité, vous serait-il possible d'hésiter un seul moment sur la cause de cette voix ? Et ne seriez-vous pas forcé de l'attribuer immédiatement à quelque dessein ou propos ? Pourtant je ne laisse pas de voir que toutes les objections (si elles méritent cette appellation) qui sont opposées au système du théisme, ne puissent être également produites contre cette inférence.

Ne pourriez-vous pas dire que toutes les conclusions concernant les faits sont fondées sur l'expérience ; que, lorsque nous entendons une voix nette dans l'obscurité, et de là inférons la présence d'un homme, c'est seulement la ressemblance des effets qui nous conduit à conclure qu'il y a une pareille ressemblance dans la cause ; mais que cette voix extraordinaire par sa force, son étendue, sa capacité à se couler dans toutes les langues, offre si peu d'analogie avec une voix humaine que nous n'avons aucune raison de supposer quelque analogie entre leurs causes ; et, par conséquent, qu'un discours rationnel, sage et cohérent, est venu vous ne savez d'où, de quelque sifflement accidentel des vents, mais non point d'une raison ou d'une intelligence divine ? Vous voyez clairement vos propres objections dans ces arguties et, je l'espère aussi, vous voyez clairement que d'aucune manière elles ne peuvent avoir plus de force dans un cas que dans l'autre.

Mais pour rendre le cas encore plus proche du présent cas de l'univers, je ferai deux suppositions, qui n'impliquent aucune absurdité ni impossibilité. | Supposez qu'il y ait un $\qquad$ 111 langage naturel, universel, invariable, qui soit commun à tous les individus de race humaine, et que les livres soient des productions naturelles qui se perpétuent de la même façon que les animaux et les végétaux, par descendance et reproduction.

Several expressions of our passions contain a universal language: all brute animals have a natural speech, which, however limited, is very intelligible to their own species. And as there are infinitely fewer parts and less contrivance in the finest composition of eloquence than in the coarsest organized body, the propagation of an *Iliad* or *Æneid* is an easier supposition than that of any plant or animal.

Suppose, therefore, that you enter into your library thus peopled by natural volumes containing the most refined reason and most exquisite beauty: could you possibly open one of them, and doubt, that its original cause bore the strongest analogy to mind and intelligence? When it reasons and discourses; when it expostulates, argues, and enforces its views and topics; when it applies sometimes to the pure intellect, sometimes to the affections; when it collects, disposes, and adorns every consideration suited to the subject: could you persist in asserting, that all this, at the bottom, had really no meaning, and that the first formation of this volume in the loins of its original parent proceeded not from thought and design? Your obstinacy, I know, reaches not that degree of firmness: even your sceptical play and wantonness would be abashed at so glaring an absurdity.

But if there be any difference, *Philo*, between this supposed case and the real one of the universe, it is all to the advantage of the latter. The anatomy of an animal affords many stronger instances of design than the perusal of *Livy* or *Tacitus*; and any objection which you start in the former case, by carrying me back to so unusual and extraordinary a scene as the first formation of worlds, the same objection has place on the supposition of our vegetating library. Choose, then, your party, *Philo*, without ambiguity or evasion; assert either that a rational

Plusieurs expressions de nos passions tiennent d'un langage universel ; toutes les bêtes brutes ont un langage naturel qui, quoique limité, est très intelligible à leur propre espèce. Et comme il y a infiniment moins de parties et d'organisation dans la plus belle composition d'éloquence que dans le corps organisé le plus grossier, la reproduction d'une *Iliade* et d'une *Enéide* est une supposition plus facile que celle d'une plante ou d'un animal.

Supposez donc que vous entriez dans votre bibliothèque, ainsi peuplée de volumes naturels, renfermant la raison la plus raffinée et la beauté la plus délicate : vous serait-il aucunement possible d'ouvrir l'un d'entre eux et de douter que sa cause originelle présente la plus forte analogie avec l'esprit et l'intelligence ? Quand il raisonne et discourt, quand il discute, argumente et impose ses vues et ses thèmes, quand il s'adresse tantôt au pur intellect, tantôt aux affections ; quand il recueille, dispose et orne toutes les considérations appropriées au sujet : pourriez-vous persister à affirmer que tout ceci, au fond, n'a à vrai dire aucun sens, et que la première formation de ce volume dans les reins de son parent originel n'est pas due à la pensée et au dessein ? Votre obstination, je le sais, n'atteint pas ce degré de fermeté : même votre badinage et votre licence sceptiques seraient confondus devant une si flagrante absurdité.

Mais s'il y a une différence, *Philon*, entre ce cas supposé et le cas réel de l'univers, c'est tout à l'avantage de ce dernier. L'anatomie d'un animal offre maintes | preuves de dessein bien 112 plus fortes que la lecture de *Tite-Live* ou de *Tacite* ; et quelque objection que vous souleviez dans le premier cas, en me renvoyant à un spectacle aussi insolite et extraordinaire que la première formation des mondes, cette même objection s'applique à la supposition de notre bibliothèque végétante. Choisissez donc votre parti, *Philon*, sans ambiguïté ni échappatoire : ou bien vous affirmez qu'un volume rationnel

volume is no proof of a rational cause, or admit of a similar cause to all the works of nature.

Let me here observe too, continued *Cleanthes*, that this religious argument, instead of being weakened by that scepticism, so much affected by you, rather acquires force from it, and becomes more firm and undisputed. To exclude all argument or reasoning of every kind is either affectation or madness. The declared profession of every reasonable sceptic is only to reject abstruse, remote, and refined arguments; to adhere to common sense and the plain instincts of nature; and to assent, wherever any reasons strike him with so full a force, that he cannot, without the greatest violence, prevent it. Now the arguments for natural religion are plainly of this kind; and nothing but the most perverse, obstinate metaphysics can reject them. Consider, anatomize the eye; survey its structure and contrivance; and tell me, from your own feeling, if the idea of a contriver does not immediately flow in upon you with a force like that of sensation. The most obvious conclusion surely is in favour of design; and it requires time, reflection and study to summon up those frivolous though abstruse objections, which can support infidelity. Who can behold the male and female of each species, the correspondence of their parts and instincts, their passions and whole course of life before and after generation, but must be sensible, that the propagation of the species is intended by nature? Millions and millions of such instances present themselves through every part of the universe; and no language can convey a more intelligible, irresistible meaning, than the curious adjustment

n'est nullement la preuve d'une cause rationnelle, ou bien vous admettez une cause semblable pour toutes les œuvres de la nature.

Laissez-moi observer également, continua *Cléanthe*, que cet argument religieux, loin d'être affaibli par ce scepticisme que vous affectionnez tant, en acquiert plutôt de la force et devient plus solide et plus indiscutable. Exclure tout argument ou tout raisonnement de toute espèce, c'est ou affectation ou folie. La profession déclarée de tout sceptique raisonnable est seulement de rejeter les arguments abstrus, éloignés et raffinés, d'adhérer au sens commun et aux simples instincts de la nature, et de donner son assentiment chaque fois que des raisons, quelles qu'elles soient, le frappent avec une force si entière qu'il ne saurait, sans la plus grande violence, s'y soustraire. Or les arguments en faveur de la religion naturelle sont manifestement de cette sorte; et il n'y a que la métaphysique la plus perverse et la plus obstinée qui puisse les rejeter. Considérez l'œil, faites en l'anatomie; examinez sa structure et son organisation; et dites-moi, d'après votre propre impression, si l'idée d'un auteur de cette organisation ne s'impose pas immédiatement à vous avec une force comparable à celle de la sensation. La conclusion la plus évidente est certainement en faveur du dessein; et il faut du temps, de la réflexion et de l'étude pour rassembler ces | objections frivoles, encore   113 qu'abstruses, qui peuvent soutenir l'incroyance. Qui peut considérer les éléments mâle et femelle de chaque espèce, la correspondance de leurs parties et de leurs instincts, leurs passions et le cours entier de leur vie avant et après la génération, sans être contraint de reconnaître que la propagation de l'espèce répond à l'intention de la nature? Mille et mille exemples de cette sorte se présentent en toutes les parties de l'univers; et nul langage ne peut livrer un sens plus intelligible, plus irrésistible, que le minutieux ajustement

of final causes. To what degree, therefore, of blind dogmatism must one have attained, to reject such natural and such convincing arguments?

Some beauties in writing we may meet with, which seem contrary to rules, and which gain the affections, and animate the imagination, in opposition to all the precepts of criticism and to the authority of the established masters of art. And if the argument for theism be, as you pretend, contradictory to the principles of logic; its universal, its irresistible influence proves clearly, that there may be arguments of a like irregular nature. Whatever cavils may be urged, an orderly world, as well as a coherent, articulate speech, will still be received as an incontestable proof of design and intention.

It sometimes happens, I own, that the religious arguments have not their due influence on an ignorant savage and barbarian; not because they are obscure and difficult, but because he never asks himself any question with regard to them. Whence arises the curious structure of an animal? From the copulation of its parents. And these whence?

des causes finales. À quel degré d'aveugle dogmatisme faut-il donc s'être porté, pour rejeter des arguments si naturels et si convaincants ?[1]

Il peut se présenter des beautés de style qui paraissent contraires aux règles et qui savent se concilier les affections et animer l'imagination, en opposition à tous les préceptes de l'esthétique et à l'autorité reconnue des maîtres de l'art. Et si l'argument en faveur du théisme est, comme vous le prétendez, contraire aux principes de la logique, son influence universelle, irrésistible, prouve clairement qu'il peut y avoir des arguments d'une nature pareillement irrégulière. Quelques arguties qu'on fasse valoir, un monde ordonné, tout autant qu'un discours cohérent et articulé, ne laissera pas d'être | reçu   114 comme une preuve incontestable de dessein et d'intention[2].

Il arrive parfois, je l'avoue, que les arguments religieux n'exercent pas l'influence qu'ils doivent sur un sauvage, sur un barbare ignorant; non point en raison de leur obscurité et de leur difficulté, mais parce que celui-ci ne se pose jamais de question à leur égard. D'où provient la délicate structure d'un animal? De la copulation de ses parents. Et ceux-ci, d'où

---

1. Hume plagie ici un texte de Colin Maclaurin, *An Account of Sir Isaac Newton's philosophical Discoveries*, London, 1748 : «L'argument évident en faveur de l'existence de la Divinité, clair à tous et emportant une conviction irrésistible, se tire de l'arrangement et de l'ajustement manifeste des choses entre elles que nous trouvons partout dans l'univers. Il n'y a pas besoin ici de raisonnements raffinés et subtils; une disposition évidente suggère un auteur de cette disposition. Elle nous frappe comme une sensation; et les habiles raisonnements en sens contraire peuvent nous égarer, mais sans ébranler notre croyance. Aucune personne, par exemple, qui connaît les principes de l'optique et la structure de l'œil, ne peut croire qu'il fut formé sans une maîtrise dans cette science, ou que les mâles et les femelles chez les animaux ne furent pas formés les uns pour les autres, et pour la perpétuation de l'espèce.» (chap. IX, 6).

2. *Paragraphe ajouté à la dernière page de la IIIe partie, avec indications d'insertion.*

From *their* parents? A few removes set the objects at such a distance, that to him they are lost in darkness and confusion; nor is he actuated by any curiosity to trace them farther. But this is neither dogmatism nor scepticism, but stupidity : a state of mind very different from your sifting, inquisitive disposition, my ingenious friend. You can trace causes from effects; you can compare the most distant and remote objects; and your greatest errors proceed not from barrenness of thought and invention, but from too luxuriant a fertility, which suppresses your natural good sense, by a profusion of unnecessary scruples and objections.

Here I could observe, *Hermippus*, that *Philo* was a little embarrassed and confounded. But while he hesitated in delivering an answer, luckily for him, *Demea* broke in upon the discourse, and saved his countenance.

Your instance, *Cleanthes*, said he, drawn from books and language, being familiar, has, I confess, so much more force on that account; but is there not some danger too in this very circumstance, and may it not render us presumptuous, by making us imagine we comprehend the deity, and have some adequate idea of his nature and attributes? When I read a volume, I enter into the mind and intention of the author; I become him, in a manner, for the instant, and have an immediate feeling and conception of those ideas, which revolved in his imagination, while employed in that composition. But so near an approach we never surely can make to the deity. His ways are not our ways. His attributes are perfect, but incomprehensible. And this volume of nature contains a great and inexplicable riddle, more than any intelligible discourse or reasoning.

proviennent-ils ? De *leurs* parents. Quelques degrés de parenté placent les objets à une telle distance qu'ils se perdent pour lui dans l'obscurité et la confusion ; et il n'est poussé par aucune curiosité à en poursuivre la trace. Mais ce n'est là ni du dogmatisme, ni du scepticisme, c'est de la stupidité ; état d'esprit bien différent de votre disposition à passer tout au crible, à tout questionner, mon ingénieux ami. Vous savez remonter des effets aux causes ; vous savez comparer les objets les plus distants et les plus lointains ; et vos plus grandes erreurs proviennent, non d'une stérilité de pensée et d'invention, mais d'une fertilité trop riche qui supprime votre bon sens naturel par un excès de doutes et d'objections sans nécessité.

Ici, je pus observer, *Hermippe*, que *Philon* était un peu embarrassé et confondu ; mais tandis qu'il hésitait sur la réponse à donner, par bonheur pour lui, *Déméa*, intervint dans la conversation et sauva sa contenance.

Cléanthe, dit-il, votre exemple tiré des livres et du langage étant familier, a, par là, je le confesse, d'autant plus de force ; mais n'y a-t-il pas aussi quelque danger dans cette circonstance même et ne peut-elle nous rendre présomptueux en nous faisant imaginer que nous comprenons la Divinité et que nous possédons quelque idée adéquate de sa nature et de ses attributs. Quand je lis un | livre, j'entre dans l'esprit et dans 115 l'intention de l'auteur d'une certaine façon, je deviens luimême à ce moment ; et j'ai un sentiment et une conception immédiate de ces idées qui roulaient dans son imagination, tandis qu'il s'occupait à cette composition. Mais une approche si étroite ne nous est assurément jamais permise à l'égard de la Divinité. Ses voies ne sont pas nos voies. Ses attributs sont parfaits, mais incompréhensibles. Et ce volume qu'est la nature contient une grande et inexplicable énigme, plutôt qu'un discours ou un raisonnement intelligible.

The ancient *Platonists*, you know, were the most religious and devout of all the pagan philosophers; yet many of them, particularly *Plotinus*, expressly declare, that intellect or understanding is not to be ascribed to the deity, and that our most perfect worship of him consists, not in acts of veneration, reverence, gratitude, or love, but in a certain mysterious self-annihilation or total extinction of all our faculties. These ideas are, perhaps, too far stretched; but still it must be acknowledged, that, by representing the deity as so intelligible, and comprehensible, and so similar to a human mind, we are guilty of the grossest and most narrow partiality, and make ourselves the model of the whole universe.

All the *sentiments* of the human mind, gratitude, resentment, love, friendship, approbation, blame, pity, emulation, envy, have a plain reference to the state and situation of man, and are calculated for preserving the existence, and promoting the activity of such a being in such circumstances. It seems therefore unreasonable to transfer such sentiments to a supreme existence, or to suppose him actuated by them; and the phenomena, besides, of the universe will not support us in such a theory. All our *ideas*, derived from the senses are confessedly false and illusive; and cannot, therefore, be suppo-

Les anciens *platoniciens*, vous le savez, furent les plus religieux et les plus dévots de tous les philosophes païens. Cependant, nombre d'entre eux, et particulièrement *Plotin*, déclarent expressément que l'intellect ou l'entendement ne doit pas être attribué à la Divinité et que notre culte le plus parfait à son égard consiste, non en des actes de vénération, de respect, de gratitude ou d'amour, mais en un certain anéantissement mystérieux de soi-même ou en une totale extinction de toutes nos facultés[1]. Ces idées sont peut-être poussées trop loin; mais encore faut-il reconnaître qu'en représentant la Divinité à ce point intelligible, compréhensible et semblable à un esprit humain, nous sommes coupables de la partialité la plus grossière et la plus étroite, et que nous faisons de nous-mêmes le modèle de l'univers tout entier.

| Tous les *sentiments* de l'esprit humain, la gratitude, le ressentiment, l'amour, l'amitié, l'approbation, le blâme, la pitié, l'émulation, l'envie, ont un rapport manifeste à l'état et à la situation de l'homme et sont calculés pour préserver l'existence et promouvoir l'activité d'un tel être dans de telles circonstances. Il semble donc déraisonnable de transférer de tels sentiments à une Existence Suprême ou de la supposer mue par eux; au demeurant, les phénomènes de l'univers ne nous donneront pas d'appui dans une telle théorie. Toutes nos *idées* qui nous viennent des sens, sont de l'aveu général source d'erreur et d'illusion; et on ne peut donc supposer qu'elles

116

---

1. « La nature abstruse du sujet donna l'occasion aux anciens Platoniciens, et particulièrement à Plotin, d'introduire sur la Divinité les notions les plus mystiques et les plus inintelligibles, et d'affirmer que notre culte le plus parfait à son égard consiste, non en des actes de vénération, de respect, de gratitude ou d'amour, mais en un certain anéantissement mystérieux de soi-même ou en une totale extinction de nos facultés. Ces doctrines, malgré leur absurdité, ont eu des partisans qui, dans ce cas comme en d'autres, en visant trop haut, bien au-delà de leur portée, fatiguent à l'excès leurs facultés, et tombent dans la folie ou la démence… » (*ibid.*, chap. IX, 2).

sed to have place in a supreme intelligence. And as the ideas of internal sentiment, added to those of the external senses, compose the whole furniture of human understanding, we may conclude that none of the *materials* of thought are in any respect similar in the human and in the divine intelligence. Now, as to the *manner* of thinking, how can we make any comparison between them, or suppose them anywise resembling? Our thought is fluctuating, uncertain, fleeting, successive, and compounded; and were we to remove these circumstances, we absolutely annihilate its essence, and it would, in such a case, be an abuse of terms to apply to it the name of thought or reason. At least, if it appear more pious and respectful (as it really is) still to retain these terms, when we mention the supreme being, we ought to acknowledge, that their meaning, in that case, is totally incomprehensible; and that the infirmities of our nature do not permit us to reach any ideas, which in the least correspond to the ineffable sublimity of the divine attributes.

trouvent place dans une Intelligence Suprême; et comme les idées du sentiment interne, ajoutées à celles des sens externes, composent tout le mobilier de l'entendement humain, nous pouvons conclure qu'aucun des *matériaux* de la pensée n'est semblable sous aucun rapport dans les intelligences humaine et divine. Maintenant, pour ce qui est de la *manière* de penser, comment pouvons-nous faire de comparaison entre elles ou les supposer ressemblantes en quelque façon? Notre pensée est fluctuante, incertaine, fugitive, successive et composée; et si nous en venons à ôter ces circonstances, nous annihilons totalement son essence; et ce serait dans un tel cas un abus de termes de lui appliquer le nom de pensée ou de raison. Du moins, s'il apparaît plus pieux et plus respectueux (comme cela l'est réellement) de conserver encore ces termes, quand nous faisons mention de l'Être Suprême, nous devons reconnaître que leur sens est en ce cas totalement incompréhensible, et que les infirmités de notre nature ne nous permettent pas d'atteindre à des idées qui correspondent le moins du monde à l'ineffable sublimité des attributs divins [1].

---

1. *Paragraphe ajouté avec indications d'insertion.*

PART IV

It seems strange to me, said *Cleanthes*, that you, *Demea*, who are so sincere in the cause of religion, should still maintain the mysterious, incomprehensible nature of the deity, and should insist so strenuously, that he has no manner of likeness or resemblance to human creatures[1]. The deity, I can readily allow, possesses many powers and attributes, of which we can have no comprehension; but if our ideas, so far as they go, be not just, and adequate, and correspondent to his real nature, I know not what there is in this subject worth insisting on. Is the name, without any meaning, of such mighty importance? Or how do you *mystics*, who maintain the absolute incomprehensibility of the deity, differ from sceptics or atheists, who assert, that the first cause of all is unknown and unintelligible? Their temerity must be very great, if, after rejecting the production by a mind, I mean, a

---

1. [Are you unacquainted with / Reflect a moment on that principle of philosophy which you at present allege, that we have no idea of anything which has no likeness to ourselves, or to those objects which have been exposed to our senses and experience]

QUATRIÈME PARTIE

Il me semble étrange, dit *Cléanthe*, que vous, *Déméa*, qui épousez si sincèrement la cause de la religion, vous affirmiez néanmoins la nature mystérieuse et incompréhensible de la Divinité, et que vous souteniez si opiniâtrement qu'elle n'a aucune sorte de similitude ou de ressemblance avec les créatures humaines [1]. La Divinité, je suis prêt à l'accorder, possède beaucoup de pouvoirs et d'attributs dont nous ne pouvons avoir aucune compréhension; mais si nos idées, dans les limites où elles s'étendent, ne sont pas justes et adéquates, si elles ne correspondent pas à sa nature réelle, je ne sais ce qu'il y a en ce sujet qui mérite d'être soutenu. Est-ce le nom, privé de toute signification, qui est d'une si considérable importance? Ou en quoi, vous autres *mystiques*, qui affirmez l'incompréhensibilité absolue de la Divinité, différez-vous des sceptiques et des athées, qui prétendent que la cause première de toutes choses est inconnue et inintelligible? La témérité des mystiques doit être bien grande, si, après avoir | rejeté la production des choses par un esprit, je veux dire par un 118

---

1. *À ce point Hume a barré la phrase suivante* : ignorez-vous ce principe de philosophie que nous n'avons aucune idée de ce qui n'a pas de ressemblance avec nous-mêmes ou avec les objets qui se sont présentés à nos sens et à notre expérience? *Cette suppression est la conséquence de l'insertion du nouveau paragraphe de conclusion de la IIIe partie.*

mind, resembling the human (for I know of no other) they pretend to assign, with certainty, any other specific, intelligible cause; and their conscience must be very scrupulous indeed, if they refuse to call the universal, unknown cause a god or deity; and to bestow on him as many sublime eulogies and unmeaning epithets, as you shall please to require of them.

Who could imagine, replied *Demea*, that *Cleanthes*, the calm, philosophical *Cleanthes*, would attempt to refute his antagonists, by affixing a nickname to them; and like the common bigots and inquisitors of the age, have recourse to invective and declamation, instead of reasoning? Or does he not perceive, that these topics are easily retorted, and that *anthropormorphite* is an appellation as invidious, and implies as dangerous consequences, as the epithet of *mystic*, with which he has honoured us? In reality, *Cleanthes*, consider what it is you assert, when you represent the deity as similar to a human mind and understanding. What is the soul of man? A composition of various faculties, passions, sentiments, ideas; united, indeed, into one self or person, but still distinct from each other. When it reasons, the ideas, which are the parts of its discourse, arrange themselves in a certain form or order; which is not preserved entire for a moment, but immediately gives place to another arrangement. New opinions, new passions, new affections, new feelings arise, which continually diversify the mental scene, and produce in it the greatest variety, and most rapid succession imaginable. How is this compatible, with that perfect immutability and simplicity, which all true theists ascribe to the deity? By the same act, say they, he sees past, present, and future; his love and his

esprit ressemblant à celui de l'homme (car je n'en connais pas d'autre), ils prétendent assigner avec certitude quelque autre cause intelligible et spécifique ; et leur conscience doit être fort scrupuleuse, en vérité, s'ils refusent d'appeler Dieu ou Divinité la cause inconnue universelle et de lui décerner autant de sublimes éloges et d'épithètes dénués de sens qu'il vous plaira de leur en réclamer.

Qui aurait pu imaginer, répondit *Déméa*, que *Cléanthe*, le calme, le philosophique *Cléanthe*, tenterait de réfuter ses adversaires en leur attachant un sobriquet, et, à l'image des vulgaires bigots et inquisiteurs de notre temps, aurait recours à l'invective et à la déclamation plutôt qu'au raisonnement ? Ou ne s'aperçoit-il pas que ces procédés sont aisés à retourner et que l'appellation d'*anthropomorphite* est aussi odieuse et implique d'aussi dangereuses conséquences que l'épithète de *mystique* dont il nous a honorés ? En réalité, *Cléanthe*, considérez ce que vous affirmez, quand vous représentez la Divinité comme étant semblable à un esprit et à un entendement humain. Qu'est-ce que l'âme de l'homme ? La composition de diverses facultés, passions, sentiments, idées, certes unies en un seul moi ou une personne, mais néanmoins distinctes les unes des autres. Quand l'âme raisonne, les idées qui constituent les parties de son discours s'arrangent d'elles-mêmes selon une certaine forme ou un certain ordre qui ne se conserve pas intact un moment, mais laisse place immédiatement à un nouvel arrangement. De nouvelles opinions, de nouvelles passions, de nouvelles affections, de nouveaux sentiments surgissent, qui diversifient continuellement la scène mentale et produisent en elle la | plus grande variété et la plus rapide   119 succession qu'on puisse imaginer. Comment ceci est-il compatible avec l'immutabilité et la simplicité parfaite que tous les vrais théistes attribuent à la Divinité ? Par le même acte, disent-ils, elle voit le passé, le présent et le futur ; son amour et sa

hatred, his mercy and his justice, are one individual operation; he is entire in every point of space; and complete in every instant of duration. No succession, no change, no acquisition, no diminution. What he is implies not in it any shadow of distinction or diversity. And what he is, this moment, he ever has been, and ever will be, without any new judgement, sentiment, or operation. He stands fixed in one simple, perfect state; nor can you ever say, with any propriety, that this act of his is different from that other, or that this judgement or idea has been lately formed, and will give place, by succession, to any different judgement or idea.

I can readily allow, said *Cleanthes*, that those who maintain the perfect simplicity of the supreme being, to the extent in which you have explained it, are complete *mystics*, and chargeable with all the consequences which I have drawn from their opinion. They are, in a word, atheists, without knowing it. For though it be allowed, that the deity possesses attributes, of which we have no comprehension; yet ought we never to ascribe to him any attributes, which are absolutely incompatible with that intelligent nature, essential to him. A mind, whose acts and sentiments and ideas are not distinct and successive – one, that is wholly simple, and totally immutable, is a mind, which has no thought, no reason, no will, no sentiment, no love, no hatred; or in a word, is no mind at all. It is an abuse of terms to give it that appellation; and we may as well speak of limited extension without figure, or of number without composition.

haine, sa miséricorde et sa justice ne font qu'une seule et même opération ; elle est entière en chaque point de l'espace et complète en chaque instant de la durée. Ni succession, ni changement, ni acquisition, ni diminution. Ce qu'elle est ne renferme en soi aucune ombre de distinction ou de diversité. Et ce qu'elle est à ce moment, elle l'a toujours été et le sera toujours, sans aucun jugement, aucun sentiment, aucune opération nouvelle. Elle demeure fixée dans un état unique, simple, parfait ; et vous ne pouvez jamais dire sans impropriété que tel de ses actes est différent de tel autre ou que tel de ses jugements ou telle de ses idées a été formée dernièrement et fera place, par succession, à un jugement ou une idée différente.

Je suis prêt à accorder, dit *Cléanthe*, que ceux qui affirment la parfaite simplicité de l'Être Suprême, jusqu'au point où vous l'avez expliquée, sont de parfaits *mystiques* et qu'on peut les accuser de toutes les conséquences que j'ai tirées de leur opinion. Ce sont, en un mot, des athées qui s'ignorent [1]. Car, même en accordant que la Divinité possède des attributs dont nous n'avons aucune compréhension, encore ne devons-nous jamais lui assigner des attributs qui soient absolument incompatibles avec cette nature intelligente qui lui est essentielle. Un esprit dont les actes, les sentiments et les | idées ne sont pas distincts 120 et successifs, un esprit qui est tout à fait simple et totalement immuable, est un esprit qui n'a ni pensée, ni raison, ni volonté, ni sentiment, ni amour, ni haine ; en un mot, qui n'est pas du tout un esprit. C'est un abus de langage que de lui donner cette appellation ; et nous pourrions aussi bien parler d'une étendue limitée sans figure ou d'un nombre sans composition.

1. Berkeley, *Alciphron*, IV, 17. « Et c'est ainsi qu'en niant les attributs de Dieu, en fait ils niaient son existence, bien que, peut-être, ils ne s'en rendissent pas compte ». Berkeley met dans la bouche de Lysiclès l'argument de Diagoras (Collins) qui prétend démontrer que les théologiens spéculatifs prouvent par leur propre discours que Dieu n'existe pas.

Pray consider, said *Philo*, whom you are at present inveighing against. You are honouring with the appellation of atheist all the sound, orthodox divines almost, who have treated of this subject; and you will, at last be, yourself, found, according to your reckoning, the only sound theist in the world. But if idolators be atheists, as, I think, may justly be asserted, and Christian theologians[1] the same; what becomes of the argument, so much celebrated, derived from the universal consent of mankind?

But because I know you are not much swayed by names and authorities, I shall endeavour to show you, a little more distinctly, the inconveniences of that anthropomorphism, which you have embraced; and shall prove, that there is no ground to suppose a plan of the world to be formed in the divine mind, consisting of distinct ideas, differently arranged; in the same manner as an architect forms in his head the plan of a house which he intends to execute.

[2]It is not easy, I own, to see, what is gained by this supposition, whether we judge of the matter by *reason* or by *experience*. We are still obliged to mount higher, in order to find the cause of this cause, which you had assigned as satisfactory and conclusive.

If *reason* (I mean abstract reason, derived from enquiries *a priori*) be not alike mute with regard to all questions concerning cause and effect; this sentence at least it will venture to pronounce, that a mental world or universe of ideas requires a cause as much as does a material world or

---

1. Christian theologians] Christians

2. [It is evident, *Cleanthes*, when you assert that the world arose from a design, similar to the human, you do nothing but present us with a mind or ideal world, consisting of similar parts with the universe or material world, and affirm the former to be the cause of the latter.] It is

Considérez, je vous prie, dit *Philon*, qui vous invectivez à présent. Vous êtes en train d'honorer de l'appellation d'athées presque tous les bons théologiens orthodoxes qui ont traité de ce sujet et, à ce compte, vous vous retrouverez à la fin être le seul bon théiste au monde. Mais si les idolâtres sont des athées, comme on peut, à bon droit, je le crois, l'affirmer, et si les théologiens chrétiens[1] le sont de même, qu'advient-il de l'argument, si célèbre, qui est tiré du consentement universel de l'humanité ?

Mais comme je sais que vous n'êtes guère influencé par les noms et par les autorités, j'essaierai de vous montrer, un peu plus nettement, les inconvénients de cet anthropomorphisme que vous avez embrassé, et je prouverai qu'il n'y a pas de raison de supposer qu'il se forme dans l'esprit divin un plan du monde, consistant en idées distinctes, diversement arrangées, de la façon qu'un architecte forme dans sa tête le plan de la maison qu'il a l'intention d'exécuter.

[2]Il n'est pas facile, je dois le dire, de voir ce que nous gagnons à cette supposition, que nous en jugions par la *raison* ou par l'*expérience*. Nous sommes encore | obligés de   121 remonter plus haut afin de trouver la cause de cette cause que vous avez désignée comme étant satisfaisante et décisive.

Si la *raison* (j'entends la raison abstraite tirée de recherches *a priori*) n'est pas pareillement muette sur toutes les questions concernant la cause et l'effet, au moins se risquera-t-elle à rendre ce jugement qu'un monde mental ou univers d'idées requiert une cause tout autant que le fait un monde matériel ou

1. théologiens chrétiens] chrétiens
2. *La phrase suivante a été supprimée au début du paragraphe* : Il est évident, *Cléanthe*, que, lorsque vous affirmez que le monde est né d'un dessein, semblable au dessein humain, vous ne faites rien d'autre que nous présenter un esprit ou un monde idéal, composé de parties semblables à l'univers ou au monde matériel, et affirmer que le premier est la cause du second.

universe of objects; and if similar in its arrangement must require a similar cause. For what is there in this subject, which should occasion a different conclusion or inference? In an abstract view, they are entirely alike; and no difficulty attends the one supposition, which is not common to both of them [1].

Again, when we will needs force experience to pronounce some sentence, even on these subjects, which lie beyond her sphere, neither can she perceive any material difference in this particular, between these two kinds of worlds, but finds them to be governed by similar principles, and to depend upon an equal variety of causes in their operations. We have specimens in miniature of both of them. Our own mind resembles the one, a vegetable or animal body the other. Let expe-

---

1. If reason... them] When we consult *reason*, all causes and effects seem equally explicable *a priori*; nor is it possible to assign either of them, by the mere abstract contemplation of their nature, without consulting *experience*, or considering what we have found to result from the operation of objects. And if this proposition be true in general, that *reason, judging* a priori, *finds all causes and effects alike explicable*, it must appear more so, when we compare the external world of objects with that world of thought; and if the one seems to reason to require a cause of any particular kind, the other must require a cause of like kind. Any proposition, therefore, which we can form concerning the cause of the former, if it be consistent, or intelligible, or necessary, must also appear to reason consistent or intelligible or necessary, when applied to the latter, such as you have described it; and *vice versa*. It is evident, then, that as far as abstract reason can judge, it is perfectly indifferent, whether we rest on the universe of matter or on that of thought; nor do we gain any thing by tracing the one into the other.

univers d'objets et, s'il est semblable dans son arrangement, qu'il requiert nécessairement une cause semblable. Car qu'y a-t-il en l'affaire qui donnerait lieu à une conclusion ou à une inférence différente? À un point de vue abstrait, ces deux mondes sont entièrement semblables; et nulle difficulté ne s'attache à l'une des suppositions, qui ne soit pas commune aux deux [1].

Si d'autre part nous voulons à toute force contraindre l'*expérience* à rendre un jugement, même | sur ces sujets qui 122 reposent au delà de sa sphère, elle non plus ne peut percevoir de différence appréciable sur ce point, entre les deux sortes de monde, mais elle trouve qu'ils sont gouvernés par des principes semblables et qu'ils dépendent d'une égale variété de causes dans leurs opérations. Nous avons pour les deux un spécimen en miniature: notre propre esprit ressemble à l'un; un corps végétal ou animal ressemble à l'autre. Que l'expérience juge donc à partir de ces échantillons. Rien ne semble

---

1. *Ce paragraphe remplace le texte primitif suivant (biffé une première fois, rétabli par une instruction dans la marge, elle-même biffée à son tour):* Quand nous consultons la *raison*, toutes les causes et tous les effets semblent également explicables *a priori*, et il n'est possible de déterminer aucun d'entre eux, par la seule contemplation abstraite de leur nature, sans consulter l'*expérience* ou considérer ce qui se trouve résulter de l'opération des objets. Et si cette proposition est vraie en général, que *la raison jugeant* a priori *trouve toutes les causes et tous les effets également explicables*, elle l'est encore bien plus, quand nous comparons le monde extérieur des objets avec ce monde de la pensée qui est représenté comme sa cause. Si la *raison* nous dit que le monde des objets requiert une cause, elle doit nous donner la même instruction concernant le monde de la pensée; et si l'un semble à la raison exiger une cause d'une espèce particulière, l'autre doit exiger une cause de même espèce. Par conséquent, toute proposition que nous pouvons former touchant la cause du premier, si elle est cohérente, intelligible ou nécessaire, doit aussi apparaître à la raison cohérente, intelligible ou nécessaire, quand elle est appliquée au second tel que vous l'avez décrit; et vice versa. Il est donc évident que, pour autant que la raison abstraite puisse en juger, il est parfaitement indifférent que nous nous reposions sur l'univers de la matière ou sur celui de la pensée; et nous ne gagnons rien en remontant de l'un à l'autre.

rience, therefore, judge from these samples. Nothing seems more delicate with regard to its causes than thought; and as these causes never operate in two persons after the same manner, so we never find two persons, who think exactly alike. Nor indeed does the same person think exactly alike at any two different periods of time. A difference of age, of the disposition of his body, of weather, of food, of company, of books, of passions; any of these particulars or others more minute, are sufficient to alter the curious machinery of thought, and communicate to it very different movements and operations. As far as we can judge, vegetables and animal bodies are not more delicate in their motions, nor depend upon a greater variety or more curious adjustment of springs and principles.

How therefore shall we satisfy ourselves concerning the cause of that Being[1], whom you suppose the author of nature, or, according to your system of anthropomorphism, the ideal world, into which you trace the material? Have we not the same reason to trace that ideal world into another ideal world, or new intelligent principle? But if we stop, and go no farther, why go so far? Why not stop at the material world? How can we satisfy ourselves without going on *in infinitum*? And after all, what satisfaction is there in that infinite progression? Let us remember the story of the Indian philosopher and his elephant. It was never more applicable than to the present subject. If the material world rests upon a similar ideal

1. the cause of that Being] the Deity

plus délicat, quant à ses causes, que la pensée ; et comme ces causes n'opèrent jamais en deux personnes de la même manière, ainsi ne trouvons-nous jamais deux personnes qui pensent exactement de même. Et, à vrai dire, une unique personne ne pense pas exactement de même, à deux moments différents du temps. Une différence dans l'âge, la disposition du corps, le temps qu'il fait, la nourriture, la compagnie, les livres, les passions : l'un de ces traits, ou d'autres de moindre importance, suffisent à altérer le minutieux mécanisme de la pensée et à lui communiquer des mouvements et des opérations qui diffèrent beaucoup. Autant que nous puissions en juger, les végétaux et les corps animaux ne sont pas plus délicats dans leurs mouvements ni ne dépendent d'une plus grande variété ou d'un plus minutieux ajustement de ressorts et de principes.

Comment donc parviendrons-nous à nous satisfaire touchant la cause de cet Être[1] que vous supposez l'Auteur de la nature, ou, selon votre système de l'anthropomorphisme, touchant la cause du monde idéal auquel vous faites remonter le monde matériel ? N'avons-nous pas la même raison de faire remonter ce monde idéal à un autre monde idéal ou à un nouveau principe intelligent ? Mais si nous nous arrêtons et | n'allons pas plus loin, pourquoi aller jusque-là ? Pourquoi ne pas nous arrêter au monde matériel ? Comment pouvons-nous nous satisfaire sans aller à l'infini ? Et, au demeurant, quelle satisfaction y a-t-il dans cette progression infinie ? Rappelons-nous l'histoire du philosophe *indien* et de son éléphant[2]. Elle ne fut jamais plus appropriée qu'au présent sujet. Si le monde matériel repose sur un monde idéal qui lui est semblable,

123

---

1. la cause de cet Être] la Divinité
2. Cette histoire est racontée par Locke dans l'*Essai sur l'entendement humain* (II, 13, 19).

world, this ideal world must rest upon some other; and so on, without end. It were better, therefore, never to look beyond the present material world. By supposing it to contain the principle of its order within itself, we really assert it to be God; and the sooner we arrive at that divine being, so much the better. When you go one step beyond the mundane system, you only excite an inquisitive humour, which it is impossible ever to satisfy.

To say, that the different ideas, which compose the reason of the supreme being, fall into order, of themselves, and by their own nature, is really to talk without any precise meaning. If it has a meaning, I would fain know, why it is not as good sense to say, that the parts of the material world fall into order, of themselves, and by their own nature? Can the one opinion be intelligible, while the other is not so?

We have, indeed, experience of ideas, which fall into order, of themselves, and without any *known* cause: but, I am sure, we have a much larger experience of matter, which does the same; as in all instances of generation and vegetation, where the accurate analysis of the cause exceeds all human comprehension. We have also experience of particular systems of thought and of matter, which have no order; of the first, in madness, of the second, in corruption. Why then should we think, that order is more essential to one than the other? And if it requires a cause in both, what do we gain by your system, in tracing the universe of objects into a similar universe of ideas? The first step, which we make, leads us on for ever. It were, therefore, wise in us to limit all our inquiries to the present world, without looking farther. No

ce monde idéal doit reposer sur quelque autre, et ainsi de suite, sans fin. Il vaudrait donc mieux ne jamais regarder au delà du monde matériel présent. En supposant qu'il renferme en lui-même le principe de son ordre, nous affirmons en réalité qu'il est Dieu ; et plus tôt nous arrivons à cet Être divin, mieux nous nous en trouvons. En allant un pas au delà du système mondain, vous ne faites qu'exciter une humeur curieuse qu'il est à jamais impossible de satisfaire.

Dire que les différentes idées qui composent la raison de l'Être suprême se mettent en ordre d'elles-mêmes et par suite de leur propre nature, c'est proprement parler sans signification précise. Si cela présente une signification, je voudrais bien savoir pourquoi il est moins sensé de dire que les parties du monde matériel se mettent en ordre d'elles-mêmes et par suite de leur propre nature ? L'une de ces opinions peut-elle être intelligible, alors que l'autre ne l'est pas ?

Nous avons, il est vrai, l'expérience d'idées qui se mettent en ordre d'elles-mêmes et sans aucune cause *connue* ; mais, j'en suis sûr, nous avons une expérience bien plus vaste de cas où la matière fait de même, comme dans tous les cas de génération et de végétation, où l'analyse précise de la cause passe toute | compréhension humaine. Nous avons aussi l'expérience de 124 systèmes particuliers de pensée et de matière, qui n'ont pas d'ordre : pour la première dans la folie, pour la seconde dans la corruption. Pourquoi nous faudrait-il donc penser que l'ordre est plus essentiel à l'une qu'à l'autre ? Et si l'ordre requiert une cause de part et d'autre, que gagnons-nous à votre système, en faisant remonter l'univers des objets à un univers semblable d'idées ? Le premier pas que nous faisons nous entraîne à jamais. Il serait donc sage de notre part de borner toutes nos recherches au présent monde, sans regarder plus loin. Aucune

satisfaction can ever be attained by these speculations, which so far exceed the narrow bounds of human understanding.

It was usual with the *Peripatetics*, you know, *Cleanthes*, when the cause of any phenomenon was demanded, to have recourse to their *faculties* or *occult qualities*, and to say, for instance, that bread nourished by its nutritive faculty, and senna purged by its purgative; but it has been discovered, that this subterfuge was nothing but the disguise of ignorance, and that these philosophers, though less ingenuous, really said the same thing with the sceptics or the vulgar, who fairly confessed, that they knew not the cause of these phenomena. In like manner, when it is asked, what cause produces order in the ideas of the supreme Being, can any other reason be assigned by you anthropomorphites, than that it is a *rational* faculty, and that such is the nature of the deity? But why a similar answer will not be equally satisfactory in accounting for the order of the world, without having recourse to any such intelligent creator, as you insist on, may be difficult to determine. It is only to say, that *such* is the nature of material objects, and that they are all originally possessed of a *faculty* of order and proportion. These are only more learned and elaborate ways of confessing our ignorance; nor has the one hypothesis any real advantage above the other, except in its greater conformity to vulgar prejudices.

You have displayed this argument with great emphasis, replied *Cleanthes*: You seem not sensible, how easy it is to answer it. Even in common life, if I assign a cause for any event, is it any objection, *Philo*, that I cannot assign the cause of that cause, and answer every new question, which may incessantly

satisfaction ne peut être tirée de ces spéculations qui passent si considérablement les étroites limites de l'entendement humain.

C'était une habitude des *Péripatéticiens*, vous le savez, *Cléanthe*, quand on leur demandait la cause d'un phénomène, d'avoir recours à leurs *facultés* ou *qualités occultes*, et de dire, par exemple, que le pain nourrissait par sa faculté nutritive et que le séné purgeait par sa faculté purgative; mais on a découvert que ce subterfuge n'était rien que le déguisement de l'ignorance et que ces philosophes, bien moins francs, disaient en réalité la même chose que les sceptiques ou les gens du vulgaire qui confessaient honnêtement qu'ils ne connaissaient pas la cause de ces phénomènes. De manière semblable, quand on demande quelle cause produit l'ordre dans les idées de l'Être suprême, quelle autre raison pouvez-vous assigner, vous autres anthropomorphites, sinon que c'est une faculté *rationnelle* et que telle est la nature de la Divinité? Mais pourquoi, pour rendre compte de l'ordre du monde, une réponse semblable ne sera pas tout aussi satisfaisante, sans recours à un créateur intelligent tel que celui dont vous vous faites l'avocat, voilà qui peut être difficile à | décider. Il suffit de dire que telle est la nature des objets matériels et qu'ils sont tous originairement pourvus d'une faculté d'ordre et de proportion. Ce ne sont là que des façons plus savantes et plus recherchées de confesser son ignorance; et des deux hypothèses, l'une n'a aucun avantage sur l'autre, hormis sa plus grande conformité aux préjugés vulgaires.

Vous avez développé cet argument avec beaucoup d'insistance, répliqua *Cléanthe*; vous ne semblez pas voir combien il est facile d'y répondre. Même dans la vie courante, si j'assigne une cause à un événement, est-ce une objection, *Philon*, que je ne puisse assigner la cause de cette cause et répondre à toute nouvelle question qui peut être incessamment

be started? And what philosophers could possibly submit to so rigid a rule? Philosophers, who confess ultimate causes to be totally unknown, and are sensible, that the most refined principles, into which they trace the phenomena, are still to them as inexplicable as these phenomena themselves are to the vulgar. The order and arrangement of nature, the curious adjustment of final causes, the plain use and intention of every part and organ; all these bespeak in the clearest language an intelligent cause or author. The heavens and the earth join in the same testimony; the whole chorus of nature raises one hymn to the praises of its creator; you alone, or almost alone, disturb this general harmony. You start abstruse doubts, cavils, and objections; you ask me, what is the cause of this cause? I know not; I care not; that concerns not me. I have found a deity; and here I stop my inquiry. Let those go farther, who are wiser or more enterprising.

I pretend to be neither, replied *Philo*: and for that very reason, I should never perhaps have attempted to go so far; especially when I am sensible, that I must at last be contented to sit down with the same answer, which, without farther trouble, might have satisfied me from the beginning. If I am still to remain in utter ignorance of causes, and can absolutely give an explication of nothing, I shall never esteem it any advantage to shove off for a moment a difficulty, which, you acknowledge, must immediately, in its full force, recur upon me. Naturalists indeed very justly explain particular effects by more general causes, though these general causes themselves should remain in the end totally inexplicable; but they never surely thought it satisfactory to explain a particular effect by a particular cause,

soulevée ? Et quels philosophes pourraient bien se soumettre à une règle aussi rigide ? Des philosophes qui confessent que les causes dernières sont totalement inconnues et qui voient bien que les principes les plus raffinés auxquels ils font remonter les phénomènes leur demeurent aussi inexplicables que ces phénomènes le sont pour le vulgaire ! L'ordre et l'arrangement de la nature, le minutieux ajustement des causes finales, l'usage et la destination manifeste de chaque partie, de chaque organe ; tout cela annonce dans le langage le plus clair une cause ou un auteur intelligent. Le ciel et la terre se joignent dans le même témoignage ; tout le chœur de la nature chante le même hymne à la gloire de son Créateur ; vous seul, ou presque, troublez cette harmonie générale. Vous suscitez des doutes, des arguties, des objections abstruses. Vous me demandez quelle est la cause de cette cause. Je n'en sais rien, je ne me soucie pas de le savoir ; cela ne me concerne pas. J'ai trouvé une Divinité ; et j'arrête ici ma recherche. Que | ceux-là   126
aillent plus loin, qui sont plus sages ou plus hardis.

Je ne prétends être ni l'un ni l'autre, répondit *Philon* ; et pour cette raison, précisément, je n'aurais peut-être jamais tenté d'aller si loin, surtout quand je vois que je dois être content de m'en tenir à la même réponse qui, sans plus d'embarras, aurait pu me satisfaire dès le début. S'il me faut demeurer encore dans la complète ignorance des causes, s'il m'est absolument impossible de donner une explication de rien, je n'estimerai jamais que ce soit un avantage d'écarter pour un moment une difficulté qui, vous le reconnaissez, doit immédiatement revenir sur moi, avec toute sa force. Les naturalistes, il est vrai, expliquent très justement les effets particuliers par des causes plus générales, bien que ces causes générales elles-mêmes doivent rester à la fin totalement inex-plicables ; mais jamais, assurément, ils n'ont jugé satisfaisant d'expliquer un effet particulier par une cause particulière

which was no more to be accounted for than the effect itself[1]. An ideal system, arranged of itself, without a precedent design, is not a whit more explicable than a material one, which attains its order in a like manner; nor is there any more difficulty in the latter supposition than in the former.

1. I pretend... itself] Your answer may, perhaps, be good, said *Philo*, upon your principles that the religions system can be proved by experience, and by experience alone; and that the Deity arose from some external cause. But these opinions, you know, will be adopted by very few. And as to all those who reason upon other principles and yet deny the mysterious simplicity of the divine nature, my objection still remain good.

qui n'était pas susceptible d'être expliquée davantage que l'effet lui-même[1]. Un système idéal, arrangé de lui-même, sans un dessein antécédent, n'est en rien plus explicable qu'un système matériel qui parvient à son ordre de la même manière ; et il n'y a pas plus de difficulté dans la seconde supposition que dans la première.

1. *Ce passage, depuis le début du paragraphe, remplace le texte suivant* : Votre réponse sera peut-être bonne, dit *Philon*, selon vos principes que le système religieux peut être prouvé par expérience, et par expérience seule, et que la Divinité est née de quelque cause externe. Mais ces opinions, vous le savez, ne seront adoptées que par un petit nombre. Et pour tous les autres qui raisonnent sur d'autres principes, et cependant nient la mystérieuse simplicité de la nature divine, mon objection reste bonne.

PART V

But to show you still more inconveniences, continued *Philo*, in your anthropomorphism, please to take a new survey of your principles. *Like effects prove like causes*. This is the experimental argument; and this, you say too, is the sole theological[1] argument. Now it is certain, that the liker the effects are, which are seen, and the liker the causes, which are inferred, the stronger is the argument. Every departure on either side diminishes the probability, and renders the experiment less conclusive. You cannot doubt of this principle: Neither ought you reject its consequences.

All the new discoveries in astronomy, which prove the immense grandeur and magnificence of the works of nature, are so many additional arguments for a deity, according to the true system of theism; but according to your hypothesis of experimental theism[2] they become so many objections, by removing the effect still farther from all resemblance to the effects of human art and contrivance. For if *Lucretius*[a], even following the old system of the world, could exclaim:

a. Lib. II, 1094.

1. theological] religions
2. experimental theism *added*

CINQUIÈME PARTIE

Mais poursuivit *Philon*, pour vous faire voir plus d'inconvénients encore dans votre anthropomorphisme, veuillez considérer de nouveau vos principes. *Des effets semblables prouvent des causes semblables*. Voilà l'argument expérimental ; et voilà également, dites-vous, le seul argument théologique[1]. Or il est certain que plus sont semblables les effets que l'on voit, et également les causes que l'on infère, et plus fort est l'argument. Chaque écart d'un côté et de l'autre diminue la probabilité et rend l'expérience moins concluante. Vous ne pouvez douter de ce principe, ni ne devez en rejeter les conséquences.

Toutes les nouvelles découvertes en astronomie, qui prouvent l'immense grandeur et la magnificence des œuvres de la nature, sont autant d'arguments supplémentaires en faveur d'une Divinité, selon le vrai système du théisme ; mais selon votre hypothèse du théisme expérimental[2], elles deviennent autant d'objections, puisqu'elles éloignent davantage encore l'effet de toute ressemblance avec les effets de l'art et de | l'industrie humaine. Car si *Lucrèce*[a], même en suivant le vieux système du monde, pouvait s'écrier :

128

a. *De natura rerum*, livre II, v. 1094.

1. théologique] religieux
2. du théisme expérimental *ajouté*

Quis regere immensi summam; quis habere profundi
Indu manu validas potis est moderanter habenas?
Quis pariter cœlos omnes convertere? et omnes
Ignibus ætheriis terras suffire feraces?
Omnibus inque locis esse omni tempore præsto?

If *Tully*[b] esteemed this reasoning so natural as to put it into the mouth of his *Epicurean* : *Quibus enim oculis animi intueri potuit vester Plato fabricam illam tanti operis, qua construi a deo atque ædificare mundum facit? quae molitio? quae ferramenta? qui vectes? quae machinae? qui ministri tanti muneris fuerunt? quemadmodum autem obedire et parere voluntati architects aer, ignis, aqua, terra potuerunt?* If this argument, I say, had any force in former ages, how much greater must it have at present; when the bounds of nature are so infinitely enlarged, and such a magnificent scene is opened to us? It is still more unreasonable to form our idea of so unlimited a cause from our experience of the narrow productions of human design and invention.

The discoveries by microscopes, as they open a new universe in miniature, are still objections, according

b. *De. nat. Deor.* Lib. I.

Quis regere immensi summam, quis habere profundi
Indu manu validas potis est moderanter habenas ?
Quis pariter cœlos omnes convertere ? Et omnes
Ignibus ætheriis terras suffire feraces ?
Omnibus inque locis esse omni tempore præsto ? [1].

Si *Cicéron*[b] jugeait ce raisonnement si naturel qu'il le
mettait dans la bouche de son Epicurien : *Quibus enim oculis
animi intueri potuit vester Plato fabricam illam tanti operis,
qua construi a deo atque aedificari mundum facit ? Quae
molitio ? Quae ferramenta ? Qui vectes ? Quae machinae ? Qui
ministri tanti muneris fuerunt ? Quemadmodum autem obedire
et parere voluntati architecti aer, ignis, aqua, terra potuerunt ?*[2] Si cet argument, dis-je, avait de la force dans les temps
anciens, combien plus doit-il en avoir à présent que les limites
du monde sont si infiniment élargies et qu'une si magnifique
scène s'ouvre à nos yeux ? Il est encore plus déraisonnable de
notre part de nous former l'idée d'une cause si illimitée, à
partir de l'expérience que nous avons des étroites productions
du dessein et de l'invention humaine.

| Les découvertes dues aux microscopes, en nous ouvrant un 129
nouvel univers en miniature, sont encore des objections pour

---

b. *De natura deorum*, livre I, VIII.

1. « Qui donc pourrait régir l'ensemble de cette immensité, qui pourrait
tenir d'une main assez ferme les fortes rênes capables de gouverner l'infini ?
Qui donc pourrait faire tourner de concert tous les cieux, échauffer des feux de
l'éther toutes les terres fertilisées, en tout lieu, en tout temps se trouver toujours
prêt, ... » (trad. fr. A. Ernout). Hume a coupé la dernière phrase.

2. « En effet, avec quels yeux intérieurs votre Platon a-t-il pu pénétrer une
fabrication d'une ampleur si considérable, à laquelle il veut que la Divinité ait
eu recours pour la construction et l'édification du monde ? Quelle technique
de construction fut employée ? Quels instruments ? Quels leviers ? Quelles
machines ? Quels agents menèrent à bien une si vaste entreprise ? Et comment
l'air, l'eau, la terre et le feu purent-ils se soumettre et obéir à la volonté de
l'architecte ? » (I, 8, 19).

controversy? Where we see a body raised in a scale, we are sure that there is in the opposite scale, however concealed from sight, some counterpoising weight equal to it; but it is still allowed to doubt, whether that weight be an aggregate of several distinct bodies, or one uniform united mass. And if the weight requisite very much exceeds anything which we have ever seen conjoined in any single body, the former supposition, becomes still more probable and natural. An intelligent being of such vast power and capacity, as is necessary to produce the universe, or to speak in the language of ancient philosophy, so prodigious an animal, exceeds all analogy and even comprehension.

But farther, *Cleanthes*, men are mortal, and renew their species by generation; and this is common to all living creatures. The two great sexes of male and female, says *Milton*, animate the world. Why must this circumstance, so universal, so essential, be excluded from those numerous and limited Deities? Behold, then, the theogeny of ancient times brought back upon us.

And why not become a perfect anthropomorphite? Why not assert the Deity or Deities to be corporeal, and to have eyes, a nose, mouth, ears, etc. *Epicurus* maintained, that no man had ever seen reason but in a human figure; therefore, the gods must have a human figure. And

controverse? Quand nous voyons un corps monter dans le plateau d'une balance, nous sommes sûrs qu'il y a dans l'autre plateau, quoique cachée à la vue, quelque charge égale qui lui fait contrepoids. Mais il est encore permis de douter si ce poids est l'agrégat de plusieurs corps distincts ou une masse uniforme et unie. Et si le poids requis dépasse de beaucoup tout ce que nous avons jamais vu joint en un seul corps, la première supposition devient encore plus probable et plus naturelle. Un être intelligent doué d'un pouvoir et d'une capacité aussi vastes que le demande la production de l'univers, ou, si l'on parle le langage de l'ancienne philosophie, un si prodigieux animal, passe toute analogie et même toute compréhension.[1]

Mais de plus, *Cléanthe*, les hommes sont mortels et ils renouvellent leur espèce par la génération; ce qui est commun à toutes les créatures vivantes. La grande division des sexes, mâle et femelle, dit *Milton*[2] anime le monde. Pourquoi cette circonstance, si universelle, si essentielle, ne vaudrait-elle pas pour ces Divinités nombreuses et limitées? Voici donc la théogonie des anciens temps ramenée jusqu'à nous

Et pourquoi ne pas devenir un parfait anthropomorphite? Pourquoi ne pas affirmer que la Divinité ou | les Divinités sont corporelles, qu'elles ont des yeux, un nez, une bouche, des oreilles, etc. Epicure soutenait qu'aucun homme n'avait jamais vu la raison que sous une forme humaine, et que, par conséquent, les dieux devaient avoir une forme humaine[3]. Et

133

---

1. *Paragraphe ajouté à la fin de la Ve partie, avec indications d'insertion.*
2. *Le paradis perdu*, VIII, 148-151. Milton dit : « ... et peut-être d'autres soleils, accompagnés de leur lune, communiquent la lumière mâle et femelle, ces deux grands sexes animant le monde... ».
3. *De natura deorum*, I, 28, 80.

this argument, which is deservedly so much ridiculed by *Cicero*[1], becomes, according to you, solid and philosophical.

In a word, *Cleanthes*, a man, who follows your hypothesis, is able, perhaps, to assert, or conjecture, that the universe, some time, arose from some thing like design; but beyond that position he cannot ascertain one single circumstance, and is left afterwards to fix every point of his theology, by the utmost licence of fancy and hypothesis. This world, for aught he knows, is very faulty and imperfect, compared to a superior standard; and was only the first rude essay of some infant Deity, who afterwards abandoned it, ashamed of his lame performance; it is the work only of some dependent, inferior Deity, and is the object of derision to his superiors; it is the production of old age and dotage in some superannuated Deity; and ever since his death, has run on at adventures, from the first impulse and active force, which it received from him... You justly give signs of horror, *Demea*, at these strange suppositions; but these, and a thousand more of the same kind, are *Cleanthes*' suppositions, not mine. From the moment the attributes of the Deity are supposed finite, all these have a place. And I cannot, for my part, think, that so wild and unsettled a system of theology is, in any respect, preferable to none at all.

These suppositions I absolutely disown, cried *Cleanthes*; they strike me, however, with no horror; especially, when proposed in that rambling way, in which they drop from you. On the contrary, they give me pleasure, when

1. Cicero] divines

cet argument, qui est, à juste titre, tant ridiculisé par *Cicéron*[1], devient selon vous solide et philosophique.

En un mot, *Cléanthe*, quelqu'un qui suit votre hypothèse est peut-être capable d'affirmer ou de conjecturer que l'univers, un jour, naquit de quelque chose comme un dessein ; mais, passé cette proposition, il ne peut rendre sûre la moindre circonstance, et il reste libre ensuite de fixer tous les points de sa théologie par les fantaisies et les hypothèses les plus débridées. Ce monde, pour autant qu'il le connaisse, est très défectueux et imparfait, si on le compare à un étalon supérieur ; et il ne fut que le premier essai grossier de quelque Divinité en bas âge, qui l'abandonna par la suite, honteux de son piètre ouvrage ; ce n'est que l'œuvre de quelque Divinité inférieure dépendante, objet de risée pour les Divinités de rang supérieur ; c'est la production du vieil âge et du gâtisme chez quelque Divinité chargée d'ans, production qui, depuis la mort de celle-ci, court perpétuellement à l'aventure, par l'effet de la première impulsion et de la force active qu'elle en avait reçues – Vous faites à bon droit des signes d'horreur, *Déméa*, à ces étranges suppositions ; mais ces suppositions, et mille autres de la même espèce, sont celles de *Cléanthe*, non les miennes. Du moment où les attributs de la Divinité sont supposés finis, toutes ces suppositions trouvent place. Et je ne puis, pour ma part, penser qu'un système de théologie aussi fantasque et si | peu établi, soit sous aucun rapport préférable à l'absence   134 totale de système.

Ces suppositions, je les désavoue absolument, s'écria *Cléanthe*. Elles ne me frappent cependant pas d'horreur, surtout lorsqu'elles sont proposées sous cette forme décousue dans laquelle vous les égrenez. Au contraire, elles me satis-

---

1. Cicéron] les théologiens

I see, that, by the utmost indulgence of your imagination, you never get rid of the hypothesis of design in the universe; but are obliged, at every turn, to have recourse to it. To this concession I adhere steadily; and this I regard as a sufficient foundation for religion.

font, quand je vois que votre imagination, livrée à son cours le plus débridé, est impuissante à vous débarrasser de l'hypothèse d'un dessein dans l'univers, mais vous contraint, chaque fois, à y avoir recours. À cette conception j'adhère fermement, et je la considère comme un fondement suffisant pour la religion.

PART VI

It must be a slight fabric, indeed, said *Demea*, which can be erected on so tottering a foundation. While we are uncertain, whether there is one deity or many, whether the deity or deities, to whom we owe our existence, be perfect or imperfect, subordinate or supreme, dead or alive, what trust or confidence can we repose in them? What devotion or worship address to them? What veneration or obedience pay them? To all the purposes of life, the theory of religion becomes altogether useless; and even with regard to speculative consequences, its uncertainty, according to you, must render it totally precarious and unsatisfactory.

To render it still more unsatisfactory, said *Philo*, there occurs to me another hypothesis, which must acquire an air of probability from the method of reasoning so much insisted upon by *Cleanthes*. That like effects arise from like causes: this principle he supposes the foundation of all religion. But there is another principle of the same kind, no less certain, and derived from the same source of experience[1]: that where several known circumstances are *observed* to be similar, the

---

1. the same source of experience] the same source of practice and experience

SIXIÈME PARTIE

En vérité dit *Déméa*, bien fragile sera l'édifice qui peut être érigé sur un fondement aussi chancelant. Tant que nous sommes incertains s'il y a une Divinité ou plusieurs, si la ou les Divinités, auxquelles nous devons notre existence, sont parfaites ou imparfaites, subalternes ou suprêmes, mortes ou vivantes, quel crédit, quelle confiance pouvons-nous placer en elles? Quelle dévotion ou quel culte leur rendre? Quelle vénération ou quelle obéissance leur témoigner? Pour toutes les fins de la vie, la théorie de la religion cesse d'avoir une quelconque utilité; et même en ce qui touche les conséquences spéculatives, l'incertitude qu'elle présente selon vous, doit la rendre entièrement précaire et insatisfaisante.

Pour la rendre encore plus insatisfaisante, dit *Philon*, il me vient une autre hypothèse, qui doit acquérir un air de probabilité, d'après la méthode de raisonnement que *Cléanthe* prône si fort. Des effets semblables naissent de causes semblables : tel est le principe qu'il suppose être le fondement de toute religion. Mais il y a un autre principe de la | même espèce, qui 136 n'est pas moins certain et qui se tire de la même source de l'expérience [1], c'est le suivant : là où l'on *observe* que diverses circonstances connues sont semblables, on *trouvera* aussi que

---

1. source de l'expérience] source de la pratique et de l'expérience

unknown will also be *found* similar. Thus, if we see the limbs of a human body, we conclude that it is also attended with a human head, though hid from us. Thus, if we see, through a chink in a wall, a small part of the sun, we conclude that, were the wall removed, we should see the whole body [1]. In short, this method of reasoning is so obvious and familiar, that no scruple can ever be made with regard to its solidity.

Now if we survey the universe, so far as it falls under our knowledge, it bears a great resemblance to an animal or organized body, and seems actuated with a like principle of life and motion. A continual circulation of matter in it produces no disorder; a continual waste in every part is incessantly repai red; the closest sympathy is perceived throughout the entire system; and each part or member, in performing its proper offices, operates both to its own preservation and to that of the whole. The world, therefore, I infer, is an animal, and the deity is the SOUL of the world, actuating it, and actuated by it.

You have too much learning, *Cleanthes*, to be at all surprised at this opinion, which, you know, was maintained by almost all the theists of antiquity, and chiefly prevails in their discourses and reasonings. For though sometimes the ancient philosophers reason from final causes, as if they thought the

---

1. Thus… body] Thus, if we hear in the dark, reason and sense delivered in an articulate voice, we infer that there is also present a human figure, which we shall discover on the return of light. *Deleted in margin*: If we see from a distance the buildings of a city, we infer that they contain inhabitants, whom we shall discover on our approach to them

la circonstance inconnue est semblable. Ainsi, si nous voyons les membres d'un corps humain, nous concluons qu'il s'y attache aussi une tête d'homme, bien qu'elle nous soit cachée. Ainsi, si nous voyons, à travers la fente d'un mur, une petite partie du soleil, nous concluons que, si le mur était ôté, nous verrions l'astre en entier[1]. Bref, cette méthode de raisonnement est si évidente et si familière, qu'aucune hésitation ne peut être marquée, touchant sa solidité.

Or, si nous considérons l'univers, pour autant qu'il tombe sous notre connaissance, il présente une grande ressemblance avec un animal ou un corps organisé, et semble mis en action par un principe semblable de vie et de mouvement. Une perpétuelle circulation de matière se fait en lui, sans produire de désordre ; une perpétuelle perte en chacune des parties est incessament réparée ; la sympathie la plus étroite s'observe à travers tout le système ; et chaque partie ou membre, en accomplissant ses fonctions propres, opère à la fois pour sa propre préservation et pour celle du tout. Le monde est donc, à ce que j'infère, un animal, et la Divinité est l'ÂME du monde qui met en action le monde et qui est mise en action par lui.

Vous avez trop de savoir, *Cléanthe*, pour être aucunement surpris de cette opinion, qui, vous ne l'ignorez pas, était soutenue par presque tous les théistes de l'antiquité et qui s'impose plus qu'une autre dans leurs discours et leurs raisonnements. Car, bien que parfois les anciens philosophes raisonnent à partir des causes finales, comme s'ils pensaient que le

137

---

1. *Cette phrase remplace la première rédaction suivante* : Ainsi, si dans l'obscurité nous entendons des choses raisonnables et sensées, délivrées dans un langage articulé, nous inférons qu'est aussi présente une forme humaine que nous découvrirons, au retour de la lumière. *Dans la marge, Hume avait écrit, puis barré* : si nous voyons à distance les bâtiments d'une ville, nous inférons qu'ils contiennent des habitants que nous découvrirons, quand nous nous approcherons.

world the workmanship of God, yet it appears rather their favourite notion to consider it as his body, whose organization renders it subservient to him. And it must be confessed, that as the universe resembles more a human body than it does the works of human art and contrivance; if our limited analogy could ever, with any propriety, be extended to the whole of nature, the inference seems juster in favour of the ancient than the modern theory.

There are many other advantages too, in the former theory, which recommended it to the ancient theologians. Nothing more repugnant to all their notions, because nothing more repugnant to common experience, than mind without body; a mere spiritual substance, which fell not under their senses nor comprehension, and of which they had not observed one single instance throughout all nature. Mind and body they knew, because they felt both: and order, arrangement, organization, or internal machinery in both they likewise knew, after the same manner; and it could not but seem reasonable to transfer this experience to the universe, and to suppose the divine mind and body to be also coeval, and to have, both of them, order and arrangement naturally inherent in them, and inseparable from them.

Here, therefore, is a new species of anthropomorphism, *Cleanthes*, on which you may deliberate; and a theory, which seems not liable to any considerable difficulties. You are too much superior surely to *systematical prejudices*, to find any more difficulty in supposing an animal body to be, originally, of itself or from unknown causes, possessed of order and organization, than in supposing a similar order to belong to mind. But the *vulgar prejudice*, that body and mind ought always to accom-

monde est l'ouvrage de Dieu, cependant leur idée favorite paraît être plutôt de le considérer comme son corps, organisé de façon à le servir. Et il nous faut avouer que, comme l'univers ressemble plus à un corps humain qu'aux œuvres de l'art et de l'industrie des hommes, si vraiment notre analogie, qui est limitée, pouvait être étendue avec quelque convenance au tout de la nature, l'inférence semblerait plus juste du côté de la théorie ancienne que du côté de la théorie moderne.

Il y a également dans la première théorie bien d'autres avantages qui la recommandaient aux anciens théologiens. Rien ne répugnait davantage à toutes leurs notions, parce que rien ne répugne davantage au sens commun, que l'esprit sans le corps, qu'une substance purement spirituelle qui ne tombait pas sous leurs sens ni sous leur compréhension, et dont ils n'avaient pas observé le moindre exemple dans toute la nature. L'esprit et le corps leur étaient connus, puisqu'ils les éprouvaient l'un et l'autre; un ordre, un arrangement, une organisation, un mécanisme interne en tous deux, cela leur était également connu, de la même manière; et il ne pouvait que sembler raisonnable de transposer cette expérience à l'univers et de supposer que l'esprit et le corps divins étaient pareillement de même âge et possédaient l'un et l'autre un ordre et un arrangement qui leur fussent naturellement inhérents et indissolublement attachés.

Voici donc, *Cléanthe*, une nouvelle espèce d'anthropomorphisme sur laquelle vous pouvez | délibérer, et une théorie 138 qui ne semble pas sujette à des difficultés considérables. Vous êtes sûrement bien au-dessus des *préjugés systématiques* pour trouver plus de difficulté à supposer qu'un corps animal soit originairement, par lui-même ou par des causes inconnues, doué d'ordre et d'organisation, qu'à supposer qu'un ordre semblable appartienne à l'esprit. Mais le *préjugé vulgaire*, selon lequel le corps et l'esprit doivent toujours aller de

pany each other, ought not, one should think, to be entirely neglected; since it is founded on *vulgar experience*, the only guide which you profess to follow in all these theological inquiries. And if you assert, that our limited experience is an unequal standard, by which to judge of the unlimited extent of nature, you entirely abandon your own hypothesis, and must thenceforward adopt our mysticism, as you call it, and admit of the absolute incomprehensibility of the divine nature.

This theory, I own, replied *Cleanthes*, has never before occurred to me, though a pretty natural one; and I cannot readily, upon so short an examination and reflection, deliver any opinion with regard to it. You are very scrupulous, indeed, said *Philo*; were I to examine any system of yours, I should not have acted with half that caution and reserve, in starting objections and difficulties to it. However, if anything occur to you, you will oblige us by proposing it.

Why then, replied *Cleanthes*, it seems to me, that, though the world does, in many circumstances, resemble an animal body, yet is the analogy also defective in many circumstances, the most material: no organs of sense; no seat of thought or reason; no one precise origin of motion and action. In short, it seems to bear a stronger resemblance to a vegetable than to an animal; and your inference would be so far inconclusive in favour of the soul of the world.

But in the next place, your theory seems to imply the eternity of the world; and that is a principle, which, I think, can be refuted by the strongest reasons and probabilities. I shall suggest an argument to this purpose, which, I believe, has not

compagnie, ne doit pas, il faut croire, être entièrement négligé, puisqu'il est fondé sur l'*expérience vulgaire*, le seul guide que vous fassiez profession de suivre en toutes ces recherches théologiques. Et si vous affirmez que notre expérience limitée est une échelle insuffisante pour servir à juger de l'étendue illimitée de la nature, vous abandonnez entièrement votre propre hypothèse et vous devez dès lors adopter notre mysticisme, comme vous le nommez, et admettre l'absolue incompréhensibilité de la nature divine [1].

Cette théorie, je l'avoue, dit *Cléanthe*, ne s'était jamais présentée auparavant à mon esprit, bien qu'elle soit assez naturelle ; et je ne puis impromptu, sur un examen et une réflexion aussi rapide, exprimer une opinion à son sujet. – Vous êtes bien scrupuleux, en vérité, dit *Philon*, dussé-je examiner quelqu'un de vos systèmes, que je n'eusse pas agi avec la moitié de cette circonspection et de cette réserve, pour soulever à son endroit des objections et des difficultés. Cependant, si quelque chose vous vient à l'esprit, vous nous obligerez en le proposant.

Eh bien donc, répondit *Cléanthe*, quoique le monde ressemble en effet à un corps animé par de nombreuses circonstances, cependant, l'analogie pêche en beaucoup d'autres, et des plus considérables : pas d'organes des | sens, pas de siège de la pensée ou de la raison ; pas d'origine unique précise du mouvement et de l'action. En bref, le monde paraît avoir une ressemblance plus grande avec un végétal qu'avec un animal ; et dans cette mesure votre inférence ne saurait conclure en faveur de l'âme du monde.

Mais en second lieu, votre théorie semble impliquer l'éternité du monde ; et c'est un principe qui, je crois, peut être réfuté par les raisons et les probabilités les plus fortes. J'avancerai un argument en ce sens qui n'a été, je crois,

139

---

1. *Cette phrase a été barrée, puis rétablie.*

been insisted on by any writer. Those, who reason from the late origin of arts and sciences, though their inference wants not force, may perhaps be refuted by considerations, derived from the nature of human society, which is in continual revolution[1], between ignorance and knowledge, liberty and slavery, riches and poverty; so that it is impossible for us, from our limited experience, to foretell with assurance what events may or may not be expected. Ancient learning and history seem to have been in great danger of entirely perishing after the inundation of the barbarous nations; and had these convulsions continued a little longer or been a little more violent, we should not probably have now known what passed in the world a few centuries before us. Nay, were it not for the superstition of the popes, who preserved a little jargon of Latin in order to support the appearance of an ancient and universal church, that tongue must have been utterly lost; in which case the western world, being totally barbarous, would not have been in a fit disposition for receiving the Greek language and learning, which was conveyed to them after the sacking of *Constantinople*. When learning and books had been extinguished[2], even the mechanical arts would have fallen considerably to decay; and it is easily imagined, that fable or tradition might ascribe to them a much later origin than the true one. This vulgar argument, therefore, against the eternity of the world, seems a little precarious.

But here appears to be the foundation of a better argument. *Lucullus* was the first that brought cherry trees from *Asia* to *Europe*; though that tree thrives so well in many European climates, that it grows in the woods without any

---

1. revolution [and uncertainty]
2. had been [totally] extinguished

soutenu par aucun auteur. Ceux qui raisonnent d'après la récente origine des arts et des sciences, bien que leur inférence ne manque pas de force, seront peut-être réfutés par des considérations dérivées de la nature de la société humaine, laquelle est en perpétuelle révolution[1] entre l'ignorance et la connaissance, la liberté et l'esclavage, la richesse et la pauvreté; en telle sorte qu'il nous est impossible, à partir de notre expérience limitée, de prédire avec assurance quels événements peuvent ou ne peuvent pas être attendus. La connaissance et l'histoire antiques semblent avoir été en grand danger de disparaître complètement sous le flot des nations barbares; et si ces convulsions s'étaient prolongées un peu plus longtemps ou avec un peu plus de violence, nous n'aurions probablement pas connu aujourd'hui ce qui s'est passé dans le monde, il y a peu de siècles avant nous. Que dis-je, n'eût été la superstition des papes, qui préservèrent un peu de jargon *latin*, afin d'entretenir l'apparence d'une église ancienne et universelle, cette langue aurait été inévitablement perdue; alors, le monde occidental, devenu totalement barbare, n'aurait pas été en mesure de recevoir la langue et la connaissance *grecques* qui lui furent transmises après le sac de | *Constantinople*. Avec la disparition[2] de la connaissance et des livres, même les arts mécaniques seraient tombés dans une profonde décadence; et on imagine aisément la fable ou la tradition leur assignant une origine beaucoup plus récente que la véritable. Cet argument vulgaire contre l'éternité du monde semble donc un peu fragile.

Mais voici qui paraît être le fondement d'un meilleur argument. *Lucullus* fut le premier qui apporta des cerisiers d'*Asie* en *Europe*; et pourtant cet arbre prospère si bien sous de nombreux climats européens qu'il pousse dans les bois, sans

140

---

1. révolution [et incertitude]
2. avec l'extinction [totale]

culture. Is it possible, that throughout a whole eternity, no European had ever passed into *Asia*, and thought of transplanting so delicious a fruit into his own country? Or if the tree was once transplanted and propagated, how could it ever afterwards perish? Empires may rise and fall; liberty and slavery succeed alternately; ignorance and knowledge give place to each other; but the cherry tree will still remain in the woods of Greece, Spain and Italy, and will never be affected by the revolutions of human society.

It is not two thousand years, since vines were transplanted into France; though there is no climate in the world more favourable to them. It is not three centuries since horses, cows, sheep, swine, dogs, corn were known in *America*. Is it possible, that, during the revolutions of a whole eternity, there never arose a *Columbus*, who might open the communication between Europe and that continent? We may as well imagine, that all men would wear stockings for ten thousand years, and never have the sense to think of garters to tie them. All these seem convincing proofs of the youth, or rather infancy of the world; as being founded on the operation of principles more constant and steady, than those by which human society is governed and directed. Nothing less than a total convulsion of the elements will ever destroy all the European animals and vegetables, which are now to be found in the Western world.

And what argument have you against such convulsions? replied *Philo*. Strong and almost incontestable proofs may be traced over[1] the whole earth that every part of this

---

1. may be traced] of a deluge are to be found

être cultivé. Est-il possible que, de toute éternité, aucun européen ne fût jamais passé en *Asie* et n'eût jamais pensé à transplanter un fruit si délicieux dans son propre pays ? Ou, une fois l'arbre transplanté et répandu, comment pourrait-il jamais ensuite périr ? Les empires peuvent s'élever et s'effondrer, la liberté et l'esclavage peuvent se succéder alternativement, l'ignorance et la science peuvent se céder mutuellement la place, mais le cerisier restera toujours dans les bois de la *Grèce*, de l'*Espagne* et de l'*Italie*, et ne sera jamais affecté par les révolutions de la société humaine.

Il n'y a pas deux mille ans que les vignes furent transplantées en *France*, bien qu'il n'y ait pas de climat au monde qui leur soit plus favorable. Il n'y a pas trois siècles que les chevaux, les vaches, les moutons, les porcs, les chiens, le blé, sont connus en *Amérique*. Est-il possible que, durant les révolutions d'une éternité entière, n'eût jamais surgi un *Colomb* pour ouvrir la communication entre l'*Europe* et ce continent ? Autant imaginer que tous les hommes porteraient des bas pendant dix mille ans, sans avoir jamais le bon sens de penser à des jarretières pour les attacher. Ce sont là, | semble-t-il, toutes preuves convaincantes de la jeunesse, ou plutôt de l'enfance du monde, puisqu'elles se fondent sur l'opération de principes plus constants et plus fermes que ceux qui gouvernent et dirigent la société humaine. Il ne faudrait pas moins qu'une totale convulsion des éléments pour détruire tous les animaux et tous les végétaux européens qu'on peut trouver aujourd'hui dans le monde occidental.

Et quel argument avez-vous contre de telles convulsions ? répondit *Philon*. On peut relever, par toute la terre, de fortes preuves, presque incontestables [1], que chaque partie de ce

141

---

1. de fortes preuves... [d'un déluge] – *la suppression du mot a entraîné l'ajout de la fin de la phrase, à partir de* que chaque partie...

globe has continued for many ages entirely covered with water. And though order were supposed inseparable from matter, and inherent in it, yet may matter be susceptible of many and great revolutions, through the endless periods of eternal duration. The incessant changes, to which every part of it is subject, seem to intimate some such general transformations; though at the same time, it is observable, that all the changes, and corruptions, of which we have ever had experience, are but passages from one state of order to another; nor can matter ever rest in total deformity and confusion. What we see in the parts, we may infer in the whole; at least, that is the method of reasoning, on which you rest your whole theory. And were I obliged to defend any particular system of this nature (which I never willingly should do) I esteem none more plausible than that which ascribes an eternal, inherent principle of order to the world[1]; though attended with great and continual revolutions and alterations. This at once solves all difficulties; and if the solution, by being so general, is not entirely complete and satisfactory, it is, at least, a theory, that we must, sooner or later, have recourse to, whatever system we embrace. How could things have been as they are, were there not an original inherent principle of order somewhere, in thought or in matter? And it is very[2] indifferent to which of these we give the preference. Chance has no place, on any hypo-

1. to the world] in matter
2. is very] seems

globe est restée pendant de longs âges couverte par les eaux.
Et, supposerait-on l'ordre inséparable de la matière et inhérent
à elle, que la matière serait encore capable de nombreuses et
grandes révolutions au cours des périodes sans fin de l'éternelle durée. Les changements incessants auxquels chacune de
ses parties est soumise, semblent suggérer des transformations
générales de cette sorte, bien qu'on puisse au même moment
observer que tous les changements et toutes les corruptions
dont nous avons jamais eu l'expérience, ne sont que le passage
d'un état d'ordre à un autre, et que la matière ne peut jamais
rester dans une absence de forme et une confusion totale. Ce
que nous voyons dans les parties, nous pouvons l'inférer dans
le tout; du moins, c'est la méthode de raisonnement sur
laquelle vous faites reposer toute votre théorie. Et si j'étais
dans l'obligation de défendre un système particulier de cette
nature (ce que je ne ferais jamais volontiers) je n'en juge aucun
qui soit plus plausible que celui qui assigne au monde[1] un
principe d'ordre éternel et inhérent, bien qu'accompagné de
grandes et continuelles révolutions et altérations. Il résout
immédiatement toutes les difficultés; et si la solution, du fait
de sa généralité, n'est pas entièrement complète et satisfaisante, c'est du moins une théorie à laquelle nous devons, tôt ou
tard, avoir recours, quelque système que nous embrassions.
Comment les choses auraient-elles pu être ce qu'elles sont, s'il
n'y avait pas un principe d'ordre, originel | et inhérent, résidant   142
quelque part, dans la pensée ou la matière? Et il est parfaitement[2] indifférent de savoir à laquelle des deux nous donnons
la préférence. Le hasard n'a de place dans aucune hypothèse,

1. au monde] dans la matière
2. il est parfaitement] il semble

thesis, sceptical or religious[1]. Everything is surely governed by steady, inviolable laws. And were the inmost essence of things laid open to us, we should then discover a scene, of which, at present, we can have no idea. Instead of admiring the order of natural beings, we should clearly see that it was absolutely impossible for them, in the smallest article, ever to admit of any other disposition.

Were anyone inclined to revive the ancient pagan theology, which maintained, as we learn from *Hesiod*[2], that this globe was governed by 30.000 deities, who arose from the unknown powers of nature, you would naturally object, *Cleanthes*, that nothing is gained by this hypothesis, and that it is as easy to suppose all men and animals, being more numerous, but less perfect, to have sprung immediately from a like origin. Push the same inference a step farther; and you will find a numerous society of deities as explicable as one universal deity, who possesses, within himself, the powers and perfections of the whole society. All these systems, then, of scepticism, polytheism, and theism you must allow, on your principles, to be on a like footing, and that no one of them has any advantages over the others. You may thence learn the fallacy of your principles.

1. Chance… religions] Chances, or what is the same thing liberty, seems not to have place on any hypothesis] Chance it is ridiculous to maintain on any hypothesis

2. which… Hesiod] mentionned by *Varro*

sceptique ou religieuse[1]. Toute chose est certainement gouvernée par des lois fermes et inviolables. Et si l'essence intime des choses nous était ouverte, nous découvririons alors une scène dont nous ne pouvons avoir à présent aucune idée. Au lieu d'admirer l'ordre des êtres naturels, nous verrions clairement qu'il leur était absolument impossible, fût-ce dans le moindre article, d'admettre toute autre disposition.

Si quelqu'un se sentait le goût de ranimer l'ancienne théologie païenne, qui soutenait, comme nous l'apprenons d'*Hésiode*[2], que ce globe est gouverné par 30.000 divinités, nées des puissances inconnues de la nature, vous objecteriez tout naturellement, *Cléanthe*, que l'on ne gagne rien à cette hypothèse et qu'il est aussi commode de supposer que tous les hommes et les | animaux, ces êtres infiniment plus nombreux, mais moins parfaits, sont sortis directement d'une pareille origine. Poussez d'un degré la même inférence, et vous trouverez qu'une nombreuse société de divinités s'explique aussi bien qu'une Divinité universelle, unique, renfermant en elle-même les puissances et les perfections de la société toute entière. Ainsi, tous ces systèmes du scepticisme, du polythéisme et du théisme, vous devez en convenir selon vos principes, sont sur le même pied, et aucun d'eux ne l'emporte sur les autres. Vous pouvez à partir de là apprendre la fausseté de vos principes[3].

143

1. *Primitivement* : il est ridicule de mettre en avant le hasard dans l'une ou l'autre des hypothèses. *Puis* : le hasard ou, ce qu'est la même chose, la liberté, ne semble avoir de place dans aucune des hypothèses. *Enfin la version actuelle.*
2. qui… Hésiode] mentionné par *Varron*
3. *Paragraphe ajouté.*

PART VII

But here, continued *Philo*, in examining the ancient system of the soul of the world, there strikes me, all on a sudden, a new idea, which, if just, must go near to subvert all your reasoning, and destroy even your first inferences, on which you repose such confidence. If the universe bears a greater likeness to animal bodies and to vegetables, than to the works of human art, it is more probable, that its cause resembles the cause of the former than that of the latter, and its origin ought rather to be ascribed to generation or vegetation than to reason or design. Your conclusion, even according to your own principles, is therefore lame and defective.

Pray open up this argument a little farther, said *Demea*. For I do not rightly apprehend it, in that concise manner, in which you have expressed it.

Our friend, *Cleanthes*, replied *Philo*, as you have heard, asserts, that since no question of fact can be proved otherwise than by experience, the existence of a deity admits not of proof from any other medium. The world, says he, resembles the works of human contrivance : therefore its cause must also resemble that of the other. Here we may remark, that the operation of one very small part of nature, to wit man, upon another

SEPTIÈME PARTIE

Mais voici, poursuivit *Philon*, qu'en examinant l'ancien système de l'âme du monde, je suis frappé soudain d'une nouvelle idée qui, si elle est juste, doit n'être pas loin de renverser tout votre raisonnement et de détruire mêmes vos premières inférences, dans lesquelles vous placez tant de confiance. Si l'univers montre plus de ressemblance avec les corps animaux et les végétaux qu'avec les œuvres de l'art humain, il y aura davantage de probabilité pour que sa cause ressemble à la cause des premiers, plutôt qu'à celle des seconds, et pour que son origine doive être attribuée à la génération et à la végétation, plutôt qu'à la raison et au dessein. Même selon vos propres principes, votre conclusion est donc boîteuse et défectueuse.

Développez, je vous prie, cet argument un peu plus avant, dit *Déméa*, car je ne le saisis pas bien sous cette forme concise où vous l'avez exprimé.

Notre ami *Cléanthe*, répondit *Philon*, ainsi que vous l'avez entendu, affirme que, puisque aucune question de fait ne peut être prouvée autrement que par l'expérience, l'existence d'une Divinité n'admet de preuve par aucun autre moyen. Le monde, dit-il, ressemble aux œuvres de l'industrie humaine; donc sa cause doit aussi ressembler à leur cause. Ici nous pouvons remarquer | que l'opération d'une très petite partie de la nature, à savoir l'homme, sur une autre

very small part, to wit, that inanimate matter lying within his reach, is the rule, by which *Cleanthes* judges of the origin of the whole; and he measures objects, so widely disproportioned, by the same individual standard. But to waive all objections, drawn from this topic, I affirm, that there are other parts of the universe (besides the machines of human invention) which bear still a greater resemblance to the fabric of the world, and which therefore afford a better conjecture concerning the universal origin of this system[1]. These parts are animals and vegetables. The world plainly resembles more an animal or a vegetable than it does a watch or a knitting loom. Its cause, therefore, it is more probable, resembles the cause of the former. The cause of the former is generation or vegetation. The cause therefore of the world, we may infer to be something similar or analogous to generation or vegetation.

But how is it conceivable, said *Demea*, that the world can arise from anything similar to vegetation or generation?

Very easily, replied *Philo*. In like manner as a tree sheds its seed into the neighbouring fields, and produces other trees; so the great vegetable, the world, or this planetary system, produces within itself certain seeds, which, being scattered into the surrounding chaos, vegetate into new worlds. A comet, for instance, is the seed of a world; and after it has been fully ripened, by passing from sun to sun, and star to star, it is at last tossed into the unformed elements, which everywhere surround this universe, and immediately sprouts up into a new system.

1. this system] the whole of nature] the world

très petite partie, à savoir la matière inanimée gisant à sa portée, est la règle par laquelle *Cléanthe* juge de l'origine du tout, et qu'il mesure des objets aussi largement disproportionnés, avec la même échelle particulière. Mais pour laisser de côté toutes les objections tirées de ce point, j'affirme qu'il y a d'autres parties de l'univers (outre les machines d'invention humaine) qui entretiennent une ressemblance encore plus grande avec l'agencement du monde, et qui donc fournissent une meilleure conjecture sur l'origine universelle de ce système [1]. Ces parties sont les animaux et les végétaux. Le monde ressemble manifestement plus à un animal ou à un végétal qu'à une montre ou à un métier à tricoter. Il y a donc davantage de probabilité pour que sa cause ressemble à la cause des premiers. La cause des premiers est la génération ou la végétation. La cause du monde est donc, nous pouvons l'inférer, quelque chose de semblable ou d'analogue à la génération ou à la végétation.

Mais comment est-il concevable, dit *Déméa*, que le monde puisse provenir de quelque chose de semblable à la végétation ou à la génération ?

Fort aisément, répondit *Philon*. De même qu'un arbre répand ses graines dans les champs avoisinants, et produit d'autres arbres, de même le grand végétal, le monde ou ce système planétaire, produit en lui-même certaines graines, qui, éparpillées dans le chaos environnant, deviennent par végétation de nouveaux mondes. Une comète, par exemple, est la graine d'un monde ; et, après qu'elle est parvenue à pleine maturité en passant de soleil en soleil, d'étoile en étoile, elle est à la fin lancée dans les éléments sans forme qui de partout | environnent cet univers, et immédiatement elle germe en un nouveau système.

---

1. ce système] le tout de la nature] le monde

Or if, for the sake of variety (for I see no other advantage) we should suppose this world to be an animal: a comet is the egg of this animal; and in like manner as an ostrich lays its egg in the sand, which, without any further care, hatches the egg and produces a new animal; so –

I understand you, says *Demea*; but what wild, arbitrary suppositions are these? What *data* have you for such extra-ordinary conclusions? And is the slight, imaginary resemblance of the world to a vegetable or an animal sufficient to establish the same inference with regard to both? Objects, which are in general so widely different, ought they to be a standard for each other?

Right, cries *Philo*, this is the topic on which I have all along insisted. I have still asserted, that we have no *data* to establish any system of cosmogony. Our experience, so imperfect in itself, and so limited both in extent and duration, can afford us no probable conjecture concerning the whole of things. But if we must needs fix on some hypothesis, by what rule, pray, ought we to determine our choice? Is there any other rule than the great similarity of the objects compared? And does not a plant or an animal, which springs from vegetation or gene-ration, bear a stronger resemblance to the world, than does any artificial machine, which arises from reason and design?

But what is this vegetation and generation, of which you talk? said *Demea*. Can you explain their operations, and anatomize that fine internal structure, on which they depend?

As much, at least, replied *Philo*, as *Cleanthes* can explain the operations of reason, or anatomize that inter-nal structure, on which *it* depends. But without any such elaborate disquisitions, when I see an animal, I infer, that

Ou si, par goût de la variété (car je ne vois pas d'autre avantage), nous supposons que ce monde est un animal, une comète est l'œuf de cet animal; et de la même façon qu'une autruche dépose son œuf dans le sable, qui, sans soin supplémentaire, fait éclore l'œuf et produit un nouvel animal, ainsi –

Je vous entends, dit *Déméa*; mais quelles folles, quelles arbitraires suppositions sont-ce là? Quelles données avez-vous pour d'aussi extraordinaires conclusions? Et la légère et imaginaire ressemblance du monde avec un végétal, ou avec un animal, suffit-elle à établir la même inférence de part et d'autre? Des objets qui sont en général si immensément différents doivent-ils servir d'étalon l'un pour l'autre?

Juste! s'écria *Philon*: c'est le point sur lequel je n'ai cessé d'insister. J'ai également affirmé que nous n'avons pas de données pour établir un système quelconque de cosmogonie. Notre expérience, qui est si imparfaite en elle-même et limitée à la fois par son étendue et sa durée, ne peut nous fournir de conjecture probable touchant le tout des choses. Mais s'il nous faut à tout prix fixer une hypothèse, par quelle règle, je vous le demande, devons-nous déterminer notre choix? Y a-t-il aucune autre règle que la plus grande similitude entre les objets comparés? Et une plante, un animal, qui naît par végétation ou par génération, n'entretient-il pas une ressemblance plus forte avec le monde que toute machine artificielle provenant de la raison et du dessein?

Mais que sont cette végétation et cette génération dont vous parlez? dit *Déméa*. Pouvez-vous expliquer | leurs opérations et faire l'anatomie de la fine structure interne dont elles dépendent?   148

Autant pour le moins, répondit *Philon*, que *Cléanthe* peut expliquer les opérations de la raison ou faire l'anatomie de la structure interne dont *elle* dépend. Mais sans engager des recherches aussi fouillées, quand je vois un animal, j'infère

it sprang from generation; and that with as great certainty as you conclude a house to have been reared by design[1]. These words, *generation*, *reason*, mark only certain powers and energies in nature, whose effects are known, but whose essence is incomprehensible; and one of these principles, more than the other, has no privilege for being made a standard to the whole of nature.

In reality, *Demea*, it may reasonably be expected, that the larger the views are which we take of things, the better will they conduct us in our conclusions concerning such extraordinary and such magnificent subjects. In this little corner of the world alone, there are four principles, *reason*, *instinct*, *generation*, *vegetation*, which are similar to each other, and are the causes of similar effects. What a number of other principles may we naturally suppose in the immense extent and variety of the universe, could we travel from planet to planet and from system to system, in order to examine each part of this mighty fabric[2]? Any one of these four principles above mentioned (and a hundred others, which lie open to our conjecture) may afford us a theory[3], by which to judge of the origin of the world; and it is a palpable and egregious partiality to confine our view entirely to that principle, by which our own minds operate. Were this principle more intelligible on that account, such a partiality might be somewhat excusable; but reason, in its internal fabric and structure, is really as little known to us as instinct or vegetation[4]; and perhaps even that vague, undeterminate word *nature* to which the vulgar

1. reared by [reason and] design
2. fabric] whole
3. theory] standard
4. vegetation] generation

qu'il est né par génération, et cela avec autant de certitude que lorsque vous concluez qu'une maison a été élevée par dessein[1]. Ces mots *génération, raison,* sont seulement la marque de certaines puissances et énergies dans la nature, dont les effets sont connus, mais dont l'essence est incompréhensible ; et aucun de ces principes, plus que l'autre, n'a de privilège qui le fasse prendre comme l'étalon du tout de la nature.

En réalité, *Déméa,* nous pouvons raisonnablement attendre que plus larges seront les vues que nous avons des choses, et mieux elles nous guideront dans nos conclusions touchant des sujets aussi extraordinaires et aussi magnifiques. Rien que dans ce petit coin du monde, il y a quatre principes, *la raison, l'instinct, la génération, la végétation,* qui sont semblables les uns aux autres et sont les causes d'effets semblables. Combien d'autres principes ne pourrions-nous pas naturellement supposer dans l'immense étendue et l'immense variété de l'univers, si nous étions capables de voyager de planète en planète et de système en système, afin d'examiner chaque partie de ce vaste agencement[2] ? L'un quelconque des quatre principes mentionnés ci-dessus (et de cent autres qui s'offrent à notre conjecture) peut nous fournir une théorie[3] par laquelle juger de l'origine | du monde ; et c'est une preuve palpable et insigne de partialité que limiter entièrement notre vue au principe par lequel nos propres esprits opèrent. Si ce principe était plus intelligible pour cela, une telle partialité pourrait dans une certaine mesure s'excuser ; mais la raison, dans son agencement et sa structure interne, nous est en réalité aussi peu connue que l'instinct ou la végétation[4] ; et peut-être le mot vague et indéterminé de *nature,* auquel le vulgaire

149

---

1. élevée [par raison] et par dessein
2. agencement] tout
3. théorie] échelle
4. végétation] narration

refer everything, is not at the bottom more inexplicable. The effects of these principles are all known to us from experience; but the principles themselves, and their manner of operation are totally unknown. Nor is it less intelligible, or less conformable to experience to say, that the world arose by vegetation, from a seed shed by another world, than to say that it arose from a divine reason or contrivance, according to the sense in which *Cleanthes* understands it.

But methinks, said *Demea*, if the world had a vegetative quality, and could sow the seeds of new worlds into the infinite chaos, this power would be still an additional argument for design in its author. For whence could arise so wonderful a faculty but from design? Or how can order spring from anything which perceives not that order which it bestows?

You need only look around you, replied *Philo*, to satisfy yourself with regard to this question. A tree bestows order and organization on that tree which springs from it, without knowing the order; an animal, in the same manner, on its offspring; a bird, on its nest; and instances of this kind are even more frequent in the world, than those of order, which arise from reason and contrivance[1]. To say that all this order in animals and vegetables proceeds ultimately from design is begging the question; nor can that great point be ascertained otherwise than by proving *a priori*, both that order is, from its nature, inseparably attached to thought[2], and that it can never, of itself, or from original unknown principles, belong to matter.

But further, *Demea*, this objection, which you urge, can never be made use of by *Cleanthes*, without renouncing

1. contrivance] perception
2. thought] perception

rapporte toutes choses, n'est pas en son fond plus inexplicable. Les effets de ces principes nous sont connus par expérience ; mais les principes eux-mêmes et leur mode d'opération nous sont totalement inconnus. Et il n'est pas moins intelligible ni moins conforme à l'expérience de dire que le monde est né par la végétation d'une graine lancée par un autre monde, que de dire qu'il est né d'une raison et d'une industrie divine, selon le sens où *Cléanthe* l'entend.

Mais, me semble-t-il, dit *Déméa*, si le monde avait une qualité végétative et pouvait semer les graines de nouveaux mondes dans le chaos infini, ce pouvoir serait encore un argument supplémentaire en faveur d'un dessein chez son auteur. Car d'où pourrait naître une faculté si merveilleuse sinon du dessein ? Comment l'ordre peut-il naître de quelque chose qui ne perçoit pas l'ordre qu'il confère ?

Il vous suffit de regarder autour de vous, répondit *Philon*, pour vous satisfaire sur cette question. Un arbre confère ordre et organisation à l'arbre qui naît de lui, sans connaître cet ordre ; et, de même façon, un animal à sa progéniture, un oiseau à son nid ; les exemples de cette espèce sont même plus fréquents dans le monde que les exemples d'ordre qui naissent de la raison et de | l'industrie [1]. Dire que tout cet ordre dans les animaux et les végétaux procède ultimement du dessein, c'est supposer ce qui est en question ; et on ne peut s'assurer de ce point important, sinon en prouvant *a priori* à la fois que l'ordre est, par nature, attaché inséparablement à la pensée [2], et qu'il ne peut jamais, par lui-même ou par des principes inconnus originels, appartenir à la matière.

Mais en outre, *Déméa*, cette objection que vous soulevez, *Cléanthe* est dans l'impossibilité d'en tirer parti, sans renoncer

150

---

1. industrie] perception
2. pensée] perception

a defence, which he has already made against one of my objections. When I inquired concerning the cause of that supreme reason and intelligence, into which he resolves everything, he told me, that the impossibility of satisfying such inquiries could never be admitted as an objection in any species of philosophy. *We must stop somewhere*, says he; *nor is it ever within the reach of human capacity to explain ultimate causes, or show the last connections of any objects. It is sufficient if the steps, so far as we go, are supported by experience and observation.* Now that vegetation and generation, as well as reason, are experienced to be principles of order in nature, is undeniable. If I rest my system of cosmogony on the former, preferably to the latter, it is at my choice. The matter seems entirely arbitrary. And when *Cleanthes* asks me what is the cause of my great vegetative or generative faculty, I am equally entitled to ask him the cause of his great reasoning principle[1]. These questions we have agreed to forbear on both sides; and it is chiefly his interest on the present occasion to stick to this agreement. Judging by our limited and imperfect experience, generation has some privileges above reason : for we see every day the latter arise from the former, never the former from the latter.

Compare, I beseech you, the consequences on both sides. The world, say I, resembles an animal, therefore it is an animal, therefore it arose from generation. The steps, I confess, are wide; yet there is some small appearance of analogy in each step. The world, says *Cleanthes*, resembles a machine, therefore it is a machine, therefore it arose from design. The steps are here equally wide, and the analogy less

1. principle] faculty

à une défense qu'il a déjà opposée à mes objections. Quand je m'enquérais de la cause de cette raison et de cette intelligence suprêmes auxquelles il ramène toute chose, il me disait que l'impossibilité de satisfaire de telles enquêtes ne pouvait jamais être reçue comme une objection, dans aucune sorte de philosophie. *Nous sommes forcés de nous arrêter quelque part*, disait-il, *et il n'est jamais à la portée de l'humaine capacité d'expliquer les causes ultimes ou de montrer les dernières liaisons des objets. Il suffit que, aussi loin que nous allions, nos pas s'appuient sur l'expérience et l'observation.* Or, que la végétation et la génération, aussi bien que la raison, se présentent dans l'expérience comme des principes d'ordre agissant dans la nature, est indéniable. Si je fais reposer mon système de cosmogonie sur les premières, plutôt que sur la dernière, c'est à mon gré : l'affaire semble entièrement arbitraire. Et quand *Cléanthe* me demande quelle est la cause de ma grande faculté végétative ou générative, je suis également en droit de lui demander la cause de son grand principe[1] raisonnant. Ces questions, nous avons | convenu de nous en abstenir des deux côtés ; et c'est tout son intérêt dans le cas présent de s'en tenir à cette convention. À en juger par notre expérience limitée et imparfaite, la génération a quelques privilèges sur la raison ; car nous voyons chaque jour la seconde naître de la première, et jamais la première de la seconde.

151

Comparez, je vous prie, les conséquences de part et d'autre. Le monde, dis-je, ressemble à un animal, il est donc un animal, donc il est né par génération. Les pas, j'en conviens, sont immenses ; et pourtant il y a, à chaque pas, une petite apparence d'analogie. Le monde, dit *Cléanthe*, ressemble à une machine, donc il est une machine, donc il est né par dessein. Les pas sont ici également immenses, et l'analogie est moins

---

1. principe] faculté

striking. And if he pretends to carry on *my* hypothesis a step
further, and to infer design or reason from the great principle of
generation on which I insist, I may, with better authority, use
the same freedom to push further his hypothesis, and infer a
divine generation or theogony from his principle of reason.
I have at least some faint shadow of experience, which is
the utmost that can ever be attained in the present subject.
Reason, in innumerable instances, is observed to arise from
the principle of generation, and never arise from any other
principle.

Hesiod, and all the ancient mythologists, were so struck
with this analogy, that they universally explained the origin of
nature from an animal birth, and copulation. *Plato* too, so far as
he is intelligible, seems to have adopted some such notion in
his *Timaeus*.

The *Brahmins* assert, that the world arose from an infinite spider, who spun this whole complicated mass from
his bowels, and annihilates afterwards the whole or any
part of it, by absorbing it again, and resolving it into his
own essence. Here is a species of cosmogony, which appears
to us ridiculous; because a spider is a little contemptible
animal, whose operations we are never likely to take for a
model of the whole universe. But still here is a new species

frappante. Et s'il prétend porter *mon* hypothèse un pas plus loin et inférer le dessein ou la raison, à partir du grand principe de génération sur lequel j'insiste, je peux, à meilleur titre, user de la même liberté pour pousser plus loin son hypothèse et inférer une génération divine ou une théogonie à partir de son principe de raison. J'ai du moins pour moi quelque vague ombre d'expérience; et c'est le plus à quoi l'on puisse jamais prétendre dans le présent sujet. Nous voyons, en d'innombrables cas, la raison naître du principe de la génération, sans naître jamais d'un autre principe.

Hésiode[1] et tous les mythologues de l'antiquité furent si frappés de cette analogie qu'ils expliquaient universellement l'origine de la nature à partir de la naissance animale et de la copulation. *Platon*[2], lui aussi, pour autant qu'il est intelligible, semble avoir adopté une telle idée dans son *Timée*[3].

| Les *brahmines* affirment que le monde est né d'une araignée infinie qui tissa toute cette masse compliquée à partir de ses entrailles et qui en annihile ensuite tout ou partie, en l'absorbant de nouveau et en la résolvant dans sa propre essence[4]. Voici une espèce de cosmogonie qui nous paraît ridicule, parce qu'une araignée est un petit animal méprisable, dans les opérations duquel nous ne chercherons jamais volontiers un modèle de tout l'univers. Mais c'est encore une nouvelle

152

---

1. *Théogonie*, 116-232.
2. *Timée*, 30c-31b.
3. *Paragraphe ajouté dans la marge*.
4. Cette doctrine est rapportée par Pierre Bayle dans son *Dictionnaire historique et critique*, article *Spinoza*: « …et que cette production ne s'est pas faite simplement à la façon des causes efficientes, mais à la façon d'une araignée qui produit une toile qu'elle tire de son nombril, et qu'elle reprend quand elle veut. La création donc, disent ces docteurs imaginaires, n'est autre chose qu'une extraction et extension que Dieu fait de sa propre substance, de ces rets qu'il tire comme de ses entrailles, de même que la destruction n'est autre chose qu'une reprise qu'il fait de cette divine substance, de ces divins rets, dans lui-même ».

of analogy, even in our globe. And were there a planet, wholly inhabited by spiders, (which is very possible), this inference would there appear as natural and irrefragable as that which in our planet ascribes the origin of all things to design and intelligence, as explained by *Cleanthes*. Why an orderly system may not be spun from the belly as well as from the brain, it will be difficult for him to give a satisfactory reason.

I must confess, *Philo*, replied *Cleanthes*, that, of all men living, the task which you have undertaken, of raising doubts and objections, suits you best, and seems, in a manner, natural and unavoidable to you. So great is your fertility of invention, that I am not ashamed to acknowledge myself unable, on a sudden, to solve regularly such out-of-the-way difficulties as you incessantly start upon me : though I clearly see, in general, their fallacy and error. And I question not, but you are yourself, at present, in the same case, and have not the solution so ready as the objection; while you must be sensible that common sense and reason is entirely against you, and that such whimsies, as you have delivered, may puzzle, but never can convince us.

espèce d'analogie, même sur ce globe. Et s'il y avait une planète entièrement peuplée d'araignées (ce qui est très possible), cette inférence y apparaîtrait aussi naturelle et irréfragable que l'inférence qui, sur notre planète, attribue l'origine de toutes choses au dessein et à l'intelligence, ainsi que l'explique *Cléanthe*. Pourquoi un système ordonné ne peut être tissé du ventre aussi bien que du cerveau, c'est ce dont il aura bien de la peine à donner une raison satisfaisante [1].

Je dois avouer, *Philon*, répondit *Cléanthe*, que la tâche que vous avez entreprise de soulever des doutes et des objections vous convient plus qu'à tout homme vivant et semble, pour ainsi dire, vous être naturelle et indispensable. Si grande est votre fertilité d'invention que je n'ai pas honte de me reconnaître incapable, sur le champ, de résoudre de manière réglée les difficultés déroutantes que vous m'opposez sans cesse, bien que je | voie clairement, en général, leur fausseté et leur   153
erreur. Et je ne doute pas que, vous-même, à présent, vous soyez dans le même cas et que vous n'ayez pas la solution aussi prompte que l'objection, conscient, comme vous devez l'être, que le sens commun et la raison sont entièrement contre vous et que les fantaisies que vous présentez peuvent nous déconcerter, mais jamais nous convaincre [2].

---

1. *Paragraphe ajouté à la fin de la VIIe partie, avec indications d'insertion.*
2. *Cf.* Berkeley, *Alciphron, IV, 2* : « des arguments de la sorte, je les ai toujours trouvés secs et arides, et comme ils ne vont pas à ma manière de penser, ils peuvent peut-être m'embarrasser, mais jamais ils ne sauront me convaincre » (c'est Alciphron qui parle, contre les arguments métaphysiques des théologiens). L'aveu de *Cléanthe* et la reprise de *Philon* au début de la VIIIe partie rappellent assez bien l'épisode de *l'Alciphron*, IV, 6.

PART VIII

What you ascribe to the fertility of my invention, replied *Philo*, is entirely owing to the nature of the subject. In subjects, adapted to the narrow compass of human reason, there is commonly but one determination, which carries probability or conviction with it; and to a man of sound judgement, all other suppositions, but that one, appear entirely absurd and chimerical. But in such questions, as the present, a hundred contradictory views may preserve a kind of imperfect analogy; and invention has here full scope to exert itself. Without any great effort of thought, I believe that I could, in an instant, propose other systems of cosmogony, which would have some faint appearance of truth; though it is a thousand, a million to one, if either yours or any one of mine be the true system.

For instance; what if I should receive the old *Epicurean* hypothesis? This is commonly, and I believe, justly, esteemed the most absurd system, that has yet been proposed;

HUITIÈME PARTIE

Ce que vous attribuez à la fertilité de mon invention, répondit *Philon*, est entièrement dû à la nature du sujet. Dans les sujets qui sont adaptés à l'étroit registre de la raison humaine, il n'y a d'ordinaire qu'une seule façon de se déterminer, qui emporte avec elle probabilité ou conviction; et à un homme de jugement sain, toutes les autres suppositions, à l'exception de celle-ci, paraissent entièrement absurdes et chimériques. Mais dans des questions comme la présente, cent vues contradictoires conservent une sorte d'analogie imparfaite; et l'invention a ici pleine latitude pour s'exercer. Sans grand effort de pensée, je crois pouvoir dans l'instant proposer d'autres systèmes de cosmogonie, qui auraient quelque faible apparence de vérité; bien qu'il y ait une chance sur mille, sur un million, pour que le vôtre ou l'un des miens soit le vrai système.

Et si, par exemple, je ranimais la vieille hypothèse épicurienne? On la considère communément, et je crois justement, comme le système le plus absurde qui ait été proposé[1];

---

1. Cicéron, *De natura deorum*, I, 24, 66 : « Cette doctrine scandaleuse de Démocrite ou aussi, auparavant, de Leucippe, qu'il existe certaines particules très petites…, et que le ciel et la terre ont été produits à partir d'elles, sans la contrainte d'aucune loi naturelle, mais par une sorte de concours accidentel… ». Ce thème, constamment repris, se retrouve par exemple chez Clarke.

yet, I know not, whether, with a few alterations, it might not be brought to bear a faint appearance of probability. Instead of supposing matter infinite, as *Epicurus* did; let us suppose it finite. A finite number of particles is only susceptible of finite transpositions; and it must happen, in an eternal duration, that every possible order or position must be tried an infinite number of times. This world, therefore, with all its events, even the most minute, has before been produced and destroyed, and will again be produced and destroyed, without any bounds and limitations. No one who has a conception of the powers of infinite, in comparison of finite, will ever scruple this determination.

But this supposes, said *Demea*, that matter can acquire motion, without any voluntary agent or first mover.

And where is the difficulty, replied *Philo*, of that supposition? Every event, before experience, is equally difficult and incomprehensible; and every event, after experience, is equally easy and intelligible. Motion, in many instances, from gravity, from elasticity, from electricity, begins in matter, without any known voluntary agent; and to suppose always, in these cases, an unknown voluntary agent is mere hypothesis; and hypothesis attended with no advantages. The beginning of motion in matter itself is as conceivable *a priori* as its communication from mind and intelligence.

Besides; why may not motion have been propagated by impulse through all eternity, and the same stock

pourtant, je ne sais si, avec quelques | modifications, on ne 156
pourrait l'amener à présenter une faible apparence de probabilité. Au lieu de supposer la matière infinie, comme le faisait
Epicure, supposons-la finie. Un nombre fini de particules n'est
susceptible que d'un nombre fini de transpositions ; et il doit
arriver, au sein d'une durée éternelle, que tous les ordres et
toutes les positions possibles aient été nécessairement essayés
un nombre infini de fois. Ce monde, par conséquent, avec tous
ses événements, même les plus insignifiants, a déjà été produit
et détruit et sera de nouveau produit et détruit, sans terme
ni limite. Personne qui ait une conception des puissances
de l'infini, comparé au fini, ne doutera jamais de cette
conclusion [1].

Mais cela suppose, dit *Déméa*, que la matière puisse
acquérir le mouvement, sans l'intervention d'un agent
volontaire ou d'un premier moteur.

Et où est la difficulté, répondit *Philon*, de cette supposition ? Tout événement, avant l'expérience, est également
difficile et incompréhensible ; et tout événement, après l'expérience, est également facile et intelligible. Le mouvement, en
de nombreux exemples, qu'il naisse de la pesanteur, de
l'élasticité, de l'électricité, commence dans la matière, sans
agent volontaire connu ; et supposer toujours en ces cas un
agent volontaire inconnu est pure hypothèse, et une hypothèse
qui ne s'accompagne d'aucun avantage. Le commencement
du mouvement dans la matière elle-même se conçoit *a priori*
aussi bien que sa communication par l'esprit et l'intelligence.

| En outre, pourquoi ne se peut-il que le mouvement ait été 157
propagé par impulsion à travers toute l'éternité, et que la même

---

1. Shaftesbury, *Characteristicks, the moralists* : « Au cours du temps, dans
la précipitation et le choc infini des êtres, ce monde unique et particulier peut
par accident avoir jailli et pris une certaine forme (comme, parmi une infinité de
chances, il n'y a rien qui ne puisse advenir) » (II, p. 298).

of it, or nearly the same, be still upheld in the universe? As much as is lost by the composition of motion, as much is gained by its resolution. And whatever the causes are, the fact is certain, that matter is, and always has been in continual agitation, as far as human experience or tradition reaches. There is not probably, at present, in the whole universe, one particle of matter at absolute rest.

And this very consideration too, continued *Philo*, which we have stumbled on in the course of the argument, suggests a new hypothesis [1] of cosmogony, that is not absolutely absurd and improbable. Is there a system, an order, an economy of things, by which matter can preserve that perpetual agitation, which seems essential to it, and yet maintain a constancy in the forms, which it produces? There certainly is such an economy: for this is actually the case with the present world. The continual motion of matter, therefore, in less than infinite transpositions, must produce this economy or order; and by its very nature, that order, when once established, supports itself, for many ages, if not to eternity. But wherever matter is so poised, arranged, and adjusted as to continue in perpetual motion, and yet preserve a constancy in the forms, its situation must of necessity have all the same appearance of art and contrivance, which we observe at present. All the parts of each form must have a relation to each other and to the whole; and the whole itself must have a relation to the other parts of the universe, to the element, in which the form subsists; to the materials, with which it repairs its waste and decay; and to every other form,

1. hypothesis] system

quantité, ou à peu près la même, s'en maintienne dans l'univers? Autant il s'en perd par la composition du mouvement, autant il s'en gagne par sa résolution. Et quelles que soient les causes, le fait est certain, aussi loin que s'étendent l'expérience et la tradition humaines, que la matière est, et a toujours été, dans une perpétuelle agitation. Il n'y a probablement pas à présent, dans tout l'univers, une seule particule de matière qui soit en un repos absolu.

Et cette considération elle-même, poursuivit *Philon*, sur laquelle nous venons de tomber dans le cours de l'argumentation, suggère une nouvelle hypothèse[1] de cosmogonie, qui n'est pas totalement absurde et improbable. Y a-t-il un système, un ordre, une économie des choses, par laquelle la matière puisse préserver cette agitation perpétuelle, qui lui semble essentielle, et cependant maintenir une constance dans les formes qu'elle produit? Il y a certainement une telle économie; car c'est effectivement le cas avec le présent monde. Le mouvement continuel de la matière doit donc, en moins d'une infinité de transpositions, produire cette économie ou cet ordre; et par sa nature même, cet ordre, une fois établi, se soutient lui-même durant de longs âges, sinon pour l'éternité. Mais partout où la matière est équilibrée, arrangée, ajustée, de façon à demeurer en mouvement perpétuel et cependant à conserver une constance dans ses formes, sa condition doit nécessairement présenter exactement la même apparence d'art et d'organisation que nous observons à présent. Toute partie de chaque forme doit entretenir une relation avec les autres et avec le tout; et le tout lui-même | doit entretenir une relation 158 avec les autres parties de l'univers, avec l'élément dans lequel la forme subsiste, avec les matériaux avec lesquels il répare sa déperdition et son déclin, et avec toutes les autres formes

---

1. hypothèse] système

which is hostile or friendly. A defect in any of these particulars destroys the form ; and the matter, of which it is composed, is again set loose, and is thrown into irregular motions and fermentations, till it unite itself to some other regular form. If no such form be prepared to receive it, and if there be a great quantity of this corrupted matter in the universe, the universe itself is entirely disordered; whether it be the feeble embryo of a world in its first beginnings, that is thus destroyed, or the rotten carcass of one, languishing in old age and infirmity. In either case, a chaos ensues; till finite, though innumerable revolutions[1] produce at last some forms, whose parts and organs are so adjusted as to support the forms amidst a continued succession of matter.

Suppose, (for we shall endeavour to vary the expression) that matter were thrown into any position, by a blind, unguided force; it is evident that this first position must in all probability be the most confused and most disorderly imaginable, without any resemblance to those works of human contrivance, which, along with a symmetry of parts, discover an adjustment of means to ends and a tendency to self-preservation. If the actuating force cease after this operation, matter must remain forever in disorder, and continue an immense chaos, without any proportion or activity. But suppose, that the actuating force, whatever it be, still continues in matter, this first position will immediately give place to a second, which will likewise in all probability be as disorderly as the first, and so on, through many successions of changes and revolutions. No particular order or

---

1. revolutions] succession of forms and changes

qui lui sont hostiles ou amicales. Un défaut dans l'un de ces points détruit la forme ; et la matière dont elle est composée, se relâche de nouveau et retombe dans des mouvements irréguliers et des fermentations, jusqu'à ce qu'elle s'unisse à quelque autre forme régulière. Si aucune forme n'est prête à la recevoir, et s'il y a une grande quantité de cette matière corrompue dans l'univers, l'univers lui-même est plongé dans le plus grand désordre ; que ce soit le faible embryon d'un monde, en ses premiers commencements, qui est ainsi détruit, ou la carcasse pourrie d'un monde, languissant de vieillesse et d'infirmité. Dans les deux cas, il s'ensuit le chaos, jusqu'à ce que des révolutions[1], en nombre fini quoique innombrables, produisent enfin quelques formes dont les parties et les organes sont assez ajustés pour soutenir ces formes au milieu d'une succession continuelle de matière.

Supposez (nous allons essayer de varier l'expression) que la matière soit jetée dans un état quelconque, par une force aveugle et sans guide ; il est évident que ce premier état doit selon toute probabilité être le plus confus et le plus désordonné qu'on puisse imaginer, sans aucune ressemblance avec ces œuvres de l'industrie humaine qui, en même temps qu'une symétrie des parties, montre un ajustement des moyens aux fins et une tendance à la conservation de soi. Si la force qui met en action cesse après cette opération, la matière doit demeurer à jamais dans le désordre et entretenir un immense chaos, dépourvu de proportion et d'activité. | Mais supposez que la force actionnante, quelle qu'elle soit, continue d'agir dans la matière, le premier état doit immédiatement donner place à un second qui, de même, selon toute probabilité, sera aussi désordonné que le premier, et ainsi de suite, par mainte succession de changements et de révolutions. Aucun ordre, aucun état

159

---

1. révolutions] succession de formes et de changements

position ever continues a moment unaltered. The original force, still remaining in activity, gives a perpetual restlessness to matter. Every possible situation is produced, and instantly destroyed. If a glimpse or dawn of order appears for a moment, it is instantly hurried away and confounded, by that never-ceasing force, which actuates every part of matter.

Thus the universe goes on for many ages in a continued succession of chaos and disorder. But is it not possible that it may settle at last, so as not to lose its motion and active force (for that we have supposed inherent in it) yet so as to preserve a uniformity of appearance, amidst the continual motion and fluctuation of its parts? This we find to be the case with the universe at present. Every individual is perpetually changing, and every part of every individual, and yet the whole remains, in appearance, the same. May we not hope for such a position, or rather be assured of it, from the eternal revolutions of unguided matter, and may not this account for all the appearing wisdom and contrivance, which is in the universe? Let us contemplate the subject a little, and we shall find, that this adjustment, if attained by matter, of a seeming stability in the forms, with a real and perpetual revolution or motion of parts, affords a plausible, if not a true solution of the difficulty.

It is in vain, therefore, to insist upon the uses of the parts in animals or vegetables and their curious adjustment to each other. I would fain know how an animal could subsist, unless its parts were so adjusted? Do we not find, that it immediately

particulier ne parvient à durer un instant sans être altéré. La force originelle, restant en activité, communique une perpétuelle agitation à la matière. Toute condition possible est produite, et instantanément détruite. Si une lueur, une aube d'ordre apparaît fugitivement, elle est dans l'instant entrainée et brouillée, par cette force incessante qui met en action toutes les parties de la matière [1].

Ainsi l'univers s'en va d'âges en âges, dans un regain continuel de chaos et de désordre. Mais n'est-il pas possible qu'enfin il se stabilise, non pas au point de perdre son mouvement ou sa force active (car nous avons supposé qu'elle lui est inhérente), mais de façon à préserver une uniformité d'apparence, au milieu du mouvement et de la fluctuation perpétuelle de ses parties ? Tel est, nous le voyons, le cas de l'univers à présent. Tout individu est dans un perpétuel changement, ainsi que toute partie de tout individu, et cependant le tout demeure en apparence le même. Ne pouvons-nous espérer un tel état, que dis-je, l'attendre sûrement, des éternelles révolutions d'une matière sans guide ? Et ceci ne rend-il pas compte de toute l'apparente sagesse et industrie qui est dans l'univers ? Examinons un peu le sujet, et nous trouverons que cette combinaison – si la matière y parvient – d'une apparente stabilité des formes avec une réelle et perpétuelle | révolution   160 et mobilité des parties, fournit une solution plausible, sinon vraie à la difficulté.

Il est donc vain d'insister sur les fonctions des parties dans les animaux ou les végétaux, et sur leur remarquable ajustement mutuel. Je voudrais bien savoir comment un animal pourrait subsister, si ses parties n'étaient pas ainsi ajustées. Ne trouvons-nous pas qu'il périt immédiatement,

1. *Ce paragraphe, ainsi que le suivant, ont été ajoutés à la fin de la VIIIe partie, avec indications d'insertion.*

perishes whenever this adjustment ceases, and that its matter corrupting tries some new form? It happens, indeed, that the parts of the world are so well adjusted, that some regular form immediately lays claim to this corrupted matter; and if it were not so, could the world subsist? Must it not dissolve as well as the animal, and pass through new positions and situations, till in great, but finite succession, it fall at last into the present or some such order?

It is well, replied *Cleanthes*, you told us, that this hypothesis was suggested on a sudden, in the course of the argument. Had you had leisure to examine it, you would soon have perceived the insuperable objections, to which it is exposed. No form, you say, can subsist, unless it possess those powers and organs[1], requisite for its subsistence; some new order or economy must be tried, and so on, without inter-mission; till at last some order, which can support and maintain itself, is fallen upon. But according to this hypo-thesis, whence arise the many conveniences and advantages, which men and all animals possess? Two eyes, two ears are not absolutely necessary for the subsistence of the species. Human race might have been propagated and preserved, without horses, dogs, cows, sheep, and those innumerable fruits and products, which serve to our satisfaction and enjoyment. If no camels had been created for the use of man in the sandy deserts of *Africa* and *Arabia*, would the world have been dissolved? If no loadstone had been framed to give that won-derful and useful direction to the needle, would human society

1. organs] members

à chaque fois que cesse cet ajustement et que sa matière, en voie de se corrompre, essaie quelque nouvelle forme? Il arrive, certes, que les parties du monde soient si bien ajustées que quelque forme régulière revendique immédiatement cette matière corrompue; et s'il n'en était pas ainsi, le monde pourrait-il subsister? Ne devrait-il pas se dissoudre, tout comme l'animal, et passer par de nouveaux états et de nouvelles conditions, jusqu'à ce que, au terme d'une succession longue, mais finie, il retombe enfin dans l'ordre présent ou dans quelque ordre de cette sorte?

Il est heureux, répondit *Cléanthe*, que vous nous ayez dit que cette hypothèse était suggérée à l'impromptu, en cours d'argumentation. Si vous aviez eu le loisir de l'examiner, vous auriez bientôt aperçu les objections insurmontables auxquelles elle est exposée. Aucune forme, dites-vous, ne peut subsister à moins de posséder ces pouvoirs et ces organes [1] indispensables à sa subsistance : quelque ordre, quelque économie nouvelle doit être essayée, et ainsi de suite, sans interruption, jusqu'à ce qu'on tombe sur un ordre qui est capable de se soutenir et de se maintenir lui-même. Mais selon cette hypothèse, d'où naissent les nombreuses commodités et avantages dont disposent les hommes et tous les animaux? Deux yeux, deux oreilles ne sont pas absolument nécessaires pour la subsistance de l'espèce. La | race humaine aurait pu se propager et se conserver, sans chevaux, sans chiens, vaches ni moutons, sans ces innombrables fruits et produits qui servent à notre satisfaction et à notre jouissance. Si les chameaux n'avaient pas été créés pour l'usage de l'homme dans les déserts de sable de l'*Afrique* et de l'*Arabie*, le monde se fût-il dissous? Si l'aimant n'avait pas été façonné pour donner à l'aiguille cette merveilleuse et utile direction, la société

161

1. organes] membres

and the human kind have been immediately extinguished? Though the maxims of nature be in general very frugal, yet instances of this kind are far from being rare; and any one of them is a sufficient proof of design, and of a benevolent design, which gave rise to the order and arrangement of the universe.

At least, you may safely infer, said *Philo*, that the foregoing hypothesis is so far incomplete and imperfect; which I shall not scruple to allow. But can we ever reasonably expect greater success in any attempts of this nature? Or can we ever hope to erect a system of cosmogony, that will be liable to no exceptions, and will contain no circumstance repugnant to our limited and imperfect experience of the [1] analogy of nature? Your theory itself cannot surely pretend to any such advantage; even though you have run into *anthropomorphism*, the better to preserve a conformity to common experience. Let us once more put it to trial. In all instances which we have ever seen, ideas are copied from real objects, and are ectypal, not archetypal, to express myself in learned terms; you reverse this order, and give thought the precedence. In all instances which we have ever seen, thought has no influence upon matter, except where that matter is so conjoined with it, as to have an equal reciprocal influence upon it. No animal can move immediately anything but the members of its own body; and indeed, the equality of action and reaction seems to be an universal law of nature; but your theory implies a contradiction to this experience. These

---

1. our limited... experience of the] the usual

humaine et le genre humain se fussent-ils immédiatement éteints ? Bien que les maximes de la nature soient en général très économes, toutefois des cas de ce genre sont loin d'être rares, et l'un ou l'autre de ces cas suffit à prouver un dessein, un dessein bienveillant qui a donné naissance à l'ordre et à l'arrangement de l'univers.

Du moins, vous avez le droit d'inférer sans crainte, dit *Philon*, que la précédente hypothèse est, dans cette mesure, incomplète et imparfaite ; ce que je n'hésiterai pas à reconnaître. Mais pouvons-nous raisonnablement attendre davantage de succès dans des tentatives de cette nature ? Ou pouvons-nous jamais espérer dresser un système de cosmogonie qui ne soit susceptible d'aucune exception et qui ne contienne pas de circonstance contraire à l'expérience limitée et imparfaite que nous avons de l'analogie[1] de la nature ? Votre théorie elle-même ne peut sûrement pas prétendre à un tel avantage, quoique vous vous soyez jeté dans *l'anthropomorphisme*, qui est le meilleur moyen pour préserver une certaine conformité avec l'expérience commune. Mettons-la une fois de plus à l'épreuve. Dans tous les cas qui se sont jamais présentés à nous, les idées sont copiées des objets réels ; elles sont ectypiques, et non archétypiques, pour m'exprimer dans des termes savants : vous | renversez l'ordre et donnez à la 162 pensée la priorité. Dans tous les cas qui se sont jamais présentés à nous, la pensée est dépourvue d'influence sur la matière, excepté là où cette matière lui est assez unie pour avoir sur elle en retour une égale influence. Il n'est pas d'animal qui puisse mouvoir immédiatement autre chose que les membres de son propre corps ; et en vérité, l'égalité de l'action et de la réaction semble être une loi universelle de la nature. Mais votre théorie entre en contradiction avec cette expérience. Ces exemples

---

1. à l'expérience... que nous avons de l'analogie] l'habituelle analogie

instances, with many more, which it were easy to collect (particularly the supposition of a mind or system of thought that is eternal, or in other words, an animal ingenerable and immortal) these instances, I say [1], may teach, all of us, sobriety in condemning each other, and let us see, that as no system of this kind ought ever to be received from a slight analogy, so neither ought any to be rejected on account of a small incongruity. For that is an inconvenience, from which we can justly pronounce no one to be exempted.

All religious systems, it is confessed, are subject to great and insuperable difficulties. Each disputant triumphs in his turn; while he carries on an offensive war, and exposes the absurdities, barbarities, and pernicious tenets of his antagonist. But all of them, on the whole, prepare a complete triumph for the sceptic, who tells them, that no system ought ever to be embraced with regard to such subjects; for this plain reason, that no absurdity ought ever to be assented to with regard to any subject. A total suspense of judgement is here our only reasonable resource. And if every attack, as is commonly observed, and no defence, among theologians, is successful, how complete must be *his* victory, who remains always, with all mankind, on the offensive, and has himself no fixed station or abiding city, which he is ever, on any occasion, obliged to defend?

---

1. particularly the supposition … immortal] particularly the creation from nothing

de contradiction, et bien d'autres, qu'il est très facile de recueillir (en particulier, la supposition d'un esprit, d'un système de pensée qui soit éternel, ou en d'autres termes, d'un animal ingénérable et immortel[1]), ces exemples, dis-je, peuvent nous apprendre à tous la modestie, au moment de nous condamner les uns les autres, et nous fait voir qu'aucun système de cette sorte ne devrait être reçu sur la base d'une légère analogie, ni aucun autre condamné pour la raison d'une petite discordance. Car c'est là un inconvénient dont nous pouvons à bon droit prononcer que nul n'est exempt.

Tous les systèmes religieux, on le confesse, sont sujets à de grandes et insurmontables difficultés. Chaque parti triomphe à son tour, tant qu'il mène une guerre offensive et expose les absurdités, les barbaries et les dogmes pernicieux de son adversaire. Mais tous préparent, au bout du compte, un complet triomphe pour le sceptique qui leur dit qu'aucun système ne doit jamais être embrassé touchant de tels sujets, pour cette simple raison qu'aucune absurdité ne doit jamais être acceptée touchant aucun sujet. Une totale suspension de jugement est ici notre seule ressource raisonnable. Et si, | comme on l'observe ordinairement, toute attaque réussit   163 entre les théologiens, mais aucune défense, combien complète doit être *sa* victoire, à lui qui reste toujours, avec tout le genre humain[2], sur l'offensive, et n'a lui-même aucune position fixe, aucun lieu de séjour qu'il soit jamais, en aucune occasion, obligé de défendre.

---

1. en particulier, la supposition… immortel] en particulier la création à partir de rien

2. *Sic.* N. Kemp Smith, s'appuyant sur les formules qui terminent *l'Histoire naturelle de la religion*, propose de lire : *contre* toute l'humanité.

PART IX

But if so many difficulties attend the argument *a posteriori*, said *Demea*, had we not better adhere to that simple and sublime argument *a priori*, which, by offering to us infallible demonstration, cuts off at once all doubt and difficulty? By this argument too, we may prove the INFINITY of the divine attributes, which, I am afraid, can never be ascertained with certainty from any other topic. For how can an effect, which either is finite, or, for aught we know, may be so; how can such an effect, I say, prove an infinite cause? The unity too of the divine nature, it is very difficult, if not absolutely impossible, to deduce merely from contemplating the works of nature; nor will the uniformity alone of the plan, even were it allowed, give as any assurance of that attribute. Whereas the argument *a priori* –

You seem to reason, *Demea*, interposed *Cleanthes*, as if those advantages and conveniences in the abstract argument were full proofs of its solidity. But it is first proper, in my opinion, to determine what argument of this nature you choose to insist on; and we shall afterwards, from itself, better than from its *useful* consequences, endeavour to determine what value we ought to put upon it.

NEUVIÈME PARTIE

Mais si tant de difficultés accompagnent l'argument *a posteriori*, dit *Déméa*, ne ferions-nous pas mieux d'adhérer à ce simple et sublime argument *a priori* qui, en nous offrant une démonstration infaillible, dissipe immédiatement toute espèce de doute et de difficulté ? Cet argument nous permet aussi de prouver l'INFINITÉ des attributs divins qui jamais, je le crains, ne pourra être établie avec certitude par aucune autre voie. Car comment un effet qui est ou bien fini ou bien, pour autant que nous le sachions, susceptible de l'être, comment un tel effet, dis-je, peut-il prouver une cause infinie ? Il en va de même pour l'unité de la nature divine qu'il est très difficile, sinon absolument impossible, de déduire de la simple contemplation des œuvres de la nature ; et ce n'est pas la seule uniformité du plan, fût-elle même admise, qui nous donnera l'assurance de cet attribut. Tandis que l'argument *a priori* –

Vous semblez raisonner, Déméa, interrompit Cléanthe, comme si ces avantages et ces facilités qu'offre l'argument abstrait, étaient des preuves entières de sa solidité. Mais il convient d'abord, selon moi, de déterminer quel argument de cette nature vous choisissez de soutenir ; et nous essaierons ensuite, d'après cet argument lui-même, plutôt que d'après ses | conséquences *utiles*, de déterminer quelle valeur nous devons lui accorder.

166

The argument, replied *Demea*, which I would insist on is the common one. Whatever exists must have a cause or reason of its existence; it being absolutely impossible for any thing to produce itself, or be the cause of its own existence. In mounting up, therefore, from effects to causes, we must either go on in tracing an infinite succession, without any ultimate cause at all, or must at last have recourse to some ultimate cause, that is *necessarily* existent; now that the first supposition is absurd may be thus proved. In the infinite chain or succession of causes and effects, each single effect is determined to exist by the power and efficacy of that cause, which immediately preceded; but the whole eternal chain or succession, taken together, is not determined or caused by any thing; and yet it is evident that it requires a cause or reason, as much as any particular object, which begins to exist in time. The question is still reasonable, why this particular succession of causes existed from eternity, and not any other succession, or no succession at all. If there be no necessarily existent being, any supposition, which can be formed, is equally possible; nor is there any more absurdity in nothing's having existed from eternity, than there is in that succession of causes, which constitutes the universe. What was it then, which determined something to exist rather than nothing, and bestowed being on a particular possibility, exclusive of the rest? *External causes*, there are supposed to be none. *Chance* is a word without meaning. Was it *nothing*? But that can never produce anything. We must, therefore, have recourse to a necessarily existent Being who carries the REASON of his existence in himself; and who cannot

L'argument que je voudrais soutenir, répondit *Déméa*, est l'argument commun. Tout ce qui existe doit avoir une cause ou une raison de son existence, étant absolument impossible pour une chose de se produire soi-même ou d'être la cause de sa propre existence. Par conséquent, en remontant des effets aux causes, nous devons ou bien suivre le cours d'une succession infinie, sans jamais aucune cause dernière, ou bien avoir enfin recours à quelque cause dernière qui est *nécessairement* existante. Or, que la première supposition soit absurde, on peut le prouver de la façon suivante. Dans l'infinie chaîne ou succession des causes et des effets, chaque effet pris séparément est déterminé à exister par le pouvoir et l'efficace de la cause qui l'a précédé immédiatement ; mais le tout de la chaîne ou de la succession éternelle, prise dans son ensemble, n'est déterminé ni causé par rien ; et cependant, il est évident qu'elle requiert une cause ou une raison, tout autant qu'un objet particulier qui commence d'exister dans le temps. C'est encore une question raisonnable de demander pourquoi cette succession particulière de causes a existé de toute éternité, et non point telle autre succession ou pas de succession du tout. S'il n'y a pas d'Être nécessairement existant, toute supposition qui peut être forgée est également possible ; et il n'y a pas plus d'absurdité à ce que rien n'ait existé de toute éternité, qu'il n'y en a dans cette succession des causes qui constitue l'univers. Qu'est-ce qui donc a déterminé quelque chose à exister plutôt que rien et qui a accordé l'être à une possibilité particulière, à l'exclusion des autres ? *Des causes externes*, on suppose qu'il n'y en a pas. *Le hasard* est un mot sans signification. Fut-ce | *rien* ? Mais cela ne peut jamais produire quoi que ce soit. Nous devons donc avoir recours à un Être nécessairement existant, qui porte en lui-même la RAISON de son existence et qui ne saurait

167

be supposed not to exist without an express contradiction. There is, consequently, such a being, that is, there is a Deity.

I shall not leave it to *Philo*, said *Cleanthes*, (though I know that the starting objections is his chief delight) to point out the weakness of this metaphysical reasoning. It seems to me so obviously ill-grounded, and at the same time of so little consequence to the cause of true piety and religion, that I shall myself venture to show the fallacy of it.

I shall begin with observing, that there is an evident absurdity in pretending to demonstrate a matter of fact, or to prove it by any arguments *a priori*. Nothing is demonstrable unless the contrary implies a contradiction. Nothing that is distinctly conceivable implies a contradiction. Whatever we conceive as existent, we can also conceive as non-existent. There is no being, therefore, whose non-existence implies a contradiction. Consequently there is no being, whose existence is demonstrable. I propose this argument as entirely decisive, and am willing to rest the whole controversy upon it.

It is pretended, that the Deity is a necessarily existent being, and this necessity of his existence is attempted to be explained by asserting, that, if we knew his whole essence or nature, we should perceive it to be as impossible for him not to exist as for twice two not to be four. But it is evident, that this can never

être supposé ne pas exister sans une expresse contradiction [1]. Il y a par conséquent un tel Être, c'est-à-dire : il y a une Divinité.

Je ne laisserai pas à *Philon*, dit *Cléanthe*, (et pourtant je sais qu'élever des objections est son plaisir favori), le soin de relever la faiblesse de ce raisonnement métaphysique. Il me semble si manifestement mal fondé, et en même temps de si peu de conséquence pour la cause de la vraie piété et de la vraie religion, que je me risquerai moi-même à en montrer la fausseté.

Je commencerai par observer qu'il y a une absurdité évidente à prétendre démontrer une chose de fait ou la prouver par des arguments *a priori*. Rien n'est démontrable, à moins que le contraire n'implique contradiction. Rien de ce qui est distinctement concevable n'implique contradiction. Tout ce que nous concevons comme existant, nous pouvons aussi le concevoir comme non-existant. Il n'y a donc pas d'être dont la non-existence implique contradiction. En conséquence, il n'y a pas d'être dont l'existence soit démontrable. Je propose cet argument comme entièrement décisif et je consens volontiers à faire reposer sur lui toute la controverse.

On prétend que la Divinité est un être nécessairement existant ; et cette nécessité de son existence, on essaie de l'expliquer en affirmant que si nous connaissions entièrement son essence ou sa nature, nous | percevrions qu'il lui est tout   168 aussi impossible de ne pas exister que pour deux et deux de ne pas faire quatre [2]. Mais il est évident que jamais ceci n'arri-

---

1. Clarke, *A demonstration of the Being and Attributes of God* (1705), 3e proposition : « La seule idée juste d'un être existant par soi ou nécessairement existant, est l'idée d'un être dont c'est une expresse contradiction de supposer la non-existence » (p. 30).
2. Clarke, *ibid.* : « Ce doit être une nécessité absolument telle, de par sa nature propre. Or une nécessité, non relative ou dérivée, mais absolument telle, de par sa nature propre, n'est rien d'autre qu'une impossibilité manifeste, dont la supposition du contraire implique une contradiction. Par exemple, la relation d'égalité entre deux fois deux et quatre est une nécessité absolue … » (p. 31).

happen, while our faculties remain the same as at present. It will still be possible for us, at any time, to conceive the non-existence of what we formerly conceived to exist; nor can the mind ever lie under a necessity of supposing any object to remain always in being; in the same manner as we lie under a necessity of always conceiving twice two to be four. The words, therefore, *necessary existence* have no meaning; or which is the same thing, none that is consistent.

But further, why may not the material universe be the necessarily existent being, according to this pretended explication of necessity? We dare not affirm that we know all the qualities of matter; and for aught we can determine, it may contain some qualities, which, were they known, would make its non-existence appear as great a contradiction as that twice two is five. I find only one argument employed to prove, that the material world is not the necessarily existent being; and this argument is derived from the contingency both of the matter and the form of the world. « Any particle of matter » it is said[a], « may be *conceived* to be annihilated; and any form may be *conceived* to be altered. Such an annihilation or alteration, therefore, is not impossible ». But it seems a great partiality not to perceive, that the same argument extends equally to the Deity, so far as we have any conception of him; and that the mind can at least imagine him to be non-existent, or

a. Dr Clarke.

vera aussi longtemps que nos facultés resteront ce qu'elles sont à présent. Il nous sera encore possible, à tout moment, de concevoir la non-existence de ce que nous concevions précédemment exister; et l'esprit ne saurait jamais se trouver dans la nécessité de supposer qu'un objet demeure toujours dans l'être, de la même manière que nous sommes dans la nécessité de toujours concevoir que deux et deux font quatre. Ainsi, les mots *existence nécessaire*, n'ont pas de sens; ou, ce qui revient au même, aucun sens qui soit cohérent.

Mais, de plus, pourquoi ne se peut-il que l'univers matériel soit l'être nécessairement existant, selon cette prétendue explication de la nécessité? Nous n'oserons pas affirmer que nous connaissons toutes les qualités de la matière; et, pour autant que nous soyons en mesure d'en décider, elle peut contenir des qualités qui, si elles étaient connues, feraient apparaître sa non-existence comme une contradiction aussi grande que deux et deux font cinq. Je ne connais qu'un seul argument employé pour prouver que le monde matériel n'est pas l'être nécessairement existant; et cet argument est tiré de la double contingence de la matière et de la forme du monde. «De toute particule de matière, dit-on, on peut *concevoir* l'annihilation; et de toute forme on peut *concevoir* l'altération. Une telle annihilation ou une telle | altération n'est donc pas impossible» [a]. Mais il y a, semble-t-il, bien de la partialité à ne pas percevoir que le même argument s'étend également à la Divinité, dans la mesure où nous en avons une conception, et que l'esprit peut tout au moins imaginer qu'elle n'existe pas ou

169

---

a. Clarke. [*ibid.* : «Car soit que nous considérions la forme du monde, avec la disposition et le mouvement de ses parties, soit que nous considérions sa matière comme telle, sans égard à sa forme présente, il n'est rien en lui, ni le tout et chacune de ses parties, ni leur situation et leur mouvement, ni la forme et aussi la matière, qui ne soit extrêmement dépendant et arbitraire, et aussi éloigné de la nécessité que tout ce qu'on peut imaginer» (p. 43-44)].

his attributes to be altered. It must be some unknown, inconceivable qualities, which can make his non-existence appear impossible, or his attributes unalterable; and no reason can be assigned, why these qualities may not belong to matter. As they are altogether unknown and inconceivable, they can never be proved incompatible with it.

Add to this, that in tracing an eternal succession of objects, it seems absurd to inquire for a general cause or first author. How can any thing that exists from eternity, have a cause, since that relation implies a priority in time and a beginning of existence?

In such a chain too, or succession of objects, each part is caused by that which preceded it, and causes that which succeeds it. Where then is the difficulty? But the WHOLE, you say, wants a cause. I answer, that the uniting of these parts into a whole, like the uniting of several distinct counties into one kingdom, or several distinct members into one body, is performed merely by an arbitrary act of the mind, and has no influence on the nature of things. Did I show you the particular causes of each individual in a collection of twenty particles of matter, I should think it very unreasonable, should you afterwards ask me, what was the cause of the whole twenty. This is sufficiently explained in explaining the cause of the parts.

Though the reasonings, which you have urged, *Cleanthes*, may well excuse me, said *Philo*, from starting any further difficulties, yet I cannot forbear insisting still upon another topic. It is observed by arithmeticians, that the products of 9 compose always either 9 or some lesser product of 9, if you add together all the characters, of which any of the former products is composed. Thus, of 18, 27, 36, which are

que ses attributs sont altérés. Il faut qu'il y ait des qualités inconnues, inconcevables, pour faire apparaître sa non-existence impossible, ou ses attributs inaltérables ; et aucune raison n'est avancée, pour laquelle ces qualités ne pourraient pas appartenir à la matière. Comme elles sont entièrement inconnues et inconcevables, on ne peut prouver qu'elles seraient incompatibles avec elle.

Ajoutez à ceci qu'en suivant le cours d'une éternelle succession d'objets, il semble absurde de s'enquérir d'une cause générale ou d'un premier auteur. Comment une chose qui existe de toute éternité peut-elle avoir une cause, puisque cette relation implique une priorité dans le temps et un commencement d'existence ?

Par ailleurs, dans une telle chaîne ou succession d'objets, chaque partie est causée par celle qui l'a précédée, et cause celle qui la suit. Où est donc la difficulté ? Mais le TOUT, dites-vous, a besoin d'une cause. Je réponds que l'union de ces parties en un tout, de même que l'union de plusieurs comtés distincts en un seul royaume, ou de plusieurs membres distincts en un seul corps, résulte simplement d'un acte arbitraire de l'esprit, et n'a pas d'influence sur la nature des choses. Si je vous montrais les causes particulières de chaque individu dans une collection de vingt particules de | matière, je trouverais fort déraisonnable que vous vinssiez ensuite me demander la cause des vingt, prises en un tout. Cela est suffisamment expliqué par l'explication de la cause des parties.

Bien que les raisonnements que vous avez fait valoir, Cléanthe, puisse bien me dispenser, dit Philon, de soulever d'autres difficultés, cependant je ne puis m'empêcher d'insister encore sur un autre point. Les arithméticiens observent que les multiples de 9 font toujours 9 ou quelque multiple plus petit de 9, si l'on additionne ensemble tous les chiffres dont l'un de ces multiples est composé. Ainsi, de 18, 27, 36, qui sont des

170

products of 9, you make 9 by adding 1 to 8, 2 to 7, 3 to 6. Thus 369, is a product also of 9; and if you add 3, 6, and 9, you make 18, a lesser product of 9[b]. To a superficial observer, so wonderful a regularity may be admired as the effect either of chance or design; but a skilful algebraist immediately concludes it to be the work of necessity, and demonstrates, that it must for ever result from the nature of these numbers. Is it not probable, I ask, that the whole economy of the universe is conducted by a like necessity, though no human algebra can furnish a key, which solves the difficulty? And instead of admiring the order of natural beings, may it not happen, that, could we penetrate into the intimate nature of bodies, we should clearly see why it was absolutely impossible, they could ever admit of any other disposition? So dangerous is it to introduce this idea of necessity into the present question! And so naturally does it afford an inference directly opposite to the religious hypothesis!

But dropping all these abstractions, continued *Philo*, and confining ourselves to more familiar topics, I shall venture to add an observation, that the argument *a priori* has seldom been found very convincing, except to people of a metaphysical head, who have accustomed themselves to abstract reasoning, and who finding from mathematics, that the understanding frequently leads to truth, through obscurity and contrary to first appearances, have transferred the same habit of thinking to subjects, where it ought not to have place. Other people, even of good sense and the best incli-

b. *Republique des Lettres*. Août 1685.

multiples de 9, on obtient 9 en additionnant 1 à 8, 2 à 7, 3 à 6. Ainsi, 369 est aussi un multiple de 9; et si l'on additionne 3, 6 et 9, on obtient 18 qui est un multiple plus petit de 9[b]. Il se peut qu'un observateur superficiel admire une si merveilleuse régularité comme étant l'effet du hasard ou du dessein; mais un algébriste averti conclut immédiatement qu'elle est l'œuvre de la nécessité, et il démontre qu'elle doit toujours suivre de la nature de ces nombres. N'est-il point probable, je vous prie, que toute l'économie de l'univers soit régie par une nécessité semblable, bien qu'aucune algèbre humaine ne fournisse la clé propre à résoudre la difficulté? Et, au lieu d'admirer l'ordre des êtres naturels, ne pourrait-il se faire que, si nous pouvions pénétrer dans la nature intime des corps, nous verrions clairement pourquoi il était absolument impossible qu'ils admettent jamais quelque autre disposition? Tant il est dangereux d'introduire cette idée de nécessité dans la présente question! Et tant elle prête naturellement à | une inférence directement opposée à l'hypothèse religieuse[1].   171

Mais pour quitter toutes ces abstractions, poursuivit *Philon* et pour nous limiter à des sujets plus familiers, je me hasarderai à ajouter une observation: rarement, l'argument *a priori* s'est montré très convaincant, sauf pour des personnes à tête métaphysique, s'étant accoutumées au raisonnement abstrait, qui, trouvant qu'en mathématiques l'entendement conduit fréquemment à la vérité par l'obscurité et par une voie contraire aux premières apparences, ont transféré cette habitude de pensée à des sujets où elle ne doit pas trouver place. Quant aux autres esprits, même de bon sens et les mieux

---

b. *Nouvelles de la République des Lettres*, septembrre 1685, Amsterdam, article II, p. 944-945.

1. *Paragraphe ajouté à la fin de la IXe partie, avec indications d'insertion; barré, puis rétabli.*

ned to religion, feel always some deficiency in such arguments, though they are not perhaps able to explain distinctly where it lies. A certain proof, that men ever did, and ever will derive their religion from other sources than this species of reasoning.

disposés envers la religion, ils sentent toujours quelque défaut en de tels arguments, encore qu'ils ne soient pas capables peut-être d'expliquer distinctement où ce défaut repose. Preuve certaine que les hommes ont toujours tiré et toujours tireront leur religion d'autres sources que de cette espèce de raisonnement.

PART X

It is my opinion, I own, replied *Demea*, that each man feels, in a manner, the truth of religion within his own breast; and from a consciousness of his imbecility and misery, rather than from any reasoning, is led to seek protection from that Being, on whom he and all nature is dependent. So anxious or so tedious are even the best scenes of life, that futurity is still the object of all our hopes and fears. We incessantly look forward, and endeavour, by prayers, adoration, and sacrifice, to appease those unknown powers, whom we find, by experience, so able to afflict and oppress us. Wretched creatures that we are! What resource for us amidst the innumerable ills of life, did not religion suggest some methods of atonement, and appease those terrors, with which we are incessantly agitated and tormented?

I am indeed persuaded, said *Philo*, that the best and indeed the only method of bringing everyone to a due sense of religion is by just representations of the misery and wickedness of men. And for that purpose a talent of eloquence and strong imagery is more requisite than that of reasoning and argument. For is it necessary to prove, what everyone feels within himself?

DIXIÈME PARTIE

C'est mon opinion, je l'avoue, répondit *Déméa*, que chaque homme éprouve, en quelque manière, la vérité de la religion au fond de son propre cœur, et que c'est la conscience de sa faiblesse et de sa misère, plutôt qu'aucun raisonnement, qui le pousse à rechercher une protection auprès de cet Être dont il dépend ainsi que toute la nature. Les meilleures scènes de la vie sont elles-mêmes si chargées d'inquiétude et d'ennui que le futur reste l'objet de tous nos espoirs et de toutes nos craintes. Nous ne cessons de regarder en avant et nous essayons par des prières, par l'adoration et par le sacrifice, d'apaiser ces puissances inconnues que nous trouvons, par expérience, si capables de nous affliger et de nous opprimer. Misérables créatures que nous sommes ! quelle ressource serait la nôtre, au sein des maux innombrables de la vie, si la religion ne nous suggérait des formes d'expiation et n'apaisait ces terreurs dont nous sommes incessamment agités et tourmentés ?

Je suis en vérité persuadé, dit *Philon*, que la meilleure et, à vrai dire, la seule façon d'amener chacun au juste sentiment de la religion est de représenter véridiquement la misère et la méchanceté des hommes. Et à | cette fin, le talent de l'éloquence et l'art de peindre de fortes images sont plus nécessaires que celui du raisonnement et de l'argumentation. Car est-il besoin de prouver ce que chacun ressent au fond de lui-même ?

It is only necessary to make us feel it, if possible, more intimately and sensibly.

The people, indeed, replied *Demea*, are sufficiently convinced of this great and melancholy truth. The miseries of life, the unhappiness of man, the general corruptions of our nature, the unsatisfactory enjoyment of pleasures, riches, honours : these phrases have become almost proverbial in all languages. And who can doubt of what all men declare from their own immediate feeling and experience ?

In this point, said *Philo*, the learned are perfectly agreed with the vulgar; and in all letters, *sacred* and *profane*, the topic of human misery has been insisted on with the most pathetic eloquence, that sorrow and melancholy could inspire. The poets, who speak from sentiment, without a system, and whose testimony has therefore the more authority, abound in images of this nature. From *Homer* down to *Dr Young*, the whole inspired tribe have ever been sensible, that no other represen-tation of things would suit the feeling and observation of each individual.

As to authorities, replied *Demea*, you need not seek them. Look round this library of *Cleanthes*. I shall venture to affirm, that, except authors of particular sciences, such as chemistry or botany, who have no occasion to treat of human life, there scarce is one of those innumerable writers, from whom the sense of human misery has not, in some passages or other, extorted a complaint and confession of it. At least, the chance is entirely on that side; and no one author has ever, so far as I can recollect, been so extravagant as to deny it.

Il suffit de nous le faire éprouver, si cela est possible, d'une manière plus intime et plus sensible.

Les gens, en vérité, répondit *Déméa*, sont assez convaincus de cette grande et mélancolique vérité. Les misères de la vie, l'infélicité de l'homme, la corruption générale de notre nature, la jouissance frustrante des plaisirs, des richesses, des honneurs : autant de formules devenues presque proverbiales en toute langue. Et qui peut douter de ce que tous les hommes déclarent d'après leur propre sentiment et leur propre expérience immédiate ?

Sur ce point, dit *Philon*, les gens instruits sont parfaitement d'accord avec le vulgaire ; et partout dans les lettres, tant *sacrées* que *profanes*, le sujet de la misère humaine a été développé avec la plus pathétique éloquence que le chagrin et la mélancolie pouvaient inspirer. Les poètes, qui tiennent le langage du sentiment, sans faire de système, et dont le témoignage a donc d'autant plus d'autorité, abondent en images de cette nature. Depuis *Homère* jusqu'au *Dr Young*, toute la tribu inspirée a toujours bien vu qu'aucune autre représentation des choses ne serait conforme au sentiment et à l'observation de chacun, en particulier.

Quant aux autorités, répondit *Déméa*, vous n'avez pas besoin d'en chercher. Regardez autour de vous la bibliothèque de *Cléanthe*. Je me risquerai à affirmer que, à l'exception des auteurs traitant de sciences particulières, | comme la chimie ou 175 la botanique, qui n'ont pas l'occasion de parler de la vie humaine, il est à peine un seul de ces innombrables écrivains à qui le sentiment de la misère humaine n'en ait, à tel ou tel endroit, arraché la plainte ou l'aveu. Du moins, toutes les chances sont de ce côté et je ne me souviens pas d'auteur qui ait été assez extravagant pour la nier.

There you must excuse me, said *Philo* : *Leibniz* has denied it; and is perhaps the first[a], who ventured upon so bold and paradoxical an opinion; at least, the first, who made it essential to his philosophical system.

And by being the first, replied *Demea*, might he not have been sensible of his error? For is this a subject, in which philosophers can propose to make discoveries, especially in so late an age? And can any man hope by a simple denial (for the subject scarcely admits of reasoning) to bear down the united testimony of mankind, founded on sense and consciousness?

And why should man, added he, pretend to an exemption from the lot of all other animals? The whole earth, believe me, *Philo*, is cursed and polluted. A perpetual war is kindled amongst all living creatures. Necessity, hunger, want stimulate the strong and courageous : fear, anxiety, terror agitate the weak and infirm. The first entrance into life gives anguish to the new-born infant and to its wretched parent; weakness, impotence, distress attend each stage of that life; and it is at last finished in agony and horror.

Observe, too, says *Philo*, the curious artifices of nature, in order to embitter the life of every living being. The stronger prey upon the weaker, and keep them in perpetual terror and anxiety. The weaker too, in their turn, often prey upon the stronger, and vex and molest them without relaxation. Consider that innumerable race of insects, which either are bred on the body of each animal, or flying about infix

---

a. That sentiment had been maintained by Dr King and some few others before Leibniz; though by none of so great a fame as that German philosopher.

Ici vous devez m'excuser, dit *Philon*, *Leibniz* l'a niée ; et il est peut-être le premier[a] qui se soit risqué à une opinion aussi osée et paradoxale ; du moins le premier qui en ait fait une partie essentielle de son système philosophique.

Et à être le premier, répondit *Déméa*, n'aurait-il pas pu prendre conscience de son erreur ? Est-ce un sujet sur lequel les philosophes puissent se proposer de faire des découvertes, surtout à une époque si tardive ? Et un homme peut-il espérer par une simple négation (car le sujet admet à peine le raisonnement) ravaler le témoignage concordant de l'humanité, fondé sur le sentiment et la conscience ?

Et pourquoi, ajouta-t-il, l'homme prétendrait-il être exempté du sort de tous les autres animaux ? Toute la terre, croyez-moi, *Philon*, est maudite et souillée. Une guerre perpétuelle est allumée entre les créatures vivantes. La nécessité, la faim, le besoin, stimulent les forts et les courageux ; la crainte, l'anxiété, la terreur, agitent les faibles et les infirmes. Dès l'abord, l'entrée dans la vie est source d'angoisse pour l'enfant nouveau-né et pour sa misérable mère. Faiblesse, impuissance, | détresse, accompagnent chaque étape de la vie ; laquelle s'achève enfin dans l'agonie et l'horreur. 176

Observez également, dit *Philon*, les remarquables artifices de la nature, en vue de rendre plus amère la vie de tout être vivant. Les plus forts font leur proie des plus faibles et les tiennent dans une perpétuelle terreur et inquiétude. Les plus faibles, à leur tour, font souvent leur proie des plus forts, les tourmentent et les harcèlent sans relâche. Considérez cette innombrable engeance d'insectes qui se nourrissent sur le corps de chaque animal ou qui, volant à l'entour, y enfoncent

---

a. Ce sentiment a été soutenu par le Dr King et quelques autres avant Leibniz, mais par nul dont la renommée égale celle du philosophe allemand [William King, *De origine mali* (1702), traduit par E. Law sous le titre *An Essay on the Origin of Evil* (1731)].

their stings in him. These insects have others still less than themselves, which torment them. And thus on each hand, before and behind, above and below, every animal is surrounded with enemies, which incessantly seek his misery and destruction.

Man alone, said *Demea*, seems to be, in part, an exception to this rule. For by combination in society, he can easily master lions, tigers, and bears, whose greater strength and agility naturally enable them to prey upon him.

On the contrary, it is here chiefly, cried *Philo*, that the uniform and equal maxims of nature are most apparent. Man, it is true, can, by combination, surmount all his *real* enemies, and become master of the whole animal creation; but does he not immediately raise up to himself *imaginary* enemies, the demons of his fancy, who haunt him with superstitious terrors and blast every enjoyment of life? His pleasure, as he imagines, becomes, in their eyes, a crime; his food and repose give them umbrage and offence; his very sleep and dreams furnish new materials to anxious fear; and even death, his refuge from every other ill, presents only the dread of endless and innumerable woes. Nor does the wolf molest more the timid flock, than superstition does the anxious breast of wretched mortals.

Besides, consider, *Demea*, this very society, by which we surmount those wild beasts, our natural enemies; what new enemies does it not raise to us? What woe and misery does it not occasion? Man is the greatest enemy of man. Oppression, injustice, contempt, contumely, violence, sedition, war, calumny, treachery, fraud; by these they mutually torment each other; and they would soon dissolve that

leur dard. Ces insectes en ont d'autres, encore plus petits qu'eux, qui les tourmentent. Et ainsi, de chaque côté, devant et derrière, dessus et au dessous, chaque animal est entouré d'ennemis qui ne laissent de travailler à sa misère et à sa destruction.

L'homme seul, dit *Déméa*, semble en partie faire exception à cette règle. Car en s'unissant en société il peut aisément maîtriser les lions, les tigres et les ours, qui, plus forts et plus agiles, peuvent naturellement faire de lui leur proie.

Bien au contraire, s'écria *Philon*, c'est ici surtout que l'uniformité et l'égalité des maximes de la nature sont les plus apparentes. L'homme, il est vrai, peut par association l'emporter sur tous ses ennemis *réels*, et devenir le maître de toute la création animale; mais ne se crée-t-il pas immédiatement à lui-même des ennemis *imaginaires*, démons de sa fantaisie qui le hantent de superstitieuses terreurs et flétrissent toutes les jouissances de la vie? Son plaisir, à ce qu'il imagine, devient à leurs yeux un crime; sa nourriture et son repos leur donnent de l'ombrage et les offensent; son sommeil encore et ses rêves fournissent une nouvelle matière à sa crainte inquiète; et même la mort, son refuge contre | tout autre mal, ne 177 ne lui offre que la terreur d'afflictions sans nombre et sans fin. Le loup ne harcèle pas le timide troupeau avec plus de rigueur que la superstition le cœur inquiet des misérables mortels.

En outre, remarquez-le, *Déméa*, cette société même par laquelle nous triomphons des bêtes sauvages, nos ennemis naturels, quels nouveaux ennemis ne dresse-t-elle pas contre nous? Quelle affliction, quelle misère ne suscite-t-elle pas? L'homme est le plus grand ennemi de l'homme. L'oppression, l'injustice, le mépris, l'outrage, la violence, la sédition, la guerre, la calomnie, la trahison, la fraude: c'est par là qu'ils se tourmentent mutuellement; et bientôt ils auraient dissout cette

society which they had formed, were it not for the dread of still greater ills, which must attend their separation.

But though these external insults, said *Demea*, from animals, from men, from all the elements which assault us, form a frightful catalogue of woes, they are nothing in comparison of those, which arise within ourselves, from the distempered condition of our mind and body. How many lie under the lingering torment of diseases. Hear the pathetic enumeration of the great poet.

> Intestine stone and ulcer, colic pangs,
> Daemoniac frenzy, moping melancholy,
> And moon-struck madness, pining atrophy,
> Marasmus and wide wasting pestilence.
> Dire was the tossing, deep the groans : DESPAIR
> Tended the sick, busiest from couch to couch.
> And over them triumphant DEATH his dart
> Shook, but delayed to strike, though oft invoked
> With vows, as their chief good and final hope.

The disorders of the mind, continued *Demea*, though more secret, are not perhaps less dismal and vexatious. Remorse, shame, anguish, rage, disappointment, anxiety, fear, dejection, despair : who has ever passed through life without cruel inroads from these tormentors? How many have scarcely ever felt any better sensations? Labour and poverty, so abhorred by everyone, are the certain lot of the far greater number; and those few privileged persons, who enjoy ease and opulence, never reach contentment or true felicity. All the goods of life united would not make a very happy man; but all

société qu'ils ont formée, n'était la crainte de plus grands maux encore, qui ne manqueraient pas d'accompagner leur séparation.

Mais bien que ces offenses extérieures, dit *Déméa*, dont les animaux, les hommes, tous les éléments, nous assaillent, forment un effrayant catalogue d'afflictions, elles ne sont rien en comparaison de celles qui naissent du dedans de nous-mêmes, de l'état désordonné de notre esprit et de notre corps. Combien subissent le long tourment des maladies ! Écoutez la pathétique litanie du grand poète :

Pierre de l'intestin et ulcère, coliques poignantes,
Frénésie démoniaque, sombre mélancolie
Et folie lunatique, atrophie languissante,
Marasme et peste au large ravage.
Affreuse était l'agitation, profonds les gémissements.
Le DÉSESPOIR
Veillait les malades, s'affairant de couche en couche.
Et sur eux, triomphante, la MORT brandissait son dard,
| Mais tardait à frapper, quoiqu'ils l'appelassent souvent
De leurs vœux, comme leur bien principal et leur espoir final [1].

178

Les désordres de l'esprit, poursuivit *Déméa*, bien que plus secrets, ne sont peut-être pas moins attristants ni moins torturants. Le remords, la honte, l'angoisse, la rage, le désappointement, l'anxiété, la crainte, l'abattement, le désespoir : qui a jamais traversé la vie sans être cruellement harcelé par ces tourments ? Combien n'ont guère éprouvé jamais de meilleures sensations ? Le travail et la pauvreté, si abhorrés de tous, sont le lot assuré du plus grand nombre ; et les quelques privilégiés qui jouissent du bien-être et de l'opulence, n'atteignent jamais au contentement ou à la vraie félicité. Tous les biens de la vie réunis ne feraient pas le bonheur d'un homme ; mais tous

1. Milton, *le Paradis perdu*, XI, 485-493.

the ills united would make a wretch indeed, and any one of them almost (and who can be free from every one) nay often the absence of one good (and who can possess all) is sufficient to render life ineligible.

Were a stranger to drop, on a sudden, into this world, I would show him, as a specimen of its ills, a hospital full of diseases, a prison crowded with malefactors and debtors, a field of battle strewed with carcasses, a fleet foundering in the ocean, a nation languishing under tyranny, famine, or pestilence. To turn the gay side of life to him, and give him a notion of its pleasures, whither should I conduct him? to a ball, to an opera, to court? He might justly think that I was only showing him a diversity of distress and sorrow.

There is no evading such striking instances, said *Philo*, but by apologies, which still farther aggravate the charge. Why have all men, I ask, in all ages, complained incessantly of the miseries of life? — They have no just reason, says one : these complaints proceed only from their discontented, repining, anxious disposition — And can there possibly, I reply, be a more certain foundation of misery, than such a wretched temper?

But if they were really as unhappy as they pretend, says my antagonist, why do they remain in life?

Not satisfied with life, afraid of death.

This is the secret chain, say I, that holds us. We are terrified, not bribed to the continuance of our existence.

It is only a false delicacy, he may insist, which a few refined spirits indulge, and which has spread these complaints among the whole race of mankind — And what is this delicacy, I ask,

les maux réunis feraient en vérité sa totale infortune; un seul de ces maux ou presque (et qui peut être affranchi de tous?), voire souvent l'absence d'un seul bien (et qui peut les posséder tous?), suffit à rendre la vie indésirable.

Si un étranger venait à tomber tout à coup en ce monde, je lui montrerais, comme spécimen des maux qu'on y trouve, un hôpital plein de maladies, une prison surpeuplée de malfaiteurs et de débiteurs, un champ de bataille jonché de cadavres, une flotte sombrant dans l'océan, une nation ployant sous la tyrannie, la famine ou la peste. Pour tourner vers lui le côté gai de la vie et lui donner une notion de ses plaisirs, où le conduirais-je? Au bal, à l'opéra, à la cour? Il n'aurait pas tort de penser que je me suis contenté de varier à ses yeux le spectacle de la détresse et du chagrin.

On ne peut éluder des exemples si frappants, dit *Philon*, sinon par des justifications qui aggravent encore | le réquisi- 179 toire. Pourquoi, je le demande, tous les hommes n'ont-ils cessé en tout temps de se plaindre des misères de la vie? — Ils n'ont pas de bonne raison, me répond-on, ces plaintes prennent leur source dans la disposition mal contente, chagrine et inquiète, qui est la leur. — Et je réponds à mon tour: est-il principe de misère plus certain qu'un si infortuné tempérament?

Mais s'ils étaient vraiment aussi malheureux qu'ils le prétendent, dit mon adversaire, pourquoi restent-ils en vie?

Insatisfaits de la vie, craignant la mort.

Voilà, dis-je, la chaîne secrète qui nous retient. Nous sommes poussés par la terreur, et non par la séduction, à poursuivre notre existence.

Ce n'est qu'une fausse délicatesse, insistera-t-il, à laquelle s'abandonnent quelques esprits raffinés et par laquelle ces plaintes se sont répandues à travers tout le genre humain. — Et

which you blame? Is it anything but a greater sensibility to all the pleasures and pains of life? And if the man of a delicate, refined temper, by being so much more alive than the rest of the world, is only so much more unhappy, what judgement must we form in general of human life?

Let men remain at rest, says our adversary; and they will be easy. They are willing artificers of their own misery — No! reply I: an anxious languor follows their repose; disappointment, vexation, trouble, their activity and ambition.

I can observe something like what you mention in some others, replied *Cleanthes*; but I confess, I feel little or nothing of it in myself; and hope that it is not so common as you represent it.

If you feel not human misery yourself, cried *Demea*, I congratulate you on so happy a singularity. Others, seemingly the most prosperous, have not been ashamed to vent their complaints in the most melancholy strains. Let us attend to the great, the fortunate emperor, *Charles* the fifth, when, tired with human grandeur, he resigned all his extensive dominions into the hands of his son. In the last harangue, which he made on that memorable occasion, he publicly avowed, *that the greatest prosperities which he had ever enjoyed, had been mixed with so many adversities, that he might truly say he had never enjoyed any satisfaction or contentment.* But did the retired life,

je demande : qu'est-ce que cette délicatesse que vous blâmez ?
Est-ce autre chose qu'une sensibilité plus grande à tous les
plaisirs et à toutes les peines de la vie ? Et si l'homme d'un
tempérament plus délicat et plus raffiné, pour être plus vivant
que le reste du monde, n'est que d'autant plus malheureux, quel
jugement devons-nous porter en général sur la vie humaine ?

Laissez les hommes au repos, dit notre adversaire, et ils
seront contents. Ils sont les artisans volontaires de leur propre
misère. — Non, répondrai-je, une inquiète langueur suit leur
repos ; le désappointement, le tourment, le trouble, suivent leur
activité et leur ambition.

Je puis observer chez autrui quelque chose comme ce que
vous mentionnez, répondit *Cléanthe* ; mais je l'avoue, je
ressens peu ou rien de cela en moi-même ; et | j'espère que ce   180
n'est pas aussi commun que vous le représentez.

Si vous ne sentez pas vous-même la misère humaine,
s'écria *Déméa*, je vous félicite d'une si heureuse singularité.
D'autres, qui en apparence étaient les plus prospères, n'ont pas
eu honte d'exhaler leurs plaintes avec les accents les plus
mélancoliques. Considérons le grand, l'heureux empereur
Charles-Quint, quand, las de l'humaine grandeur, il résigna
tous ses vastes royaumes entre les mains de son fils. Dans la
dernière harangue qu'il fit en cette mémorable occasion, il
avoua publiquement que *les plus grandes prospérités dont il
avait jamais joui, avaient été mêlées de tant d'adversités qu'il
pouvait déclarer véridiquement qu'il n'avait jamais goûté
aucune satisfaction ni aucun contentement*[1]. Mais la vie

---

1. *Cf.* Bayle, *Dictionnaire historique et critique*, art. « Charles-Quint »,
note K : « Son histoire n'est qu'un mélange de bonheur et de malheur. Il avoua
lui-même dans la harangue qu'il fit en se dépouillant de tous ses états que les
plus grandes prospérités qu'il avait jamais eues dans le monde, avaient été
mêlées de tant d'adversités qu'il pouvait dire n'avoir jamais eu de contentement ».

in which he sought for shelter, afford him any greater happiness? If we may credit his son's account, his repentance commenced the very day of his resignation.

Cicero's fortune, from small beginnings, rose to the greatest lustre and renown; yet what pathetic complaints of the ills of life do his familiar letters, as well as his philosophical discourses, contain? And suitably to his own experience, he introduces *Cato*, the great, the fortunate *Cato*, protesting in his old age, that, had he a new life in his offer, he would reject the present.

Ask yourself, ask any of your acquaintance, whether they would live over again the last ten or twenty years of their life. No! But the next twenty, they say, will be better.

> And from the dregs of life, hope to receive
> What the first sprightly running could not give.

Thus at last they find (such is the greatness of human misery; it reconciles even contradictions) that they complain, at once, of the shortness of life, and of its vanity and sorrow.

And is it possible, *Cleanthes*, said *Philo*, that after all these reflections, and infinitely more, which might be suggested, you can still persevere in your anthropomorphism, and assert the moral attributes of the Deity, his justice, benevolence, mercy, and rectitude, to be of the same nature with these virtues in human creatures? His power we allow is infinite; whatever he wills is executed; but neither man nor any other animal is

retirée dans laquelle il chercha refuge, lui apporta-t-elle un plus grand bonheur? Si nous pouvons en croire le rapport de son fils, il se repentit le jour même de sa résignation.

La fortune de *Cicéron*, après de médiocres commencements, s'éleva au sommet de la gloire et de la renommée; et pourtant, quelles plaintes pathétiques sur les maux de la vie contiennent ses lettres familières, aussi bien que ses discours philosophiques? Et conformément à sa propre expérience, il montre *Caton*, le grand, le fortuné *Caton*, protestant dans son vieil âge, que si on lui offrait une nouvelle vie, il refuserait le présent[1].

| Demandez vous, demandez à tous ceux de votre   181
connaissance, s'ils voudraient revivre les dix ou vingt dernières années de leur vie. Non! Mais les vingt prochaines années, disent-ils, seront meilleures.

> Et de la lie de la vie, ils espèrent recevoir
> Ce que le premier courant, dans sa fougue, ne sut donner[2].

Ainsi, finissent-ils par découvrir (car telle est la grandeur de la misère humaine : elle réconcilie même les contradictions) qu'ils se lamentent de la brièveté de la vie, en même temps que de sa vanité et de son amertume.

Et est-il possible, *Cléanthe*, dit *Philon*, qu'après toutes ces réflexions, et une infinité d'autres qu'on pourrait suggérer, vous persistiez encore dans votre anthropomorphisme et souteniez que les attributs moraux de la Divinité, sa justice, sa bienveillance, sa miséricorde, et sa probité sont d'une nature semblable à ces mêmes vertus dans les créatures humaines? Sa puissance, nous la posons infinie : tout ce qu'elle veut est exécuté; mais ni l'homme, ni aucun autre animal, ne sont

---

1. Cicéron, « *Caton l'Ancien* », *de la vieillesse*, XXIII, 83.
2. John Dryden, *Aureng-Zebe*, acte IV, sc. 1, 41-42.

happy; therefore he does not will their happiness. His wisdom is infinite; he is never mistaken in choosing the means to any end; but the course of nature tends not to human or animal felicity; therefore it is not established for that purpose. Through the whole compass of human knowledge, there are no inferences more certain and infallible than these. In what respect, then, do his benevolence and mercy resemble the benevolence and mercy of men?

Epicurus's old questions are yet unanswered. Is he willing to prevent evil, but not able? then is he impotent. Is he able, but not willing? then is he malevolent. Is he both able and willing? Whence then is evil?

You ascribe *Cleanthes*, (and I believe justly), a purpose and intention to nature. But what, I beseech you, is the object of that curious artifice and machinery, which she has displayed in all animals? The preservation alone of individuals and propagation of the species. It seems enough for her purpose, if such a rank be barely upheld in the universe, without any care or concern for the happiness of the members that compose it. No resource for this purpose; no machinery, in order merely to give pleasure or ease; no fund of pure joy and contentment; no indulgence without some want or necessity, accompanying it.

heureux; donc elle ne veut pas leur bonheur. Sa sagesse est infinie : elle ne se trompe jamais dans le choix des moyens qui mènent à la fin; mais le cours de la nature ne tend pas à la félicité humaine ou animale; donc il n'est pas établi dans ce but. Dans tout le champ de la connaissance humaine, il n'est pas d'inférences plus certaines et plus infaillibles que celles-ci. Sous quel rapport, dès lors, la bienveillance et la miséricorde de la Divinité ressemblent-elles à la bienveillance et à la miséricorde des hommes?

Les vieilles questions *d'Epicure* restent encore sans réponse. La Divinité veut-elle empêcher le mal, sans en | être 182 capable? Elle est alors impuissante. En est-elle capable, mais sans en avoir la volonté? Elle est alors malveillante. En a-t-elle à la fois le pouvoir et la volonté? D'où vient alors que le mal soit[1]?

Vous attribuez, *Cléanthe*, (et je crois, justement) un but et une intention à la nature. Mais quel est, je vous en conjure, l'objet de cet artifice et de ce mécanisme singulier qu'elle a mis en œuvre dans tous les animaux? Uniquement la préservation des individus et la propagation de l'espèce. Il semble suffire à son but, simplement de maintenir dans l'univers tel ou tel lignage, sans souci ni attention portée au bonheur des membres qui le composent. Nulle provision pour ce dernier but; nul mécanisme ayant pour seule fin de donner plaisir et bien-être; nul fonds de pure joie et de contentement; nul assouvissement qui ne réponde à quelque besoin ou quelque nécessité.

---

1. *Cf.* Bayle, *Dictionnaire historique et critique*, art. « Pauliciens », note E. Bayle cite en latin les propos d'Epicure rapportés par Lactance. « Dieu, dit Epicure, ou veut ôter le mal et ne le peut pas; ou il le peut et ne le veut pas; ou il ne le veut ni ne le peut; ou il le veut et le peut. S'il le veut et ne le peut pas, il est impuissant, ce qui ne saurait être le fait de Dieu. S'il le peut et ne le veut pas, il est jaloux, ce qui est également étranger à Dieu. S'il ne le veut ni ne le peut, il est jaloux et impuissant, et par conséquent, il n'est pas Dieu. S'il le veut et le peut, ce qui seul s'accorde à Dieu, d'où vient donc le mal? ».

At least, the few phenomena of this nature are overbalanced by opposite phenomena of still greater importance.

Our sense of music, harmony, and indeed beauty of all kinds gives satisfaction, without being absolutely necessary to the preservation and propagation of the species. But what racking pains, on the other hand, arise from gouts, gravels, megrims, toothaches, rheumatisms, where the injury to the animal-machinery is either small or incurable? Mirth, laughter, play, frolic seem gratuitous satisfactions, which have no further tendency; spleen, melancholy, discontent, superstition, are pains of the same nature. How then does the divine benevolence display itself, in the sense of you, anthropomorphites? None but we mystics, as you were pleased to call us, can account for this strange mixture of phenomena, by deriving it from attributes, infinitely perfect, but incomprehensible.

And have you, at last, said *Cleanthes* smiling, betrayed your intentions, *Philo*? Your long agreement with *Demea* did indeed a little surprise me; but I find you were all the while erecting a concealed battery against me. And I must confess that you have now fallen upon a subject, worthy of your noble spirit of opposition and controversy. If you can make out the present point, and prove mankind to be unhappy or corrupted, there is an end at once of all religion. For to what purpose establish the natural attributes of the Deity, while the moral are still doubtful and uncertain?

You take umbrage very easily, replied *Demea*, at opinions the most innocent, and the most generally received even amongst the religious and devout themselves; and nothing can be more surprising than to find a topic like

Du moins, les rares phénomènes de cette nature le cèdent-ils aux phénomènes opposés, d'une bien plus grande importance.

Notre sens de la musique, de l'harmonie et, en vérité, de toute espèce de beauté, nous procure de la satisfaction, quoiqu'il ne soit pas vraiment indispensable à la préservation et à la propagation de l'espèce. Mais quels atroces tourments nous viennent par ailleurs de la goutte, de la gravelle, de la migraine, des maux de dents, des rhumatismes, que l'atteinte subie par le mécanisme animal soit de peu de cas ou incurable ? Gaieté, rire, jeu, divertissement, semblent des satisfactions gratuites, sans | autre objet ; l'humeur, la mélancolie, le mécon-   183
tentement, la superstition, sont des peines de même nature. Comment donc la bienveillance divine se fait-elle connaître, au sens où vous l'entendez, vous autres anthropomorphistes ? Il n'y a que nous autres mystiques, comme il vous a plu de nous appeler, à pouvoir rendre compte de cet étrange mélange des phénomènes, en le dérivant d'attributs infiniment parfaits, mais incompréhensibles.

Avez-vous, *Philon*, dit *Cléanthe* en souriant, enfin trahi vos intentions ? Votre long accord avec *Déméa* me surprenait bien un peu ; mais je découvre que vous étiez pendant tout ce temps en train de dresser une batterie cachée contre moi. Et je dois avouer que vous êtes maintenant tombé sur un sujet qui est digne de votre noble esprit d'opposition et de controverse. Si vous réussissez à venir à bout du présent point et à prouver que les hommes sont malheureux ou corrompus, c'en est fini de toute religion. Car dans quel but établir les attributs naturels de la Divinité, si les attributs moraux sont encore douteux et incertains ?

Vous prenez bien facilement ombrage, répondit *Déméa*, des opinions les plus innocentes et les plus généralement reçues, jusque chez les religieux et les dévots eux-mêmes. Et rien ne saurait être plus surprenant que de voir un lieu commun,

this, concerning the wickedness and misery of man, charged with no less than atheism and profaneness. Have not all pious divines and preachers, who have indulged their rhetoric on so fertile a subject; have they not easily, I say, given a solution of any difficulties, which may attend it? This world is but a point in comparison of the universe: this life but a moment in comparison of eternity. The present evil phenomena, therefore, are rectified in other regions, and in some future period of existence. And the eyes of men, being then opened to larger views of things, see the whole connection of general laws, and trace, with adoration, the benevolence and rectitude of the Deity, through all the mazes and intricacies of his providence.

No! replied *Cleanthes*, No! These arbitrary suppositions can never be admitted contrary to matter of fact, visible and uncontroverted. Whence can any cause be known but from its known effects? Whence can any hypothesis be proved but from the apparent phenomena? To establish one hypothesis upon another is building entirely in the air; and the utmost we ever attain, by these conjectures and fictions, is to ascertain the bare possibility of our opinion; but never can we, upon such terms, establish its reality.

The only method of supporting divine benevolence (and it is what I willingly embrace) is to deny absolutely the misery and wickedness of man. Your representations are exaggerated; your melancholy views mostly fictitious; your inferences contrary to fact and experience. Health is more common than sickness; pleasure than pain; happiness than misery. And for

comme celui-ci, touchant la méchanceté et la misère de l'homme, accusé de rien moins que d'athéisme et d'impiété. Est-ce que tous les pieux théologiens et prédicateurs qui ont donné cours à leur rhétorique sur un sujet si fertile, est-ce qu'ils n'ont pas, dis-je, fourni sans peine une solution à toutes les difficultés qui peuvent s'y attacher? Ce monde n'est qu'un point en comparaison de l'univers; cette vie n'est qu'un moment en comparaison de | l'éternité. Les phénomènes présents où se voit le mal sont donc corrigés en d'autres lieux et dans un temps d'existence à venir. Les yeux des hommes, s'ouvrant alors à de plus vastes vues des choses, embrassent toute la liaison des lois générales et découvrent, avec adoration, la bienveillance et la probité de la Divinité à travers tous les méandres et les dédales de sa Providence.

184

Non, répondit *Cléanthe*, non! Ces suppositions arbitraires ne sauraient jamais être admises, alors qu'elles sont contraires à des faits, visibles et incontestés. Par quelle voie une cause peut-elle être connue, sinon à partir de ses effets connus? Par quelle voie une hypothèse peut-elle être prouvée sinon à partir des phénomènes manifestes? Faire reposer une hypothèse sur une autre, c'est bâtir entièrement en l'air; et le plus que nous puissions jamais atteindre, par ces conjectures et ces fictions, c'est de montrer simplement la possibilité de notre opinion; mais jamais nous ne pourrons, dans de telles conditions, en établir la réalité.

La seule méthode pour étayer la divine bienveillance (et c'est celle que j'adopte bien volontiers) est de nier absolument la misère et la méchanceté de l'homme. Vos représentations sont exagérées; vos vues mélancoliques sont, pour la plupart, fictives; vos inférences sont contraires au fait et à l'expérience. La santé est plus commune que la maladie; le plaisir que la douleur; le bonheur que la misère; et pour

one vexation which we meet with, we attain, upon computation, a hundred enjoyments.

Admitting your position, replied *Philo*, which yet is extremely doubtful, you must, at the same time, allow, that, if pain be less frequent than pleasure, it is infinitely more violent and durable. One hour of it is often able to outweigh a day, a week, a month of our common insipid enjoyments; and how many days, weeks, and months are passed by several in the most acute torments? Pleasure, scarcely in one instance, is ever able to reach ecstasy and rapture; and in no one instance can it continue for any time at its highest pitch and altitude. The spirits evaporate; the nerves relax; the fabric is disordered; and the enjoyment quickly degenerates into fatigue and uneasiness. But pain often, good God, how often! rises to torture and agony; and the longer it continues, it becomes still more genuine agony and torture. Patience is exhausted; courage languishes; melancholy seizes us; and nothing terminates our misery but the removal of its cause, or another event, which is the sole cure of all evil, but which, from our natural folly, we regard with still greater horror and consternation.

But not to insist upon these topics, continued *Philo*, though most obvious, certain, and important, I must use the freedom to admonish you, *Cleanthes*, that you have put this controversy upon a most dangerous issue, and are unawares introducing a total scepticism into the most essential articles of natural and revealed theology. What! no method of fixing a just foundation for religion, unless we allow the happiness of human life, and maintain a continued existence even in this world, with all our present pains, infirmities,

une souffrance endurée, nous obtenons, au bout du compte, cent jouissances.

En admettant ce que vous dites, répondit *Philon*, qui est pourtant très douteux, vous devez en même temps reconnaître que, si la douleur est moins fréquente que le plaisir, elle est infiniment plus violente et plus durable. Une seule heure de peine suffit souvent à effacer | un jour, une semaine, un mois 185 de nos insipides jouissances ordinaires. Et combien de jours, de semaines et de mois se passent, pour certains, dans les tourments les plus vifs ? Le plaisir, il n'est guère un seul cas où il peut atteindre à l'extase et au ravissement ; et il n'est point de cas où il puisse se maintenir pendant quelque temps à son plus haut faîte et sommet. Les esprits s'évaporent, les nerfs se relâchent ; l'agencement se dérange ; et la jouissance dégénère rapidement en fatigue et en malaise. Mais la douleur, souvent – Mon Dieu, combien souvent ! – monte à la torture et à l'agonie ; et plus elle continue, plus elle devient pure agonie et pure torture. La patience s'épuise, le courage s'amollit, la mélancolie s'empare de nous ; et rien ne termine notre misère, sinon le retrait de sa cause, ou un autre événement qui est le seul remède à tous les maux, mais que, poussés par notre folie naturelle, nous considérons avec plus d'horreur encore et de consternation.

Mais pour ne pas insister sur ces points, poursuivit *Philon*, bien qu'ils soient très évidents, certains et importants, je dois prendre la liberté de vous faire remarquer, *Cléanthe*, que vous avez donné à cette controverse un tour fort dangereux, et que, sans vous en rendre compte, vous introduisez un complet scepticisme dans les articles les plus essentiels de la théologie naturelle et révélée. Quoi ! Nulle méthode pour fixer un juste fondement à la religion, à moins d'admettre la félicité de la vie humaine et de soutenir qu'une existence prolongée même en ce monde, avec son lot présent de souffrances, d'infirmités, de

vexations, and follies, to be eligible and desirable! But this is
contrary to every one's feeling and experience; it is contrary to
an authority so established as nothing can subvert. No decisive
proofs can ever be produced against this authority; nor is it
possible for you to compute, estimate, and compare all the
pains and all the pleasures in the lives of all men and of all
animals; and thus by your resting the whole system of religion
on a point, which, from its very nature, must forever be
uncertain, you tacitly confess, that that system is equally
uncertain.

But allowing you, what never will be believed, at least,
what you never possibly can prove, that animal, or at least,
human happiness in this life exceeds its misery; you have yet
done nothing; for this is not, by any means, what we expect
from infinite power, infinite wisdom, and infinite goodness.
Why is there any misery at all in the world? Not by chance,
surely. From some cause then. Is it from the intention of the
Deity? But he is perfectly benevolent. Is it contrary to his,
intention? But he is almighty. Nothing can shake the solidity
of this reasoning, so short, so clear, so decisive; except we
assert, that these subjects exceed all human capacity, and that
our common measures of truth and falsehood are not applicable to them; a topic, which I have all along insisted on, but
which you have, from the beginning, rejected with scorn and
indignation.

But I will be contented to retire still from this retren-
chment[1]; for I deny that you can ever force me in it. I will
allow, that pain or misery in man is compatible with infinite power and goodness in the Deity, even in your sense of

---

1. retrenchment] defense

tracas et de folies, mérite d'être choisie et désirée! Mais c'est contraire au sentiment et à l'expérience de chacun; c'est contraire à une autorité si établie que rien ne peut la renverser. Aucune preuve décisive ne peut être mise en avant | contre cette autorité; et il ne vous est pas possible de calculer, d'apprécier et de comparer toutes les douleurs et tous les plaisirs dans la vie de tous les hommes et de tous les animaux. Et ainsi, en faisant reposer tout le système de la religion sur un point qui, par sa nature même, doit rester à jamais incertain, vous confessez tacitement que ce système est également incertain.

Mais en vous accordant ce que personne ne croira jamais, ou du moins ce que jamais vous ne sauriez prouver, que le bonheur animal, ou du moins le bonheur humain surpasse en cette vie la misère qu'on y trouve – vous n'avez encore rien fait; car ce n'est d'aucune façon ce que nous attendons d'une puissance infinie, d'une sagesse infinie et d'une bonté infinie. Pourquoi y a-t-il la moindre misère en ce monde? Certainement pas par hasard. Par quelque cause, donc. Est-ce suite à l'intention de la Divinité? Mais elle est parfaitement bienveillante. Est-ce contrairement à son intention? Mais elle est toute-puissante. Rien ne peut ébranler la solidité de ce raisonnement, si court, si clair, si décisif; sauf si nous affirmons que ces sujets dépassent toute capacité humaine, et que nos mesures ordinaires du vrai et du faux ne leur sont pas applicables – point sur lequel je n'ai cessé d'insister, mais que vous avez, dès le commencement, rejeté avec dédain et indignation.

Mais je consentirai à abandonner encore ce retranchement[1] (car je nie que vous puissiez jamais me forcer à cela), et je reconnaîtrai que la douleur ou la misère en l'homme est *compatible* avec une puissance et une bonté infinie dans la Divinité, en vous accordant même le sens que vous donnez à

1. retranchement] défense

186

these attributes: what are you advanced by all these concessions? A mere possible compatibility is not sufficient. You
must *prove* these pure, unmixed, and uncontrollable attributes
from the present mixed and confused phenomena, and from
these alone. A hopeful[1] undertaking! Were the phenomena
ever so pure and unmixed, yet, being finite, they would be
insufficient for that purpose. How much more, where they are
also so jarring and discordant? Here, *Cleanthes*, I find myself
at ease in my argument. Here I triumph. Formerly, when we
argued concerning the natural attributes of intelligence and
design, I needed all my sceptical and metaphysical subtlety to
elude your grasp. In many views of the universe, and of its
parts, particularly the latter, the beauty and fitness of final
causes strike us with such irresistible force that all objections
appear (what I believe they really are) mere cavils and
sophisms; nor can we then imagine how it was ever possible
for us to repose any weight on them. But there is no view of
human life or of the condition of mankind, from which,
without the greatest violence, we can infer the moral attributes,
or learn that infinite benevolence, conjoined with infinite
power and infinite wisdom, which we must discover by the
eyes of faith alone. It is your turn now to tug the labouring
oar, and to support your philosophical subtleties against the
dictates of plain reason and experience.

1. hopeful] strange

ces attributs. En quoi êtes-vous avancé de toutes ces concessions ? Une compatibilité qui ne reste que possible ne suffit
pas. Vous devez *prouver* | l'existence de ces attributs purs,   187
sans mélange et sans borne, à partir des phénomènes mêlés et
confus que nous connaissons, et d'après ceux-là seulement.
Une entreprise pleine d'espoir [1] ! Quand bien même les phénomènes seraient-ils purs et sans mélange, qu'étant finis ils ne
suffiraient pas dans ce but. À plus forte raison, quand ils sont à
ce point dissonants et discordants. Ici, *Cléanthe*, je me sens à
l'aise dans mon argument. Ici, je triomphe. Précédemment,
quand nous argumentions à propos des attributs naturels de
l'intelligence et du dessein, j'avais besoin de toute ma subtilité
sceptique et métaphysique pour échapper à votre prise. Il
s'offre sur l'univers et sur ses parties, et particulièrement sur
ces dernières, de nombreuses vues où la beauté et l'ajustement
des causes finales nous frappent avec une force si irrésistible
que toutes les objections apparaissent (ce que je crois qu'elles
sont réellement) de pures arguties et sophismes ; et nous ne
pouvons alors imaginer comment il nous fut jamais possible
d'y accorder quelque poids. Mais de la vie humaine ou de la
condition de l'humanité, il n'est point de vue qui nous
permette, sans la plus grande violence, d'inférer les attributs
moraux ou d'apprendre à connaître cette bienveillance infinie,
jointe à la puissance infinie et à la sagesse infinie, qu'il nous
faut découvrir par les seuls yeux de la foi. C'est à votre tour
maintenant de faire le travail et de soutenir vos subtilités
métaphysiques contre les injonctions de la simple raison et de
l'expérience.

---

1. pleine d'espoir] étrange

PART XI

I scruple not to allow, said *Cleanthes*, that I have been apt to suspect the frequent repetition of the word, infinite, which we meet with in all theological writers, to savour more of panegyric than of philosophy, and that any purposes of reasoning, and even of religion, would be better served, were we to rest contented with more accurate and more moderate expressions. The terms, *admirable*, *excellent*, *superlatively great*, *wise*, and *holy*; these sufficiently fill the imaginations of men; and anything beyond, besides that it leads into absurdities, has no influence on the affections or sentiments. Thus, in the present subject, if we abandon all human analogy, as seems your intention, *Demea*, I am afraid we abandon all religion and retain no conception of the great object of our adoration. If we preserve human analogy, we must for ever find it impossible to reconcile any mixture of evil in the universe with infinite attributes; much less, can we ever prove the latter from the former. But supposing the author of nature to be finitely perfect, though far exceeding mankind, a satisfactory account may then be given of natural and moral evil, and every untoward phenomenon, be explained and adjusted. A less evil may then be chosen, in order to avoid a greater;

ONZIÈME PARTIE

Je n'hésite pas à le reconnaître, dit *Cléanthe*, j'ai toujours été porté à soupçonner que la fréquente répétition du mot *infini*, que nous rencontrons chez tous les auteurs de théologie, relève plus du panégyrique que de la philosophie, et que toutes les fins du raisonnement, et même de la religion, seraient mieux servies, si nous savions nous contenter d'expressions plus précises et plus modérées. Les termes, *admirable excellent*, *suprêmement grand*, *sage* et *saint*, voilà qui remplit suffisamment l'imagination des hommes; et tout ce qui va au delà, sans compter que cela mène à des absurdités, n'a pas d'influence sur les affections ou les sentiments. Ainsi, dans le présent sujet, si nous abandonnons toute analogie humaine, comme cela semble votre intention, *Déméa*, je crains que nous n'abandonnions toute religion et que nous ne gardions aucune conception du grand objet de notre adoration. Si nous conservons l'analogie humaine, il doit nous être à jamais impossible de concilier quelque soupçon de mal dans l'univers avec des attributs infinis; et encore moins de prouver cela par ceci. Mais si nous supposons l'Auteur de la nature doué d'une perfection finie, quoique passant de loin le genre humain, alors une explication satisfaisante peut être donnée du mal naturel et moral et tout phénomène | adverse se voir justifié et éclairci. Un moindre mal peut alors être choisi afin d'en éviter un plus grand; des

190

inconveniences be submitted to, in order to reach a desirable end; and in a word, benevolence, regulated by wisdom, and limited by necessity, may produce just such a world as the present. You, *Philo*, who are so prompt at starting views, and reflections, and analogies, I would gladly hear, at length, without interruption, your opinion of this new theory; and if it deserves our attention, we may afterwards, at more leisure, reduce it into form.

My sentiments, replied *Philo*, are not worth being made a mystery of; and therefore, without any ceremony, I shall deliver what occurs to me, with regard to the present subject. It must, I think, be allowed, that, if a very limited intelligence, whom we shall suppose utterly unacquainted with the universe, were assured that it were the production of a very good, wise, and powerful Being, however finite, he would, from his conjectures, form *beforehand* a different notion of it from what we find it to be by experience; nor would he ever imagine, merely from these attributes of the cause of which he is informed, that the effect could be so full of vice and misery and disorder, as it appears in this life. Supposing now, that this person were brought into the world, still assured, that it was the workmanship of such a sublime and benevolent Being; he might, perhaps, be surprised at the disappointment; but would never retract his former belief, if founded on any very solid argument; since such a limited intelligence must be sensible of his own blindness and ignorance, and must allow that there may be many solutions of these phenomena, which will for ever escape his comprehension. But supposing, which is the real case with regard to man, that this creature is not antecedently convinced of a supreme intelligence, benevolent, and powerful, but is left to gather such a belief from the appearances of

inconvénients acceptés en vue d'atteindre une fin désirable ; et en un mot, la bienveillance, réglée par la sagesse et limitée par la nécessité, peut produire un monde juste comme celui-ci. Vous, *Philon*, vous qui êtes si prompt à multiplier les perspectives, les réflexions et les analogies, je serais bien aise d'entendre, tout du long, sans interruption, votre opinion sur cette nouvelle théorie ; et si elle mérite notre attention, nous pourrons ensuite, plus à loisir, la réduire en forme.

Mes sentiments, répondit *Philon*, ne valent pas qu'on en fasse mystère ; et je vais donc, sans autre cérémonie, exposer ce qui me vient à l'esprit, touchant le présent sujet. On doit, je crois, reconnaître que, si une intelligence très limitée, que nous supposerons totalement ignorante de l'univers, était assurée que celui-ci fût la production d'un Être très bon, très sage et très puissant, quoique fini, elle s'en formerait *à l'avance*, d'après ses conjectures, une notion différente de ce que nous le découvrons être par expérience ; et jamais elle n'imaginerait, d'après les seuls attributs de la cause dont elle est informée, que l'effet pût être si plein de vice, de souffrance et de désordre, qu'il paraît en cette vie. Supposez maintenant que cette personne fût amenée dans le monde, toujours assurée qu'il est l'œuvre d'un tel Être, sublime et bienveillant, elle pourrait peut-être marquer une surprise désappointée, mais elle ne rétracterait jamais sa première croyance, si celle-ci se fondait sur quelque argument très solide ; puisqu'une telle intelligence limitée doit être consciente de son propre aveuglement et de sa propre ignorance, et qu'elle doit reconnaître qu'il peut y avoir de nombreuses solutions à ces phénomènes, qui échapperont pour toujours à sa | compréhension. | 191 Mais supposez, comme c'est réellement le cas pour l'homme, que cette créature n'ait pas la certitude préalable d'une suprême intelligence, bienveillante et puissante, mais qu'elle soit réduite à tirer une telle croyance des apparences des

things; this entirely alters the case, nor will he ever find any reason for such a conclusion. He may be fully convinced of the narrow limits of his understanding, but this will not help him in forming an inference concerning the goodness of superior powers, since he must form that inference from what he knows, not from what he is ignorant of. The more you exaggerate his weakness and ignorance; the more diffident you render him, and give him the greater suspicion, that such subjects are beyond the reach of his faculties. You are obliged, therefore, to reason with him merely from the known phenomena, and to drop every arbitrary supposition or conjecture.

Did I show you a house or palace, where there was not one apartment convenient or agreeable; where the windows, doors, fires, passages, stairs, and the whole economy of the building were the source of noise, confusion, fatigue, darkness, and the extremes of heat and cold; you would certainly blame the contrivance, without any farther examination. The architect would in vain display his subtlety, and prove to you, that if this door or that window were altered, greater ills would ensue. What he says, may be strictly true : the alteration of one particular, while the other parts of the building remain, may only augment the inconveniences. But still you would assert in general, that, if the architect had had skill and good intentions, he might have formed such a plan of the whole, and might have adjusted the parts in such a manner, as would have remedied all or most of these inconveniences. His ignorance or even your own ignorance of such a plan, will never convince you of the impossibility of it. If you find many inconveniences and deformities in the building, you will always, without entering into any detail, condemn the architect.

choses : le cas est changé du tout au tout, et elle ne trouvera jamais de raison en faveur d'une telle conclusion. Serait-elle pleinement convaincue des limites étroites de son entendement que cela ne l'aiderait pas à former une inférence concernant la bonté des puissances supérieures, puisqu'elle doit former cette inférence à partir de ce qu'elle connaît, et non à partir de ce qu'elle ignore. Plus vous exagérez sa faiblesse et son ignorance, plus vous la rendez défiante et renforcez en elle le soupçon que de tels sujets sont au delà de la portée de ses facultés. Vous êtes donc obligé de raisonner avec elle simplement d'après les phénomènes connus et de laisser tomber toute supposition ou conjecture arbitraire.

Si je vous montrais une maison ou un palais où il n'y eût pas d'appartement commode et agréable, où les fenêtres, les portes, les cheminées, les couloirs, les escaliers et toute l'économie du bâtiment fussent source de bruit, de confusion, de fatigue, d'obscurité et des extrêmes de la chaleur et du froid, vous en blâmeriez certainement l'organisation, sans autre examen. En vain l'architecte ferait-il montre de sa subtilité et vous prouverait-il que, si cette porte ou cette fenêtre était modifiée, il s'ensuivrait de plus grands maux. Ce qu'il dit peut être parfaitement vrai : il est possible que les altérations d'un détail, tandis que les autres parties du bâtiment demeurent en l'état, ne fassent qu'augmenter les incommodités. Mais vous continueriez d'affirmer d'une façon générale que, si l'architecte avait eu de l'habileté et de bonnes intentions, il aurait pu concevoir | un tel plan du tout, et ajuster les parties de telle manière qu'eût été porté remède à la totalité ou à la plupart de ces incommodités. Son ignorance, ou même votre propre ignorance concernant un tel plan, ne vous convaincra jamais de son impossibilité. Si vous découvrez beaucoup d'incommodités et de malformations dans le bâtiment, vous ne cesserez pas, sans entrer autrement dans le détail, de condamner l'architecte.

192

In short, I repeat the question: is the world, considered in general, and as it appears to us in this life, different[1] from what a man or such a limited being would, *beforehand*, expect from a very powerful, wise, and benevolent Deity? It must be strange prejudice to assert the contrary. And from thence I conclude[2], that, however consistent the world may be, allowing certain suppositions and conjectures, with the idea of such a Deity, it can never afford us an inference concerning his existence. The consistency is not absolutely denied, only the inference. Conjectures, especially where infinity is excluded from the divine attributes, may, perhaps, be sufficient to prove a consistency; but can never be foundations for any inference.

There seem to be *four* circumstances, on which depend all, or the greatest part of the ills, that molest sensible creatures; and it is not impossible but all these circumstances may be necessary and unavoidable. We know so little beyond common life, or even of common life, that, with regard to the economy of a universe, there is no conjecture, however wild, which may not be just; nor any one, however plausible, which may not be erroneous. All that belongs to human understanding, in this deep ignorance and obscurity, is to be sceptical, or at least cautious; and not to admit of any hypothesis, whatever; much less, of any which is supported by no appearance of probability. Now this I assert to be the case with regard to all the causes of evil, and the circumstances, on which it depends. None of them appear to human reason, in the least degree,

---

1. to us in this life, different] to us different
2. conclude] infer

Bref, je répète la question : le monde, considéré en général, et tel qu'il nous apparaît dans cette vie [1], est-il différent de ce qu'un homme ou un être limité comparable attendrait à *l'avance* d'une Divinité très puissante, très sage et très bienveillante ? Il faut un étrange préjugé pour affirmer le contraire. Et de là je conclus [2] que, si compatible que le monde puisse être, au prix de certaines suppositions et conjectures, avec l'idée d'une telle Divinité, il ne nous fournira jamais d'inférence en faveur de son existence. On ne nie pas absolument la compatibilité, mais seulement l'inférence. Des conjectures, surtout quand l'infinité est exclue des attributs divins, peuvent éventuellement suffire à prouver qu'il y a compatibilité, mais ne pourront jamais servir de fondement à aucune inférence.

Il semble qu'il y ait *quatre* circonstances dont dépendent la totalité ou la plus grande partie des maux qui assaillent les créatures douées de sensibilité ; et il n'est pas impossible qu'aucune de ces circonstances ne soit nécessaire ni inévitable. Nous savons si peu de choses au delà de la vie courante, ou même appartenant à la vie courante, que, touchant l'économie d'un univers, il n'est pas de conjecture qui, si aventureuse soit-elle, ne puisse être juste, ni de conjecture qui, si plausible soit-elle, | ne puisse être erronée. Tout ce qui appartient à l'entendement humain, en cette ignorance et obscurité profonde, c'est d'être sceptique, ou du moins circonspect, et de ne point admettre d'hypothèse, quelle qu'elle soit ; encore moins, d'hypothèse qui ne soit soutenue par aucune apparence de probabilité. Or j'affirme que tel est le cas en ce qui touche toutes les causes du mal et les circonstances dont il dépend. Aucune d'elles n'apparaît à la raison humaine nécessaire

193

---

1. dans cette vie *ajouté*
2. je conclus] j'infère

necessary or unavoidable; nor can we suppose them such, without the utmost license of imagination.

The *first* circumstance, which introduces evil, is that contrivance or economy of the animal creation, by which pains, as well as pleasures, are employed to excite all creatures to action, and make them vigilant in the great work of self-preservation. Now pleasure alone, in its various degrees, seems to human understanding sufficient for this purpose. All animals might be constantly in a state of enjoyment; but when urged by any of the necessities of nature, such as thirst, hunger, weariness, instead of pain, they might feel a diminution of pleasure, by which they might be prompted to seek that object, which is necessary to their subsistence. Men pursue pleasure as eagerly as they avoid pain; at least, might have been so constituted. It seems, therefore, plainly possible to carry on the business of life without any pain. Why then is any animal ever rendered susceptible of such a sensation? If animals can be free from it an hour, they might enjoy a perpetual exemption from it; and it required as particular a contrivance of their organs to produce that feeling, as to endow them with sight, hearing, or any of the senses. Shall we conjecture, that such a contrivance was necessary, without any appearance of reason? And shall we build on that conjecture as on the most certain truth?

But a capacity of pain would not alone produce pain, were it not for the *second* circumstance, *viz.*, the conducting of the world by general laws; and this seems no wise necessary to a very perfect being. It is true, if everything were conducted by particular volitions, the course of nature would be perpetually broken, and no man could employ his reason in the conduct of

ou inévitable en quelque degré; et nous ne saurions les supposer telles, sans la plus extrême licence d'imagination.

La *première* circonstance à introduire le mal, est cette organisation, cette économie de la création animale, par où les douleurs aussi bien que les plaisirs servent à exciter à l'action toutes les créatures et à les rendre vigilantes dans la grande œuvre qu'est la préservation de soi. Or le plaisir seul, avec ses divers degrés, semble à l'entendement humain suffire pour ce but. Tous les animaux pourraient demeurer constamment dans un état de jouissance; lorsqu'ils seraient pressés par quelqu'une des nécessités de la nature, telle que la soif, la faim, la fatigue, ils pourraient, au lieu de la douleur, ressentir une diminution de plaisir, par quoi ils seraient incités à rechercher l'objet qui est nécessaire à leur subsistance. Les hommes poursuivent le plaisir aussi ardemment qu'ils évitent la douleur; du moins, ils auraient pu être faits de la sorte. Il semble donc tout à fait possible de mener à bien les affaires de la vie, sans aucune douleur. Pourquoi, dès lors, l'animal a-t-il été rendu apte à une telle sensation? Si les animaux peuvent en être affranchis une heure, ils pourraient avoir le bonheur d'en être perpétuellement exemptés; et pour produire cette impression il fallait une organisation | aussi particulière que pour les doter de la vue, de l'ouïe ou de tout autre sens. Irons-nous conjecturer qu'une telle organisation était nécessaire, sans aucune apparence de raison? Et bâtirons-nous sur cette conjecture comme sur la vérité la plus certaine? 194

Mais l'aptitude à la douleur ne produirait seule la douleur, n'était la *seconde* circonstance, à savoir la conduite du monde par des lois générales; chose qui ne semble nullement nécessaire pour un Être très parfait. Il est vrai, si toutes choses étaient conduites par des volitions particulières, le cours de la nature s'en trouverait perpétuellement rompu, et personne ne pourrait employer sa raison dans la conduite de la

life. But might not other particular volitions remedy this inconvenience? In short, might not the Deity exterminate all ill, wherever it were to be found, and produce all good, without any preparation or long progress of causes and effects?

Besides, we must consider, that, according to the present economy of the world, the course of nature, though supposed exactly regular, yet to us appears not so, and many events are uncertain, and many disappoint our expectations. Health and sickness, calm and tempest, with an infinite number of other accidents, whose causes are unknown and variable, have a great influence both on the fortunes of particular persons and on the prosperity of public societies; and indeed all human life, in a manner, depends on such accidents. A Being, therefore, who knows the secret springs of the universe, might easily, by particular volition, turn all these accidents to the good of mankind, and render the whole world happy, without discovering himself in any operation. A fleet, whose purposes were salutary to society, might always meet with a fair wind; good princes enjoy sound health and long life; persons, born to power and authority, be framed with good tempers and virtuous dispositions. A few such events as these, regularly and wisely conducted, would change the face of the world; and yet would no more seem to disturb the course of nature or confound human conduct, than the present economy of things, where the causes are secret, and variable, and compounded. Some small touches, given to *Caligula*'s brain in his infancy, might have converted him into a *Trajan*; one wave, a little higher than the rest, by burying *Caesar* and his fortune in the bottom of the ocean,

vie. Mais d'autres volitions particulières ne pourraient-elles pas porter remède à cet inconvénient ? En un mot, la Divinité ne pourrait-elle pas extirper tout mal, partout où il viendrait à s'en trouver, et produire toute espèce de bien, sans préparation ni sans une longue progression des causes et des effets ?

Nous devons en outre considérer que, selon la présente économie du monde, le cours de la nature, tout régulier qu'il soit supposé, ne nous apparaît pourtant pas tel, que de nombreux événements sont incertains et que beaucoup déçoivent notre attente. La santé et la maladie, le calme et la tempête, et un nombre infini d'autres accidents, dont les causes sont inconnues et variables, exercent une grande influence à la fois sur la fortune des personnes privées et sur la prospérité des sociétés publiques ; et, à la vérité, toute vie humaine, d'une manière ou d'une autre, dépend de tels accidents. Par conséquent, un Être qui connaît les ressorts secrets de l'univers, pourrait facilement, par des volitions particulières, tourner tous ces accidents à l'avantage du genre humain et rendre heureux le monde entier, sans se | découvrir dans 195 aucune opération. Une flotte, dont les buts seraient salutaires à la société, pourrait toujours rencontrer un vent propice ; les bons princes pourraient jouir d'une santé solide et d'une longue vie ; les personnes nées pour le pouvoir et l'autorité seraient douées d'un bon caractère et de dispositions vertueuses. Un petit nombre d'événements de cette sorte, régulièrement et sagement conduits, changeraient la face du monde ; et pourtant, ils ne troubleraient pas davantage, semble-t-il, le cours de la nature ni ne déconcerteraient plus la conduite humaine que ne le fait la présente économie des choses, où les causes sont secrètes, variables et composées. Quelques petites touches données au cerveau de *Caligula*, enfant, aurait pu le transformer en un *Trajan* ; une vague un peu plus haute que les autres, en enfouissant *César* et sa fortune au fond de l'océan,

might have restored liberty to a considerable part of mankind. There may, for aught we know, be good reasons, why Providence interposes not in this manner; but they are unknown to us. And though the mere supposition, that such reasons exist, may be sufficient to *save* the conclusion concerning the divine attributes, yet surely it can never be sufficient to *establish* that conclusion.

If everything in the universe be conducted by general laws, and if animals be rendered susceptible of pain, it scarcely seems possible but some ill must arise in the various shocks of matter, and the various concurrence and opposition of general laws; but this ill would be very rare, were it not for the *third* circumstance which I proposed to mention, *viz.*, the great frugality, with which all powers and faculties are distributed to every particular being. So well adjusted are the organs and capacities of all animals, and so well fitted to their preservation, that, as far as history or tradition reaches, there appears not to be any single species, which has yet been extinguished in the universe[1]. Every animal has the requisite endowments; but these endowments are bestowed with so scrupulous an economy, that any considerable diminution must entirely destroy the creature. Wherever one power is increased, there is a proportional abatement in the others. Animals, which excel in swiftness are commonly defective in force. Those, which possess both, are either imperfect in some of their senses, or

---

1. [*Caesar*, speaking of the woods in Germany, mentions some animals as subsisting there, which are now utterly extinct. *De bell. gall.*, lib. 6. These, and some few more instances, may be exceptions to the proposition here delivered. *Strabo* (lib. 4) quotes from *Polybius* an account of an animal about the Tyrol, which is not now to be found. If *Polybius* was not deceived, which is possible, the animal must have been then very rare, since *Strabo* cites but one authority, and speaks doubtfully.]

aurait pu restaurer la liberté pour une partie considérable des hommes. Il peut y avoir, pour autant que nous le sachions, de bonnes raisons pour lesquelles la Providence n'intervient pas de cette manière ; mais elles nous sont inconnues ; et bien que la simple supposition que de telles raisons existent, puisse suffire à *sauver* la conclusion sur les attributs divins, assurément elle ne suffira jamais à *établir* cette conclusion.

Si toute chose dans l'univers est conduite par des lois générales et si les animaux sont rendus aptes à la douleur, il semble difficile qu'il ne se produise pas quelque mal, à la faveur des divers chocs de la matière, et du concours et de l'opposition variée des lois générales ; mais ces maux seraient très rares, n'était la *troisième* circonstance que je me propose de mentionner, à savoir la grande parcimonie avec laquelle pouvoirs et facultés ont été distribués à chaque être particulier. Si bien ajustés, et si bien adaptés à leur | conservation, sont les organes 196 et les capacités de tous les animaux, qu'aussi loin que remonte l'histoire ou la tradition, il paraît ne pas y avoir une seule espèce qui se soit déjà éteinte dans l'univers [1]. Tout animal a les dons naturels indispensables ; mais ces dons sont accordés avec une économie si rigoureuse que toute diminution notable ne manquerait pas d'entraîner la destruction de la créature. Chaque fois qu'un pouvoir s'accroît, les autres s'affaiblissent proportionnellement. Les animaux qui excellent en rapidité sont privés communément de force. Ceux qui possèdent les deux, ou bien sont imparfaits en quelqu'un de leurs sens,

---

1. *Hume a écrit dans la marge, puis barré la note suivante : César*, parlant des forêts de la *Germanie*, rapporte que des animaux y vivent, qui ont aujourd'hui complètement disparu. [César, *La guerre des Gaules*, VI, 26-28]. Ces cas, et quelques autres encore, peuvent servir d'exception à la proposition formulée. *Strabon* [Strabon, *Géographie*, IV, 6, 10] fait, d'après *Polybe*, référence à un animal vivant du côté du Tyrol, qu'on n'y trouve plus à présent. Si *Polybe* n'a pas été abusé, ce qui est possible, l'animal doit avoir été alors très rare, puisque *Strabon* se borne à citer une autorité et s'exprime avec quelque doute.

are oppressed with the most craving wants. The human species, whose chief excellence is reason and sagacity, is of all others the most necessitous, and the most deficient in bodily advantages; without clothes, without arms, without food, without lodging, without any convenience of life, except what they owe to their own skill and industry. In short, nature seems to have formed an exact calculation of the necessities of her creatures; and like a *rigid master*, has afforded them little more [1] powers and endowments, than what are strictly sufficient to supply those necessities. An *indulgent parent* would have bestowed a large stock, in order to guard against accidents, and secure the happiness and welfare of the creature, in the most unfortunate concurrence of circumstances. Every course of life would not have been so surrounded with precipices, that the least departure from the true path, by mistake or necessity, must involve us in misery and ruin. Some reserve, some fund would have been provided to ensure happiness; nor would the powers and the necessities have been adjusted with so rigid an economy. The author of nature is inconceivably powerful; his force is supposed great, if not altogether inexhaustible; nor is there any reason, as far as we can judge, to make him observe this strict frugality in his dealings with his creatures. It would have been better, were his power extremely limited, to have created fewer animals, and to have endowed these with more faculties for their happiness and preservation. A builder is never esteemed prudent, who undertakes a plan, beyond what his stock will enable him to finish.

1. little more] no more

ou bien sont accablés des besoins les plus dévorants. L'espèce humaine, qui a pour principale supériorité la raison et la sagacité, est de toutes les espèces la plus nécessiteuse et la plus démunie d'avantages corporels : sans vêtements, sans armes, sans nourriture, sans habitation, sans aucune des commodités de la vie, à l'exception de ce qu'elle doit à sa propre habileté et à sa propre industrie. Bref, la nature semble avoir fait un calcul exact des nécessités de ses créatures ; et comme une *rigide maitresse*, elle leur a accordé à peine plus [1] de pouvoirs ou de dons que ce qui était strictement suffisant à la satisfaction de ces nécessités. *Une mère indulgente* les aurait pourvues d'une large provision, afin de les garder contre les accidents, et d'assurer le bonheur et le bien-être de | chacune dans le plus 197 malheureux concours de circonstances. Le cours de toute vie n'eût pas été si environné de précipices que le moindre écart hors du vrai chemin, par erreur ou nécessité, nous plonge inéluctablement dans le malheur et la ruine. Quelque réserve, quelque fonds eût été ménagé pour assurer le bonheur ; et pouvoirs et nécessités de la vie n'auraient pas été ajustés avec une économie aussi rigide. L'Auteur de la nature a une puissance qui dépasse toute conception ; sa force est supposée grande, sinon tout à fait inépuisable ; et il n'y a pas de raison, autant que nous puissions en juger, pour lui faire observer cette stricte parcimonie dans sa manière de traiter ses créatures. Il eût mieux valu, si sa puissance était extrêmement limitée, qu'elle crée moins d'animaux et qu'elle les dote de davantage de facultés pour leur bonheur et leur conservation. Jamais on ne jugera prudent le constructeur qui entreprend un plan dépassant ce que ses matériaux lui permettront d'achever [2].

---

1. à peine plus] pas plus
2. *Les deux dernières phrases du paragraphe, d'abord écrites dans la marge, puis barrées, ont été réécrites à la fin de la XIe partie, avec indications d'insertion.*

In order to cure most of the ills of human life, I require not that man should have the wings of the eagle, the swiftness of the stag, the force of the ox, the arms of the lion, the scales of the crocodile or rhinoceros; much less do I demand the sagacity of an angel or cherubim. I am contented to take an increase in one single power or faculty of his soul. Let him be endowed with a greater propensity to industry and labour; a more vigorous spring and activity of mind; a more constant bent to business and application. Let the whole species possess naturally an equal diligence with that which many individuals are able to attain by habit and reflection; and the most beneficial consequences, without any allay of ill, is the immediate and necessary result of this endowment. Almost all the moral, as well as natural evils of human life arise from idleness; and were our species, by the original constitution of their frame, exempt from this vice or infirmity, the perfect cultivation of land, the improvement of arts and manufactures, the exact execution of every office and duty, immediately follow; and men at once may fully reach that state of society which is so imperfectly attained by the best regulated government. But as industry is a power, and the most valuable of any, nature seems determined, suitably to her usual maxims, to bestow it on men with a very sparing hand; and rather to punish him severely for his deficiency in it, than to reward him for his attainments. She has so contrived his frame, that nothing but the most violent necessity can oblige him to labour, and she employs all his other wants to overcome, at least in part, the wain of diligence, and to endow him with some share of a faculty, of which she has thought fit naturally to bereave him.

Pour remédier à la plupart des maux de la vie humaine, je n'exige pas que l'homme ait les ailes de l'aigle, la rapidité du cerf, la force du bœuf, les pattes du lion, les écailles du crocodile ou du rhinocéros; encore moins demandé-je la sagacité d'un ange ou d'un chérubin. Je me contenterai d'un accroissement touchant un seul pouvoir, une seule faculté de son âme. Qu'il soit doué d'une plus grande propension à l'industrie et au travail, d'une détente et d'une activité d'esprit plus vigoureuse, d'une disposition plus constante à la besogne et au labeur. Que l'espèce entière possède naturellement une diligence égale à celle où beaucoup des individus | sont capables **198** d'atteindre par habitude et réflexion; et les conséquences les plus bénéfiques, dégagées de tout mal, seront le résultat le plus immédiat et le plus nécessaire de ce supplément de don. Presque tous les maux de la vie humaine, moraux aussi bien que naturels, naissent de l'oisiveté; et si notre espèce était, par la constitution originelle de sa structure, exempte de ce vice ou de cette infirmité, alors la culture de la terre, menée à sa perfection, le progrès des arts et des métiers, l'exacte exécution de toute charge et de tout devoir, s'ensuivraient immédiatement; et les hommes pourraient sur le champ atteindre pleinement cet état de société qui est si imparfaitement réalisé par le gouvernement le mieux dirigé. Mais comme l'application au travail est un pouvoir, et de tous le plus précieux, la nature semble déterminée, conformément à ses maximes ordinaires, à l'octroyer aux hommes d'une main très peu prodigue, et plutôt à les punir sévèrement, lorsqu'ils en manquent, qu'à les récompenser, lorsqu'ils en font preuve. Elle a organisé leur structure de telle façon que rien, sinon la plus violente nécessité, ne peut les obliger au travail; et elle fait jouer tous leurs autres besoins pour venir à bout, du moins en partie, de ce manque de diligence, et pour leur communiquer une petite part d'une faculté dont elle a jugé bon de les priver naturellement.

Here our demands may be allowed very humble, and therefore the more reasonable. If we required the endowments of superior penetration and judgement, of a more delicate taste of beauty, of a nicer sensibility to benevolence and friendship, we might be told, that we impiously pretend to break the order of nature, that we want to exalt ourselves into a higher rank of being, that the presents which we require, not being suitable to our state and condition, would only be pernicious to us. But it is hard; I dare to repeat it, it is hard, that being placed in a world so full of wants and necessities, where almost every being and element is either our foe or refuses us their assistance, we should also have our own temper to struggle with, and should be deprived of that faculty, which can alone fence against these multiplied evils.

The *fourth* circumstance, whence arises the misery and ill of the universe, is the inaccurate workmanship of all the springs and principles of the great machine of nature. It must be acknowledged, that there are few parts of the universe, which seem not to serve some purpose, and whose removal would not produce a visible defect and disorder in the whole. The parts hang all together; nor can one be touched without affecting the rest, in a greater or less degree. But at the same time, it must be observed, that none of these parts or principles, however useful, are so accurately adjusted, as to keep precisely within those bounds, in which their utility consists; but they are, all of them, apt, on every occasion, to run into the one extreme or the other. One would imagine, that this grand production had not received the last hand of the maker; so little finished is every part, and so coarse are the strokes, with which

On admettra ici que nos demandes sont très modestes, et donc d'autant plus raisonnables. Si nous réclamions les dons d'une perspicacité et d'un jugement plus grands, d'un goût plus délicat de la beauté, d'une sensibilité plus fine à la bienveillance et à l'amitié, on pourrait dire que, de façon impie, nous prétendons rompre l'ordre de la nature, que nous cherchons à nous hisser à un rang d'existence plus élevé, et que les présents que nous réclamons, ne convenant pas à notre état et à notre | condition, ne feraient que nous nuire. Mais il est dur, j'ose le 199 répéter, il est dur, qu'étant placés dans un monde si plein de besoins et de nécessités, où presque tout être, tout élément, soit nous est un ennemi, soit nous refuse son assistance, de devoir encore lutter contre notre propre tempérament et d'être privés de cette faculté qui peut seule nous protéger de ces maux multipliés[1].

La *quatrième* circonstance, d'où naissent la misère et le mal présents dans l'univers, est l'exécution imprécise de tous les ressorts et principes de la grande machine de la nature. Il faut reconnaître qu'il y a peu de parties de l'univers qui ne semblent pas servir à quelque but, et dont la suppression ne produirait pas un défaut et un désordre visibles dans le tout. Les parties se tiennent toutes ensemble; et l'une ne peut être touchée, sans que le reste ne soit affecté à un degré plus ou moins grand. Mais en même temps, il faut observer qu'aucune de ces parties ou principes, malgré toute leur utilité, ne sont assez précisément ajustés pour se maintenir exactement à l'intérieur des limites où cette utilité réside, mais sont tous sujets, en toute occasion, à se jeter à une extrémité ou à l'autre. On imaginerait volontiers que cette grande production n'a pas reçu la dernière main de son auteur; si peu achevées en sont toutes les parties et si grossiers sont les traits avec lesquels elle

---

1. *Paragraphe ajouté à la fin de la XIe partie, avec indications d'insertion.*

it is executed. Thus, the winds are requisite to convey the vapours along the surface of the globe, and to assist men in navigation; but how oft, rising up to tempests and hurricanes, do they become pernicious? Rains are necessary to nourish all the plants and animals of the earth; but how often are they defective? how often excessive? Heat is requisite to all life and vegetation; but is not always found in the due proportion. On the mixture and secretion of the humours and juices of the body depend the health and prosperity of the animal; but the parts perform not regularly their proper function. What more useful than all the passions of the mind, ambition, vanity, love, anger? But how oft do they break their bounds, and cause the greatest convulsions in society? There is nothing so advantageous in the universe, but what frequently becomes pernicious, by its excess or defect; nor has nature guarded, with the requisite accuracy, against all disorder or confusion. The irregularity is never, perhaps, so great as to destroy any species; but it is often sufficient to involve the individuals in ruin and misery.

On the concurrence, then, of these *four* circumstances does all, or the greatest part of natural evil depend. Were all living creatures incapable of pain, or were the world administered by particular volitions, evil never could have found access into the universe; and were animals endowed with a large stock of powers and faculties, beyond what strict necessity requires; or were the several springs and principles of the universe so accurately framed as to preserve always the just temperament and medium; there must have been very little ill in comparison of what we feel at present. What then shall we pronounce on this occasion? Shall we say, that these

est exécutée. Ainsi, les vents sont indispensables pour chasser les nuées sur la surface du globe et pour assister les hommes dans la navigation; mais que de fois, s'élevant en tempêtes et en cyclones, deviennent-ils funestes! Les pluies sont nécessaires pour nourrir toutes les plantes et tous les animaux de la terre, mais que de fois font-elles défaut, que de fois sont-elles trop | abondantes! La chaleur est indispensable à toute vie et à toute végétation, mais elle ne se trouve pas toujours dans la proportion voulue. Du mélange et de la sécrétion des humeurs et des sucs du corps dépendent la santé et la prospérité de l'animal; mais les parties n'accomplissent pas régulièrement leurs fonctions propres. Quoi de plus utile que toutes les passions de l'esprit, l'ambition, la vanité, l'amour, la colère? Mais que de fois elles rompent leurs digues et causent les plus grandes convulsions dans la société! Il n'y a rien de si avantageux dans l'univers qui ne devienne souvent pernicieux par excès ou par défaut; et la nature n'a pas paré, avec la précision requise, à tous les désordres et à toutes les confusions. Peut-être, l'irrégularité n'est-elle jamais assez grande pour détruire une espèce; mais elle est souvent suffisante pour jeter les individus dans la ruine et dans la misère.

Du concours de ces *quatre* circonstances dépend donc la totalité ou la plus grande partie du mal naturel. Si toutes les créatures vivantes étaient incapables de douleur, ou si le monde était administré par des volitions particulières, le mal n'aurait jamais trouvé d'accès à l'univers; et si les animaux étaient dotés d'une large provision de pouvoirs et de facultés, au delà de ce qu'exige la stricte nécessité, ou si les divers ressorts et les divers principes de l'univers étaient assez exactement réglés pour préserver toujours le juste mélange et le juste milieu, il y aurait eu nécessairement très peu de mal en comparaison de ce que nous éprouvons à présent. Que prononcerons-nous donc dans ces conditions? Dirons-nous que ces

200

circumstances are not necessary, and that they might easily have been altered in the contrivance of the universe? This decision seems too presumptuous for creatures, so blind and ignorant. Let us be more modest in our conclusions. Let us allow, that, if the goodness of the Deity (I mean a goodness like the human) could be established on any tolerable reasons *a priori*, these phenomena, however untoward, would not be sufficient to subvert that principle, but might easily, in some unknown manner, be reconcilable to it. But let us still assert, that as this goodness is not antecedently established, but must be inferred from the phenomena, there can be no grounds for such an inference, while there are so many ills in the universe, and while these ills might so easily have been remedied, as far as human understanding can be allowed to judge on such a subject. I am sceptic enough to allow, that the bad appearances, notwithstanding all my reasonings, may be compatible with such attributes as you suppose; but surely they can never prove these attributes. Such a conclusion cannot result from scepticism; but must arise from the phenomena, and from our confidence in the reasonings, which we deduce from these phenomena.

Look round this universe. What an immense profusion of beings, animated and organized, sensible and active! You admire this prodigious variety and fecundity. But inspect a little more narrowly these living existences, the only beings worth regarding. How hostile and destructive to each other! How insufficient all of them for their own happiness! How contemptible or odious to the spectator! The whole presents nothing but the idea of a blind nature, impregnated by a great

circonstances ne sont pas nécessaires et qu'elles auraient pu facilement être modifiées dans l'organisation de l'univers? Une telle décision semble trop présomptueuse pour des créatures aussi | aveugles et aussi ignorantes. Soyons plus modestes dans nos conclusions. Convenons que si la bonté de la Divinité (j'entends une bonté comparable à la bonté humaine) pouvait être établie sur des raisons *a priori* acceptables, ces phénomènes, si adverses qu'ils fussent, ne suffiraient pas à renverser ce principe, mais pourraient aisément, d'une manière inconnue, se concilier avec lui. Mais affirmons aussitôt que, comme cette bonté n'est pas établie au préalable, mais qu'elle doit être inférée à partir des phénomènes, il ne peut y avoir de fondements en faveur d'une telle inférence, quand il y a tant de maux dans l'univers, et quand il eût été si aisé de remédier à ces maux, pour autant que l'entendement humain soit autorisé à donner son jugement sur un tel sujet. J'ai assez de scepticisme pour convenir que les apparences négatives, malgré tous mes raisonnements, peuvent être compatibles avec des attributs tels que vous les supposez. Mais, certainement, elles ne prouveront jamais ces attributs. Une telle conclusion ne peut être obtenue par scepticisme; mais elle doit provenir des phénomènes et de la confiance que nous avons dans les raisonnements que nous tirons de ces phénomènes.

Regardez tout autour de vous cet univers. Quelle immense profusion d'êtres animés et organisés, sensibles et actifs! vous admirez cette variété et cette fécondité prodigieuse. Mais examinez d'un peu plus près ces existences vivantes, les seules qui soient dignes d'être considérées. Comme elles sont hostiles et funestes les unes aux autres! Comme elles sont toutes incapables de suffire à leur propre bonheur! Comme elles sont méprisables ou odieuses au spectateur! Le tout n'éveille rien d'autre que l'idée d'une nature aveugle, pénétrée d'un grand

vivifying principle, and pouring forth from her lap, without discernment or parental care, her maimed and abortive children!

Here the Manichaean system occurs as a proper hypothesis to solve the difficulty. And no doubt, in some respects, it is very specious, and has more probability than the common hypothesis, by giving a plausible account of the strange mixture of good and ill which appears in this life. But if we consider, on the other hand, the perfect uniformity and agreement of the parts of the universe, we shall not discover in it any marks of the combat of a malevolent with a benevolent being. There is indeed an opposition of pains and pleasures in the feelings of sensible creatures; but are not all the operations of nature carried on by an opposition of principles, of hot and cold, moist and dry, light and heavy? The true conclusion is, that the original source of all things is entirely indifferent to all these principles, and has no more regard to good above ill than to heat above cold, or to drought above moisture, or to light above heavy.

There may *four* hypotheses be framed concerning the first causes of the universe: *that* they are endowed with perfect goodness, *that* they have perfect malice, *that* they are opposite and have both goodness and malice, *that* they have neither goodness nor malice. Mixed phenomena can never prove the two former unmixed principles. And the uniformity and steadiness of general laws seem to oppose the third. The fourth, therefore, seems by far the most probable.

What I have said concerning natural evil will apply to moral, with little or no variation; and we have no more reason to infer that the rectitude of the supreme Being resembles

principe vivifiant, et déversant de son sein, | sans discernement ni soin maternel, ses enfants mal faits et mal venus [1].   202

Ici le système *manichéen* s'offre comme une hypothèse propre à résoudre la difficulté ; et sans doute, à certains égards, c'est un système de fort belle apparence, qui présente plus de probabilité que l'hypothèse commune, en ce qu'il donne une explication plausible de l'étrange mélange de bien et de mal qui se rencontre dans la vie. Mais si nous considérons, d'un autre côté, l'uniformité et l'accord parfait des parties de l'univers, nous n'y découvrirons pas de marques d'un combat entre un être malveillant et un être bienveillant. On trouve bien une opposition des douleurs et des plaisirs dans les affections des créatures sensibles ; mais toutes les opérations de la nature ne s'accomplissent-elles pas par une opposition de principes, celle du chaud et du froid, celle de l'humide et du sec, du léger et du lourd ? La vraie conclusion est que la source originelle de toutes choses est entièrement indifférente à tous ces principes, et ne préfère pas plus le bien au mal, que la chaleur au froid, la sécheresse à l'humidité, ou le léger au lourd.

On peut former *quatre* hypothèses touchant les premières causes de l'univers : qu'elles sont douées d'une parfaite bonté, qu'elles sont d'une parfaite méchanceté ; qu'elles s'opposent et comportent à la fois bonté et méchanceté ; qu'elles n'ont ni bonté ni méchanceté. Des phénomènes mêlés ne prouveront jamais les deux premiers principes, qui sont sans mélange. L'uniformité et la fermeté des lois générales | semblent   203
s'opposer à la troisième. La quatrième semble donc de loin la plus probable.

Ce que j'ai dit du mal naturel s'appliquera au mal moral, avec peu ou pas de changement ; et nous n'avons pas plus de raison d'inférer que la probité de l'Être suprême ressemble à

---

1. *Paragraphe ajouté à la fin de la XIᵉ partie, avec indications d'insertion.*

human rectitude than that his benevolence resembles the human. Nay, it will be thought, that we have still greater cause to exclude from him moral sentiments, such as we feel them; since moral evil, in the opinion of many, is much more predominant above moral good than natural evil above natural good.

But even though this should not be allowed, and though the virtue, which is in mankind, should be acknowledged much superior to the vice; yet so long as there is any vice at all in the universe, it will very much puzzle you anthropomorphites, how to account for it. You must assign a cause for it, without having recourse to the first cause. But as every effect must have a cause, and that cause another, you must either carry on the progression *in infinitum*, or rest on that original principle, who is the ultimate cause of all things.

Hold! hold! cried *Demea*: Whither does your imagination hurry you? I joined in alliance with you, in order to prove the incomprehensible nature of the divine Being, and refute the principles of *Cleanthes*, who would measure everything by human rule and standard. But I now find you running into all the topics of the greatest libertines and infidels; and betraying that holy cause, which you seemingly espoused. Are you secretly, then, a more dangerous enemy than *Cleanthes* himself?

And are you so late in perceiving it? replied *Cleanthes*. Believe me, *Demea*, your friend, *Philo*, from the beginning, has been amusing himself at both our expense; and it must be confessed, that the injudicious reasoning of our vulgar theology has given him but too just a handle of ridicule. The total infirmity of human reason, the absolute incomprehensibility of the divine nature, the great and universal misery and still greater wickedness of man; these

la probité humaine, que sa bienveillance à la bienveillance humaine. Bien plus, l'idée s'imposera que nous avons une raison encore plus grande de lui dénier des sentiments moraux tels que nous les éprouvons, puisque le mal moral, de l'avis de beaucoup, l'emporte encore plus sur le bien moral, que le mal naturel sur le bien naturel.

Mais dussions-nous rejeter cette opinion et reconnaître que la vertu qu'il y a dans les hommes est bien supérieure au vice, cependant, aussi longtemps qu'il y aura le moindre vice dans l'univers, vous serez, vous autres anthropomorphites, bien embarrassés d'en rendre compte. Vous devez en donner la cause, sans avoir recours à la cause première. Mais comme tout effet doit avoir une cause, et cette cause, une autre cause, vous devez soit poursuivre la progression à l'infini, soit vous arrêter à ce principe originel, qui est la cause ultime de toutes choses.

Halte! Halte! s'écria *Déméa*; jusqu'où votre imagination vous emporte-t-elle? J'ai fait alliance avec vous, afin de prouver la nature incompréhensible de l'Être divin et de réfuter les principes de *Cléanthe*, qui voudrait mesurer toute chose d'après une règle et une échelle humaine. Mais je vous vois maintenant vous jeter dans tous les lieux chers aux plus grands libertins et incroyants, et trahir cette sainte cause que vous sembliez épouser. Etes-vous donc secrètement un plus dangereux ennemi que *Cléanthe* lui-même?

| Et vous tardez tant à vous en apercevoir? répondit 204 *Cléanthe*. Croyez-moi, *Déméa*, votre ami *Philon*, depuis le début, n'a fait que s'amuser à nos dépens à tous deux; et il faut avouer que le raisonnement mal avisé de notre théologie vulgaire n'a donné qu'une trop juste prise à sa raillerie. La complète infirmité de la raison humaine, l'absolue incompréhensibilité de la nature divine, l'immense et universelle misère de l'homme et sa méchanceté encore plus grande: voilà

are strange topics surely to be so fondly cherished by orthodox divines and doctors. In ages of stupidity and ignorance, indeed, these principles may safely be espoused; and perhaps, no views of things are more proper to promote superstition, than such as encourage the blind amazement, the diffidence, and melancholy of mankind. But at present –

Blame not so much, interposed *Philo*, the ignorance of these reverend gentlemen. They know how to change their style with the times. Formerly it was a most popular theological topic to maintain, that human life was vanity and misery, and to exaggerate all the ills and pains, which are incident to men. But of late years, divines, we find, begin to retract this position, and maintain, though still with some hesitation, that there are more goods than evils, more pleasures than pains, even in this life. When religion stood entirely upon temper and education, it was thought proper to encourage melancholy; as, indeed, mankind never have recourse to superior powers so readily as in that disposition. But as men have now learned to form principles, and to draw consequences, it is necessary to change the batteries, and to make use of such arguments as will endure, at least, some scrutiny and examination. This variation is the same (and from the same causes) with that which I formerly remarked with regard to scepticism.

Thus *Philo* continued to the last his spirit of opposition, and his censure of established opinions. But I could observe, that *Demea* did not at all relish the latter part of the discourse; and he took the occasion soon after, on some pretence or other, to leave the company.

assurément d'étranges lieux communs pour être si naïvement chéris par les théologiens et les docteurs orthodoxes. En des temps de stupidité et d'ignorance, à la vérité, ces principes peuvent être épousés à coup sûr; et peut-être n'y a-t-il pas de vues des choses plus propres à favoriser la superstition que celles qui encouragent la stupeur aveugle, la défiance et la mélancolie des hommes. Mais aujourd'hui que –

Ne blâmez pas tant, interrompit *Philon*, l'ignorance de ces révérends gentlemen. Ils savent changer leur style suivant les époques. Auparavant, c'était un thème théologique très populaire de soutenir que la vie humaine n'était que vanité et misère, et d'exagérer tous les maux et toutes les douleurs qui arrivent aux hommes. Mais ces dernières années, nous voyons les théologiens commencer à revenir sur cette position et soutenir, encore avec quelque hésitation, qu'il y a plus de biens que de maux, plus de plaisirs que de douleurs, même en cette vie. Quand la religion était entièrement affaire de tempérament et d'éducation, on jugeait convenable d'encourager la mélancolie, puisque en effet l'humanité n'a jamais recours à ces puissances supérieures si volontiers qu'en cette disposition. Mais à présent que les hommes ont appris à former des principes et à tirer des conséquences, il est nécessaire de changer de batteries et | d'employer des arguments capables de   205 supporter au moins une première analyse et un premier examen. Cette modification est la même (et procède des mêmes causes) que celle que j'avais précédemment notée en ce qui regarde le scepticisme.

Ainsi *Philon* persista jusqu'au bout dans son esprit d'opposition et sa censure des opinions établies. Mais je pus observer que *Déméa* ne goûtait pas du tout la dernière partie du discours; et peu après, sous un prétexte quelconque, il saisit l'occasion de quitter la compagnie.

PART XII

After *Demea*'s departure, *Cleanthes* and *Philo* continued the conversation, in the following manner. Our friend, I am afraid, said *Cleanthes*, will have little inclination to revive this topic of discourse, while you are in company; and to tell the truth, *Philo*, I should rather wish to reason with either of you apart on a subject, so sublime and interesting. Your spirit of controversy, joined to your abhorrence of vulgar superstition, carries you strange lengths, when engaged in an argument; and there is nothing so sacred and venerable, even in your own eyes, which you spare on that occasion.

I must confess, replied *Philo*, that I am less cautious on the subject of natural religion than on any other; both because I know that I can never, on that head, corrupt the principles of any man of common sense, and because no one, I am confident, in whose eyes I appear a man of common sense will ever mistake my intentions. You, in particular, *Cleanthes*, with whom I live in unreserved intimacy, you are sensible, that, notwithstanding the freedom of my conversation, and my love of singular arguments, no one has a deeper sense of religion impressed on his mind, or pays more profound adoration to the divine Being, as he discovers himself to reason, in the inexpli-

DOUZIÈME PARTIE

Après le départ de *Déméa*, *Cléanthe* et *Philon* poursuivirent la conversation de la manière suivante. Notre ami, je le crains, dit *Cléanthe*, ne sera guère enclin à ranimer ce sujet de conversation, tant que vous serez de la compagnie; et pour dire la vérité, *Philon*, sur une question aussi sublime et aussi intéressante, je souhaiterais plutôt raisonner avec chacun de vous, pris séparément. Votre esprit de controverse, joint à votre extrême aversion pour la superstition vulgaire, vous porte étrangement loin, quand vous êtes engagé dans un argument; et il n'y a rien de si sacré ni de si vénérable, même à vos propres yeux, que vous épargniez en cette occasion.

Je dois avouer, répondit *Philon*, que je suis moins circonspect sur le sujet de la religion naturelle que sur aucun autre; à la fois parce que je sais que je ne pourrai jamais, sur ce chapitre, corrompre les principes d'un homme de sens commun, et parce que personne, j'en suis sûr, aux yeux de qui je paraisse un homme de sens commun, ne se méprendra sur mes intentions. Vous en particulier, *Cléanthe*, avec qui je vis dans une intimité sans réserve, vous savez bien que malgré la liberté de ma conversation et mon amour des arguments singuliers, personne n'a dans l'esprit un sens de la religion | plus profondément imprimé, ni ne rend une adoration plus ardente à l'Être divin, tel qu'il se découvre à la raison dans l'organi-

cable contrivance and artifice of nature. A purpose, an intention, a design strikes everywhere the most careless, the most stupid thinker; and no man can be so hardened in absurd systems, as at all times to reject it. *That nature does nothing in vain*, is a maxim established in all the Schools, merely from the contemplation of the works of nature, without any religious purpose; and, from a firm conviction of its truth, an anatomist, who had observed a new organ or canal, would never be satisfied, till he had also discovered its use and intention. One great foundation of the *Copernican* system is the maxim, *that* nature acts *by the simplest methods, and chooses the most proper means to any end*; and astronomers often, without thinking of it, lay this strong foundation of piety and religion. The same thing is observable in other parts of philosophy; and thus [1] all the sciences almost lead us insensibly to acknowledge a first intelligent author; and their authority is often so much the greater, as they do not directly profess that intention.

It is with pleasure I hear *Galen* reason concerning the structure of the human body. The anatomy of a man, says he [a], discovers above 600 different muscles; and whoever duly considers these, will find, that in each of them, nature must have adjusted at least ten different circumstances, in order to attain the end, which she proposed: proper figure, just magnitude, right disposition of the several ends, upper and lower position of the whole, the due insertion of the several nerves, veins, and arteries; so that in the muscles alone, above 6.000 several views

a. *De formatione foetus.*

1. religion. The same… end thus] religion. Thus

sation et l'artifice inexplicable de la nature. Un but, une intention, un dessein, frappe de partout le penseur le plus irréfléchi et le plus stupide; et personne ne peut être assez endurci en d'absurdes systèmes, pour se refuser sans relâche à l'admettre. *Que la nature ne fait rien en vain* est une maxime établie dans toutes les écoles, d'après la seule contemplation des œuvres de la nature, en dehors de toute considération religieuse; et, soutenu par la ferme conviction de la vérité de cette maxime, un anatomiste qui aurait observé un organe ou un canal nouveau, n'aurait de cesse de découvrir aussi son usage et sa destination. L'un des grands fondements du système *copernicien* est la maxime que *la nature agit par les voies les plus simples et choisit les moyens les plus propres à la fin poursuivie*; et souvent, sans y songer, les astronomes posent ce solide fondement de la piété et de la religion. La même chose est observable en d'autres parties de la philosophie; et ainsi [1] presque toutes les sciences nous amènent insensiblement à reconnaître un premier auteur intelligent; leur autorité étant souvent d'autant plus grande qu'elles ne professent pas directement cette intention.

C'est avec plaisir que j'entends *Galien*[a] raisonner sur la structure du corps humain. L'anatomie de l'homme révèle, dit-il, plus de 600 muscles différents; et quiconque les considère convenablement découvrira qu'en chacun d'eux la nature a dû ajuster au moins dix circonstances différentes, pour atteindre la fin qu'elle se | proposait : la forme appropriée, la juste   209 grandeur, la bonne disposition des diverses fins, les attaches inférieures et supérieures de l'ensemble, l'insertion convenable des différents nerfs, des diverses veines et artères; en sorte que dans les seuls muscles, on compte plus de 6.000 vues et

---

a. *De foetum formatione*, chap. VI, p. 693-694, éd. Kuhn.

1. La même chose… et, *ajouté dans la marge*.

and intentions must have been formed and executed. The bones he calculates to be 284; the distinct purposes, aimed at in the structure of each, above forty. What a prodigious display of artifice, even in these simple and homogeneous parts? But if we consider the skin, ligaments, vessels, glandules, humours, the several limbs and members of the body, how must our astonishment rise upon us, in proportion to the number and intricacy of the parts so artificially adjusted? The further we advance in these researches, we discover new scenes of art and wisdom; but descry still, at a distance, farther scenes beyond our reach, in the fine internal structure of the parts, in the economy of the brain, in the fabric of the seminal vessels. All these artifices are repeated in every different species of animal, with wonderful variety, and with exact propriety, suited to the different intentions of nature, in framing each species. And if the infidelity of *Galen*, even when these natural sciences were still imperfect, could not withstand such striking appearances, to what pitch of pertinacious obstinacy must a philosopher in this age have attained, who can now doubt of a supreme intelligence?

Could I meet with one of this species (who, I thank God, are very rare) I would ask him: supposing there were a God, who did not discover himself immediately to our senses; were it possible for him to give stronger proofs of his existence than what appear on the whole face of nature? What indeed could such a divine Being do, but copy the present economy of things; render many of his artifices so plain, that no stupidity could mistake them; afford glimpses of still greater artifices, which demonstrate his prodigious superiority above our narrow

intentions différentes qui ont dû être formées et exécutées. Les os, d'après son calcul, sont au nombre de 284; les divers buts à atteindre, grâce à la structure de chacun, plus de quarante. Quelle prodigieuse dépense d'artifice, jusque dans ces parties qui sont simples et homogènes! mais si nous considérons la peau, les ligaments, les vaisseaux, les glandes, les humeurs, les différents membres et organes du corps, combien doit croître notre étonnement, en proportion du nombre et de la complication des parties, ajustées avec tant d'adresse? À mesure que nous avançons dans ces recherches, nous découvrons de nouveaux spectacles d'art et de sagesse; mais entrevoyez encore, à distance, d'autres spectacles qui passent notre portée, dans la fine structure interne des parties, dans l'économie du cerveau, dans l'agencement des vaisseaux séminaux. Tous ces artifices se répètent dans chaque espèce animale différente, avec une variété merveilleuse et une exacte convenance se conformant aux différentes intentions que poursuit la nature dans la formation de chacune de ces espèces. Et si l'incroyance de *Galien*, même à une époque où ces sciences naturelles étaient encore imparfaites, ne pouvait résister à des apparences aussi frappantes, à quel degré d'opiniâtre obstination doit s'être porté un philosophe de notre époque, pour douter aujourd'hui d'une intelligence suprême?

Si je venais à en rencontrer un de cette sorte (qui, Dieu merci, est fort rare), je lui demanderais : supposé qu'il y eût un Dieu qui ne se découvrît pas immédiatement | à nos sens, lui 210 serait-il possible de donner de plus fortes preuves de son existence que ce qui apparaît sur la face entière de la nature? En vérité, que pourrait faire un tel Être divin, sinon copier la présente économie des choses, rendre un grand nombre de ses artifices si manifestes que nul ne soit assez stupide pour s'y méprendre, faire entrevoir de plus grands artifices encore, qui démontrent sa prodigieuse supériorité, comparée à nos étroites

apprehensions; and conceal altogether a great many from such imperfect creatures? Now according to all rules of just reasoning, every fact must pass for undisputed, when it is supported by all the arguments, which its nature admits of; even though these arguments be not, in themselves, very numerous or forcible; how much more, in the present case, where no human imagination can compute their number, and no understanding estimate their cogency?

I shall further add, said *Cleanthes*, to what you have so well urged, that one great advantage of the principle of theism is, that it is the only system of cosmogony, which can be rendered intelligible and complete, and yet can throughout preserve a strong analogy to what we every day see and experience in the world. The comparison of the universe to a machine of human contrivance is so obvious and natural, and is justified by so many instances of order and design in nature[1], that it must immediately strike all unprejudiced apprehensions, and procure universal approbation. Whoever attempts to weaken this theory, cannot pretend to succeed by establishing in its place any other, that is precise and determinate; it is sufficient for him, if he starts doubts and difficulties; and by remote and abstract views of things, reach that suspense of judgement, which is here the utmost boundary of his wishes. But besides, that this state of mind is in itself unsatisfactory, it can never be steadily maintained against such striking appearances, as continually engage us into the religious hypothesis[2]. A false, absurd system, human nature, from the force of prejudice, is capable of adhering to, with obstinacy and

1. design in nature] contrivance
2. hypothesis] theory

appréhensions, et en cacher totalement un grand nombre à de si imparfaites créatures? Or selon toutes les règles du juste raisonnement, un fait doit passer pour incontesté, quand il est soutenu par tous les arguments que sa nature comporte, même si ces arguments ne sont pas, en eux-mêmes, très nombreux ou très vigoureux; à plus forte raison, dans le cas présent, où aucune imagination humaine ne peut compter leur nombre, ni aucun entendement apprécier leur force!

J'ajouterai en outre, dit *Cléanthe*, à ce que vous avez si bien mis en avant, qu'un grand avantage du principe du théisme est qu'il est le seul système de cosmogonie qui puisse être rendu intelligible et complet, et cependant conserver d'un bout à l'autre une forte analogie avec ce que nous voyons et trouvons chaque jour par expérience dans le monde. La comparaison de l'univers avec une machine due à l'industrie humaine est si évidente et si naturelle, elle est justifiée par tant d'exemples d'ordre et de dessein dans la nature[1], qu'elle doit frapper immédiatement toute compréhension qui est exempte de préjugés, et s'attirer une approbation universelle. Quiconque essaie d'affaiblir cette théorie ne peut prétendre y réussir en établissant une autre à sa place, qui soit précise et déterminée. Il se contentera de | soulever des doutes et des difficultés, et par des vues distantes et abstraites des choses, d'atteindre à cette suspension de jugement qui est ici le terme extrême de ses ambitions. Mais, sans compter que cet état d'esprit est en lui-même insatisfaisant, il ne peut jamais être maintenu fermement contre les apparences si frappantes qui nous engagent continuellement dans l'hypothèse[2] religieuse. À un système faux et absurde, la nature humaine, placée sous l'influence du préjugé, est capable d'adhérer, et cela avec obstination et

211

---

1. de dessein dans la nature] d'organisation
2. hypothèse] théorie

perseverance; but no system at all, in opposition to a theory, supported by strong and obvious reason, by natural propensity, and by early education, I think it absolutely impossible to maintain or defend.

So little, replied *Philo*, do I esteem this suspense of judgement in the present case to be possible, that I am apt to suspect there enters somewhat of a dispute of words into this controversy, more than is usually imagined. That the works of nature bear a great analogy to the productions of art is evident; and according to all rules of good reasoning, we ought to infer, if we argue at all concerning them, that their causes have a proportional analogy. But as there are also considerable differences, we have reason to suppose a proportional difference in the causes; and in particular ought to attribute a much higher degree of power and energy to the supreme cause than any we have ever observed in mankind. Here then the existence of a DEITY is plainly ascertained by reason; and if we make it a question, whether, on account of these analogies, we can properly call him *a mind* or *intelligence*, notwithstanding the vast difference, which may reasonably be supposed between him and human minds, what is this but a mere verbal controversy? No man can deny the analogies between the effects; to restrain ourselves from inquiring concerning the causes is scarcely possible; from this inquiry, the legitimate conclusion is that the causes have also an analogy; and if we are not contented with calling the first and supreme cause a GOD or DEITY, but desire to vary the expression, what can we call him but MIND or THOUGHT, to which he is justly supposed to bear a considerable resemblance?

persévérance ; mais l'absence de tout système, en opposition avec une théorie appuyée sur une forte et évidente raison, sur un penchant naturel, et sur une première éducation, voilà ce qu'il est absolument impossible de maintenir et de défendre.

J'estime si peu, répondit *Philon*, que cette suspension de jugement soit possible dans le cas présent, que je suis enclin à soupçonner qu'il entre dans cette controverse quelque chose d'une dispute de mots, plus qu'on ne l'imagine ordinairement. Que les œuvres de la nature entretiennent une grande analogie avec les productions de l'art, est évident ; et selon toutes les règles du bon raisonnement, nous devons, pour peu que nous argumentions à leur sujet, inférer que leurs causes ont une analogie proportionnelle. Mais comme il y a également des différences considérables, nous avons toute raison de supposer une différence proportionnelle entre les causes ; et en particulier, nous devons attribuer à la cause suprême un bien plus grand degré de pouvoir et d'énergie que nous n'en avons jamais observé dans le genre humain. Ici donc, l'existence d'une DIVINITÉ est manifestement assurée par la raison ; et si nous posons la question de savoir si, au vu de ces analogies, nous | pouvons l'appeler proprement un *esprit* ou une *intelli-* 212 *gence*, malgré l'immense différence qui peut être raisonnablement supposée entre elle et les esprits humains, qu'est-ce, sinon une controverse toute verbale ? Personne ne peut nier les analogies entre les effets ; nous interdire à nous-mêmes une enquête concernant les causes est à peine possible ; de cette enquête nous tirons la conclusion légitime que les causes ont aussi de l'analogie ; et si nous ne nous contentons pas d'appeler la cause première et suprême DIEU ou DIVINITÉ et que nous désirions varier l'expression, comment pouvons-nous l'appeler, sinon ESPRIT ou PENSÉE, avec quoi elle est censée à juste titre entretenir une ressemblance considérable ?

All men of sound reason are disgusted with verbal disputes, which abound so much in philosophical and theological inquiries; and it is found, that the only remedy for this abuse must arise from clear definitions, from the precision of those ideas which enter into any argument, and from the strict and uniform use of those terms which are employed. But there is a species of controversy, which, from the very nature of language and of human ideas, is involved in perpetual ambiguity, and can never, by any precaution or any definitions, be able to reach a reasonable certainty or precision. These are the controversies concerning the degrees of any quality or circumstance. Men may argue to all eternity, whether *Hannibal* be a great, or a very great, or a superlatively great man, what degree of beauty *Cleopatra* possessed, what epithet of praise *Livy* or *Thucydides* is entitled to, without bringing the controversy to any determination. The disputants may here agree in their sense and differ in the terms, or *vice versa*; yet never be able to define their terms, so as to enter into each other's meaning, because the degrees of these qualities are not, like quantity or number, susceptible of any exact mensuration, which may be the standard in the controversy. That the dispute concerning theism is of this nature, and consequently is merely verbal, or, perhaps, if possible, still more incurably ambiguous, will appear upon the slightest inquiry. I ask the theist, if he does not allow that there is a great and immeasurable, because incomprehensible, difference between the *human* and the *divine* mind; the more pious he is, the more readily will he assent to the affirmative, and the more will he be disposed to magnify the difference; he will even assert, that the difference is of a nature, which cannot be too much magnified. I next turn to the atheist, who, I assert, is only nominally so, and

Tous les hommes de raison saine ont le dégoût des disputes verbales qui abondent tant dans les enquêtes philosophiques et théologiques ; et l'on trouve que le seul remède contre cet abus doit se tirer de définitions claires, de la précision des idées qui entrent dans l'argumentation et de l'usage strict et uniforme des termes qui sont employés. Mais il y a une espèce de controverse qui, par la nature même du langage et des idées humaines, s'enveloppe d'une perpétuelle ambiguité, et qui jamais, par aucune précaution, par aucune définition, ne sera à même d'être portée à une certitude ou une précision raisonnable. Ce sont les controverses au sujet des degrés d'une qualité ou d'une circonstance. On peut discuter indéfiniment pour savoir si Hannibal fut un grand, un très grand, ou un très très grand homme, quel degré de beauté possédait Cléopâtre, à quel épithète élogieux Tite-Live ou Thucydide ont droit ; et cela, sans que la controverse ne débouche sur aucune décision. Les différentes parties peuvent ici s'accorder dans leur sentiment et différer dans les termes, ou *vice | versa* ; pourtant elles 213 ne sauraient jamais assez définir leurs termes pour entrer dans le sens l'une de l'autre, parce que les degrés de ces qualités ne sont pas, comme la quantité et le nombre, susceptibles d'une mesure exacte, qui pourrait servir d'échelle dans la controverse. Que la dispute concernant le théisme soit de cette nature, et par conséquent qu'elle soit purement verbale, ou peut-être, s'il se peut, encore plus incurablement ambiguë, apparaîtra au moindre examen. Je demande au théiste s'il ne reconnaît pas qu'il y a une grande, une incommensurable différence, parce qu'elle est incompréhensible, entre l'esprit *humain* et l'esprit *divin* : plus il a de piété, plus volontiers il consentira à une réponse affirmative, et plus il sera disposé à accentuer la différence ; il soutiendra même que la différence est d'une nature à ne pouvoir être trop accentuée. Je me tourne ensuite vers l'athée qui, je l'affirme, n'est tel que de nom, et ne

can never possibly be in earnest; and I ask him, whether from the coherence and apparent sympathy in all the parts of this world, there be not a certain degree of analogy among all the operations of nature, in every situation and in every age; whether the rotting of a turnip, the generation of an animal, and the structure of human thought be not energies that probably bear some remote analogy to each other: it is impossible he can deny it; he will readily acknowledge it. Having obtained this concession, I push him still farther in his retreat; and I ask him, if it be not probable, that the principle which first arranged, and still maintains order in this universe, bears not also some remote inconceivable analogy to the other operations of nature, and among the rest to the economy of human mind and thought. However reluctant, he must give his assent. Where then, cry I to both these antagonists, is the subject of your dispute: the theist allows that the original intelligence is very different from human reason; the atheist allows that the original principle of order bears some remote analogy to it. Will you quarrel, Gentlemen, about the degrees, and enter into a controversy, which admits not of any precise meaning, nor consequently of any determination. If you should be so obstinate, I should not be surprised to find you insensibly change sides; while the theist on the one hand exaggerates the dissimilarity between the supreme being and frail, imperfect, variable, fleeting, and mortal creatures; and the atheist on the other magnifies the analogy among all the operations of nature, in every period, every situation, and every position. Consider then, where the real point of controversy lies, and if you cannot

saurait jamais l'être en quelque manière sérieusement, et je lui
demande si, à considérer la cohérence et l'apparente sympathie de toutes les parties de ce monde, il n'y a pas un certain
degré d'analogie entre toutes les opérations de la nature, en
toute situation et à toute époque, si la putréfaction d'un navet,
la génération d'un animal et la structure de la pensée humaine
ne sont pas des énergies qui entretiennent probablement
quelque lointaine analogie entre elles. Il est impossible qu'il le
nie ; il le reconnaîtra volontiers. Fort de cette concession, je le
pousse encore plus loin dans sa retraite ; et je lui demande s'il
n'est pas probable que le principe qui arrangea d'abord cet
univers, et qui continue d'y maintenir de l'ordre, n'entretient
pas aussi quelque analogie, lointaine et inconcevable, avec les
autres opérations de la nature, et, entre autres, avec l'économie
de l'esprit et de la pensée humaine. Même de | mauvais cœur, il   214
faut qu'il donne son assentiment. Où donc, crié-je aux deux
adversaires, est le sujet de votre dispute ? Le théiste reconnaît
que l'intelligence originelle est très différente de la raison
humaine ; l'athée reconnaît que le principe d'ordre originel
entretient quelque lointaine analogie avec cette même raison.
Allez-vous vous quereller, Messieurs, sur les degrés et entrer
dans une controverse qui ne souffre aucun sens précis, et
partant aucune décision ? Si vous deviez être obstinés à ce
point, je ne serais pas surpris de vous voir insensiblement
changer de côté, le théiste d'une part exagérant la dissimilitude
entre l'Être suprême et les fragiles, imparfaites, variables,
passagères et mortelles créatures, et l'athée d'autre part accen-
tuant l'analogie entre toutes les opérations de la nature en toute
période, en toute situation et en toute condition. Considérez
donc où gît le point réel de la controverse ; et si vous ne pouvez

lay aside your disputes, endeavour, at least, to cure yourselves of your animosity.

And here I must acknowledge, *Cleanthes*, that, as the works of nature have a much greater analogy to the effects of *our* art and contrivance, than to those of *our* benevolence and justice, we have reason to infer that the natural attributes of the Deity have a greater resemblance to those of man, than his moral have to human virtues. But what is the consequence? Nothing but this, that the moral qualities of man are more defective in their kind than his natural abilities. For as the supreme being is allowed to be absolutely and entirely perfect, whatever differs most from him departs the farthest from the supreme standard of rectitude and perfection [b].

b. It seems evident, that the dispute between the sceptics and dogmatists is entirely verbal, or at least regards only the degrees of doubt and assurance, which we ought to indulge with regard to all reasoning; and such disputes are commonly, at the bottom, verbal and admit not of any precise determination. No philosophical dogmatist denies that there are difficulties both with regard to the senses and to all science, and that these difficulties are in a regular, logical method, absolutely insolvable. No sceptic denies that we lie under an absolute necessity, notwithstanding these difficulties, of thinking, and believing, and reasoning with regard to all kinds of subjects, and even of frequently assenting with confidence and security. The only difference, then, between these sects, if they merit that name, is that the sceptic, from habit, caprice, or inclination, insists most on the difficulties; the dogmatist, for like reasons, on the necessity.

abandonner vos disputes, efforcez-vous du moins de vous guérir de votre animosité [1].

Et ici je dois également reconnaître, *Cléanthe*, que, comme les œuvres de la nature entretiennent une bien plus grande analogie avec les effets de *notre* art et de *notre* industrie, qu'avec les effets de *notre* bienveillance et de *notre* justice, nous avons raison d'inférer que les attributs naturels de la Divinité ont une plus grande ressemblance avec ceux de l'homme, que ses attributs moraux avec les vertus humaines. Mais quelle conséquence tirer? Aucune, sinon que les qualités morales de l'homme sont plus imparfaites dans leur genre que ses capacités naturelles. Car l'Être suprême étant posé d'une perfection absolue et totale, plus on diffère de lui et plus | on s'éloigne du modèle suprême de probité et de perfection [b].

215

b. Il semble évident que la dispute entre les sceptiques et les dogmatiques est entièrement verbale, ou du moins ne concerne que les degrés de doute et d'assurance que nous devons montrer touchant tout raisonnement; et, au fond, de telles disputes sont d'ordinaire verbales et ne comportent pas de décision précise. Aucun dogmatique philosophique ne nie qu'il y n'ait des difficultés touchant à la fois les sens et toutes les sciences, et que ces difficultés ne soient parfaitement insolubles selon une méthode régulière et logique. Aucun sceptique ne nie que nous ne soyons, malgré ces difficultés, dans la nécessité absolue de penser, de croire, de raisonner, en toute sorte de sujets, et même de déclarer souvent avec confiance et sûreté. La seule différence, donc, entre ces sectes, si elles méritent ce nom, est que le sceptique, par habitude, caprice ou inclination, insiste davantage sur les difficultés, et que le dogmatique, pour les mêmes raisons, insiste sur la nécessité [*Note écrite d'abord sur une page de la XIIe partie, avec indications d'insertion, puis barré et réécrite sur la dernière page du manuscrit. La raison avancée par Price (250-251, n. 5) pour incorporer la note dans le texte même ne nous paraît pas suffisante : s'il est possible que Hume ait pris conscience que la forme littéraire du dialogue ne se prêtait guère à des notes, il reste que le contenu de la présente note est tel que, incorporé au texte, il rompt le fil de l'argument.*

1. *Paragraphe écrit sur la dernière page du manuscrit, avec indications d'insertion, et appartenant aux dernières additions faites par Hume en 1776.*

These, *Cleanthes*, are my unfeigned sentiments on this subject; and these sentiments, you know, I have ever cherished and maintained. But in proportion to my veneration for true religion, is my abhorrence of vulgar superstitions; and I indulge a peculiar pleasure, I confess, in pushing such principles, sometimes into absurdity, sometimes into impiety. And you are sensible, that all bigots, notwithstanding their great aversion to the latter above the former, are commonly equally guilty of both.

My inclination, replied *Cleanthes*, lies, I own, a contrary way. Religion, however corrupted, is still better than no religion at all. The doctrine of a future state is so strong and necessary a security to morals, that we never ought to abandon or neglect it. For if finite and temporary rewards and punishments have so great an effect, as we daily find, how much greater must be expected from such as are infinite and eternal?

How happens it then, said *Philo*, if vulgar superstition[1] be so salutary to society, that all history abounds so much with accounts of its pernicious consequences on public affairs? Factions, civil wars, persecutions, subversions of government, oppression, slavery: these are the dismal consequences which always attend its prevalence over the minds of men. If the religious spirit be ever mentioned in any historical narration, we are sure to meet afterwards with a detail of the miseries, which attend it. And no period of time can be happier and more prosperous, than those in which it is never regarded or heard of.

The reason of this observation, replied *Cleanthes*, is obvious. The proper office of religion is to regulate the hearts

1. superstition] religion

Voici sans feinte, *Cléanthe*, mes sentiments sur ce sujet; et ces sentiments, vous le savez, je les ai toujours nourris et maintenus. Mais ma vénération pour la vraie religion a pour égal mon extrême aversion des superstitions vulgaires; et je prends, je l'avoue, un plaisir particulier à pousser de tels principes tantôt jusqu'à l'absurdité, tantôt jusqu'à l'impiété. Et vous savez bien que tous les bigots, malgré la grande aversion qu'ils éprouvent pour celle-ci plutôt que pour celle-là, sont d'ordinaire également coupables des deux.

Mon inclination, répondit *Cléanthe*, suit, je l'avoue, une voie contraire. La religion, même corrompue, est encore meilleure que l'absence de toute religion. La doctrine d'un état futur est une sauvegarde si forte et si nécessaire pour la morale, que nous ne devons jamais l'abandonner ou la négliger. Car si des récompenses et des châtiments finis et temporaires ont autant d'effet que | nous le voyons tous les jours, que ne faut-il   216
attendre de récompenses et de châtiments infinis et éternels?

Comment se fait-il donc, dit *Philon*, si vraiment la superstition [1] vulgaire est à ce point salutaire à la société, que toute l'histoire abonde tant en récits de ses conséquences funestes sur les affaires publiques? Factions, guerres civiles, persécutions, renversements de gouvernement, oppression, esclavage, telles sont les sombres conséquences qui accompagnent toujours son emprise sur l'esprit des hommes. Chaque fois qu'il est question de l'esprit religieux dans une relation historique, nous sommes sûrs de rencontrer ensuite le détail des malheurs qui l'accompagnent. Et il n'est pas d'époque plus heureuse et plus prospère que celles où jamais l'on ne s'en soucie ni n'en entend parler.

La raison de cette observation, répondit *Cléanthe*, est évidente. La religion a pour office propre de régler le cœur des

---

1. superstition] religion

of men, humanize their conduct, infuse the spirit of tempe-
rance, order, and obedience; and as its operation is silent, and
only enforces the motives of morality and justice, it is in
danger of being overlooked, and confounded with these other
motives. When it distinguishes itself, and acts as a separate
principle over men, it has departed from its proper sphere, and
has become only a cover to faction and ambition.

And so will all religion, said *Philo*, except the philosophical and rational kind. Your reasonings are more easily
eluded than my facts. The inference is not just, because finite
and temporary rewards and punishments have so great
influence, that therefore such as are infinite and eternal
must have so much greater[1]. Consider, I beseech you, the
attachment which we have to present things, and the little
concern which we discover for objects so remote and
uncertain. When divines are declaiming against the common
behaviour and conduct of the world, they always represent
this principle the strongest imaginable (which indeed it is), and
describe almost all human kind as lying under the influence
of it, and sunk into the deepest lethargy and unconcern

---

1. greater. [If indeed we consider the matter merely in an abstract light: if
we compare only the importance of the motives, and then reflect on the natural
self-love of mankind; we shall not only look for a great effect from religious
considerations; but we must really esteem them absolutely irresistible and
infaillible in their operation. For what other motive can reasonably counterbalance them even for a moment? But this is not found to hold in reality; and
therefore, we may be certain that there is some other principle of human nature,
which we have here overlooked, and which diminishes, at least, the force of
these motives. This principle is] the attachment

hommes, d'humaniser leur conduite, de leur insuffler l'esprit de la tempérance, de l'ordre et de l'obéissance; et comme son opération est silencieuse et renforce seulement les motifs de la moralité et de la justice, elle court le risque d'être négligée et confondue avec ces autres motifs. Quand elle se distingue et qu'elle agit comme un principe séparé sur les hommes, c'est qu'elle s'est écartée de sa sphère propre et qu'elle est devenue un simple masque pour la faction et l'ambition.

Et ainsi fera toute religion, dit *Philon*, excepté la religion du genre philosophique et rationnel. Vos raisonnements sont plus faciles à éluder que mes faits. L'inférence n'est pas juste, quand de ce que des récompenses et des châtiments finis et temporaires ont tant d'influence, on conclut que des récompenses et des châtiments infinis et éternels auront une influence | encore plus grande[1]. Considérez, je vous conjure, 217 l'attachement que nous avons pour les choses présentes, et le peu d'intérêt que nous montrons pour des objets si éloignés et incertains. Quand les théologiens déclament contre la manière ordinaire qu'a le monde de se comporter et de se conduire, ils représentent toujours ce principe comme le plus fort qu'on puisse imaginer – ce qu'il est en vérité – et décrivent presque toute l'espèce humaine comme soumise à son influence et plongée dans la nonchalance et l'indifférence la plus profonde

---

1. *Dans le manuscrit, le passage suivant est ici barré* : Si nous considérons le sujet sous un jour purement abstrait, si nous nous bornons à comparer l'importance des motifs et qu'ensuite nous réfléchissons à l'amour de soi, naturel aux hommes, non seulement nous nous attendrons à ce que les considérations religieuses produisent un effet considérable, mais nous devons encore les juger absolument irrésistibles et infaillibles dans leur opération. En effet, quel autre motif peut raisonnablement les contrebalancer, ne serait-ce qu'un moment? Mais ce n'est pas, trouvons-nous, ce qui s'impose dans la réalité; et, par conséquent, nous pouvons être certains qu'il y a quelque autre principe de la nature humaine que nous avons laissé ici échapper, et qui, à tout le moins, diminue la force de ces motifs. Ce principe est l'attachement que nous avons…

about their religious interests. Yet these same divines, when they refute their speculative antagonists, suppose the motives of religion to be so powerful, that, without them, it were impossible for civil society to subsist; nor are they ashamed of so palpable a contradiction. It is certain, from experience, that the smallest grain of natural honesty and benevolence has more effect on men's conduct, than the most pompous views, suggested by theological theories and systems. A man's natural inclination works incessantly upon him; it is for ever present to the mind and mingles itself with every view and consideration; whereas religious motives, where they act at all, operate only by starts and bounds; and it is scarcely possible for them to become altogether habitual to the mind. The force of the greatest gravity, say the philosophers, is infinitely small, in comparison of that of the least impulse; yet it is certain, that the smallest gravity will, in the end, prevail above a great impulse; because no strokes or blows can be repeated with such constancy as attraction and gravitation.

Another advantage of inclination[1]: it engages on its side all the wit and ingenuity of the mind; and when set in opposition to religious principles, seeks every method and art of eluding them; in which it is almost always successful. Who can explain the heart of man, or account for those strange salvos and excuses, with which people satisfy themselves, when they follow their inclinations in opposition to their religious duty? This is well understood in the world; and none but fools ever repose less trust in a man, because they hear that, from study and philosophy, he has entertained some

1. avantage of [natural] inclination

à l'égard des intérêts religieux. Cependant, ces mêmes théologiens, quand ils réfutent leurs adversaires spéculatifs, supposent aux motifs de la religion tant de puissance que, en leur absence, il serait impossible à la société civile de subsister; et ils n'ont pas honte d'une contradiction si palpable. Il est certain, par expérience, que le moindre brin d'honnêteté et de bienveillance naturelle a plus d'effet sur la conduite des hommes que les vues les plus pompeuses, insinuées par les théories et les systèmes théologiques. L'inclination naturelle d'un homme œuvre incessamment en lui; elle est toujours présente à son esprit; elle se mêle à chaque vue, à chaque considération; tandis que les motifs religieux, si tant est qu'ils agissent, opèrent seulement par accrocs et par bonds; et il ne leur est guère donné de devenir tout à fait | habituels à l'esprit.   218
La force de la plus grande gravité, disent les philosophes, est infiniment petite, en comparaison de celle de la moindre impulsion; et pourtant, il ne fait pas de doute que la plus petite gravité finira par l'emporter sur une grande impulsion; parce qu'il n'est pas de chocs ni de coups qui puissent se répéter avec autant de constance que l'attraction et la gravitation.

Et voici un autre avantage de l'inclination[1] : elle engage de son côté tout le talent et l'invention de l'esprit; et quand elle entre en opposition avec les principes religieux, elle cherche toute espèce de méthode et d'artifice pour les esquiver; à quoi elle réussit presque toujours. Qui peut débrouiller le cœur de l'homme ou expliquer ces faux-fuyants et ces excuses étranges dont les gens se satisfont, quand ils suivent leur inclination, en contradiction avec leur devoir religieux? C'est ce que l'on comprend bien dans le monde; et il n'y a que les fous pour accorder moins de confiance à un homme, parce que, ont-ils entendu, l'étude et la philosophie lui ont fait concevoir des

---

1. avantage de l'inclination [naturelle]

speculative doubts with regard to theological subjects. And when we have to do with a man, who makes a great profession of religion and devotion, has this any other effect upon several, who pass for prudent, than to put them on their guard, lest they be cheated and deceived by him?

We must further consider, that philosophers, who cultivate reason and reflection, stand less in need of such motives to keep them under the restraint of morals; and that the vulgar, who alone may need them, are utterly incapable of so pure a religion as represents the Deity to be pleased with nothing but virtue in human behaviour. The recommendations to the divinity are generally supposed to be either frivolous observances, or rapturous ecstasies, or a bigoted credulity[1]. We need not run back into antiquity, or wander into remote regions, to find instances of this degeneracy. Amongst ourselves, some have been guilty of that atrociousness, unknown to the Egyptian and Greek superstitions, of declaiming, in express terms, against morality, and representing it as a sure forfeiture of the divine favour, if the least trust or reliance be laid upon it.

But even though superstition or enthusiasm should not put itself in direct opposition to morality, the very diverting of the attention, the raising up a new and frivolous species of merit, the preposterous distribution which it makes of praise and blame, must have the most pernicious consequences, and

---

1. credulity [and though there may be exceptions to this rule with regard to particular persons, yet they compose much the smaller number]

doutes spéculatifs touchant les sujets théologiques. Et quand nous avons affaire à un homme qui fait force profession de religion et de dévotion, quel autre effet cela a-t-il sur certains, qui passent pour prudents, que de les mettre en garde d'être dupés et trompés par lui?

De plus, il nous faut considérer que les philosophes, qui cultivent la raison et la réflexion, n'ont point tant besoin de tels motifs pour être maintenus sous la contrainte de la morale, et que le vulgaire, qui seul peut en avoir besoin[1], est parfaitement incapable d'une religion assez pure pour représenter la Divinité comme n'étant satisfaite que par la vertu dans la conduite | humaine. Les moyens de se recommander à la Divinité sont   219 généralement censés consister en des observances frivoles, des extases emportées ou une crédulité bigote[2]. Nous n'avons pas à remonter jusqu'à l'antiquité ni à parcourir des régions éloignées, pour trouver des exemples de cette dégradation. Il en est parmi nous qui se sont rendus coupables du forfait, inconnu des superstitions *égyptiennes* et *grecques*, de déclamer en termes exprès contre la moralité, et de représenter comme perte assurée de la faveur divine le moindre crédit ou la moindre confiance qui lui serait accordée[3].

Mais quand même la superstition ou l'enthousiasme ne viendrait pas s'opposer directement à la moralité, le simple fait de détourner l'attention, de susciter une nouvelle et frivole espèce de mérite, de distribuer à rebours l'éloge et le blâme, doit avoir les plus funestes conséquences et affai-

1. qui seul peut en avoir besoin *barré puis rétabli.*
2. crédulité bigote; [et bien qu'il puisse y avoir des exceptions à cette règle, en ce qui touche les personnes particulières, cependant, elles constituent de loin le plus petit nombre]
3. *Les deux dernières phrases de ce paragraphe ont été barrées puis rétablies.*

weaken extremely men's attachment to the natural motives of justice and humanity.

Such a principle of action likewise, not being any of the familiar[1] motives of human conduct, acts only by intervals on the temper, and must be roused by continual efforts, in order to render the pious zealot satisfied with his own conduct, and make him fulfil his devotional task. Many religious exercises are entered into with seeming fervour, where the heart, at the time, feels cold and languid; a habit of dissimulation is by degrees contracted; and fraud and falsehood become the predominate principle. Hence the reason of that vulgar observation, that the highest zeal in religion and the deepest hypocrisy, so far from being inconsistent, are often or commonly united in the same individual character.

The bad effects of such habits, even in common life, are easily imagined; but, where the interests of religion are concerned, no morality can be forcible enough to bind the enthusiastic zealot. The sacredness of the cause sanctifies every measure which can be made use of to promote it.

The steady attention alone to so important an interest as that of eternal salvation is apt to extinguish the benevolent affections, and beget a narrow, contracted selfishness. And when such a temper is encouraged, it easily eludes all the general precepts of charity and benevolence.

Thus the motives of vulgar superstition have no great influence on general conduct; nor is their operation favourable to morality in the instances, where they predominate.

---

1. any of the [natural or] familiar

blir extrêmement l'attachement des hommes aux motifs naturels de justice et d'humanité.

Par ailleurs, un tel principe d'action, n'étant pas l'un des motifs familiers [1] de la conduite humaine, n'agit sur le tempérament que par intervalles et doit être stimulé au prix d'efforts continuels, de manière à rendre content de sa propre conduite le pieux zélateur et à lui faire remplir son devoir de dévotion. Beaucoup d'exercices religieux sont abordés avec une apparente ferveur, tandis que le cœur, au même moment, se sent froid et inerte. L'habitude de dissimuler est progressivement contractée ; et la tromperie et la fausseté deviennent le principe prédominant. Telle est la raison de cette | observation com-   220
mune, que le plus haut zèle en religion et la plus profonde hypocrisie, loin d'être incompatibles, sont souvent ou ordinairement réunis en une seule et unique personne.

On imagine aisément les mauvais effets de telles habitudes, même dans la vie courante ; mais quand les intérêts de la religion sont en jeu, il n'est pas de moralité assez contraignante pour retenir le zélateur enthousiaste. Le caractère sacré de la cause sanctifie toute mesure qui peut être employée pour la promouvoir.

La constante attention portée à un intérêt aussi important que le salut éternel est, à elle seule, capable d'éteindre les affections bienveillantes et d'engendrer un égoïsme étroit et rétréci. Et quand une telle disposition est encouragée, elle se soustrait aisément aux préceptes généraux de charité et de bienveillance.

Ainsi, les motifs de la superstition vulgaire n'ont point de grande influence sur la conduite générale ; et leur opération n'est pas très favorable à la moralité, dans les cas où ils l'emportent.

---

1. motifs [naturels] ou familiers

Is there any maxim in politics more certain and infallible, than that both the number and the authority of priests should be confined within very narrow limits, and that the civil magistrate ought, for ever, to keep his *fasces* and *axes* from such dangerous hands? But if the spirit of popular religion were so salutary to society, a contrary maxim ought to prevail. The greater number of priests, and their greater authority and riches will always augment the religious spirit. And though the priests have the guidance of this spirit; why may we not expect a superior sanctity of life, and greater benevolence and moderation, from persons who are set apart for religion, who are continually inculcating it upon others, and who must themselves imbibe a greater share of it? Whence comes it then, that, in fact, the utmost a wise magistrate can propose with regard to popular religions, is, as far as possible, to make a saving game of it, and to prevent their pernicious consequences with regard to society? Every expedient which he tries for so humble a purpose is surrounded with inconveniences. If he admits only one religion among his subjects, he must sacrifice, to an uncertain prospect of tranquillity, every consideration of public liberty, science, reason, industry, and even his own independence. If he gives indulgence to several sects, which is the wiser maxim, he must preserve a very philosophical indifference to all of them, and carefully restrain the pretensions of the prevailing sect; otherwise he can expect nothing but endless disputes, quarrels, factions, persecutions, and civil commotions.

True religion, I allow, has no such pernicious consequences; but we must treat of religion, as it has commonly been found in the world; nor have I any thing

Est-il maxime plus certaine et plus infaillible en politique, que celle qui veut que tant le nombre que l'autorité des prêtres soient confinés en des limites très étroites, et que le magistrat civil éloigne toujours ses *fasces et axes* de mains aussi dangereuses ? Mais si l'esprit de la religion populaire était si salutaire à la société, une maxime contraire devrait prévaloir. L'accroissement du nombre des prêtres et l'accroissement de leur autorité et de leur richesse augmenteront toujours l'esprit religieux. Et quoique les prêtres doivent avoir la direction de cet esprit religieux, pourquoi n'attendrions-nous pas une plus grande sainteté de vie et davantage de bienveillance et de modération, de personnes qui sont mises à part pour la | religion, qui l'inculquent continuellement aux autres et qui doivent elles-mêmes s'en pénétrer d'une plus grande part ? D'où vient donc que, dans les faits, le mieux qu'un magistrat avisé puisse se proposer à l'égard des religions populaires, soit, autant qu'il le peut, de ne rien y gagner et de ne rien y perdre, et de prévenir leurs conséquences funestes sur la société ? Chaque expédient qu'il essaie pour atteindre un but si modeste, s'entoure d'inconvénients. S'il n'admet qu'une seule religion chez ses sujets, il doit sacrifier à une perspective incertaine de tranquillité toute considération relative à la liberté publique, à la science, la raison, l'industrie, et même à sa propre indépendance. S'il laisse carrière à plusieurs sectes, ce qui est la maxime la plus sage, il lui faut conserver une indifférence très philosophique envers toutes, et réprimer soigneusement les prétentions de la secte dominante ; autrement, il ne peut s'attendre qu'à des disputes, des querelles, des factions, des persécutions, des agitations civiles incessantes.

La vraie religion, j'en conviens, n'a pas des conséquences si funestes ; mais nous devons traiter de la religion telle qu'elle s'est trouvée d'ordinaire dans le monde ; et je n'ai nullement

to do with that speculative tenet of[1] theism, which, as it is a species of philosophy, must partake of the beneficial influence of that principle, and at the same time must lie under a like inconvenience, of being always confined to a very few persons[2].

Oaths are requisite in all courts of judicature; but it is a question whether their authority arises from any popular religion. It is the solemnity and importance of the occasion, the regard to reputation, and the reflecting on the general interests of society, which are the chief restraints upon mankind. Custom-house oaths and political oaths are but little regarded even by some who pretend to principles of honesty and religion; and a Quaker's asseveration is with us justly put upon the same footing with the oath of any other person. I know that *Polybius*[c] ascribes the infamy of Greek faith to the prevalence of the Epicurean philosophy; but I know also, that Punic faith had as bad a reputation in ancient times, as Irish evidence has in modern; though we cannot account for these vulgar observations by the same reason. Not to mention, that *Greek* faith was infamous before the rise of the *Epicurean* philosophy;

c. Lib. 6, Cap. 54.

1. tenet of [refined]
2. [Since government, reason, learning, friendship, love, and every human advantage are attented with inconveniences, as we daily find, what may be expected in all the various models of superstition; a quality composed of whatever is the most absurd, corrupted, and barbarous or our nature? Were there any one exception to that universal mixture of good and ill, which is found in life, this might be pronounced thoroughly and entirely ill.]

affaire avec cette doctrine spéculative du théisme[1], qui, puisqu'elle est une espèce de philosophie, ne manque pas de partager l'influence bénéfique de ce principe et, en même temps, d'être sujette au même inconvénient d'être toujours restreinte à un très petit nombre de personnes[2].

| On exige des serments dans toutes les cours de justice;   222
mais c'est une question de savoir si leur autorité se tire d'une religion populaire quelconque. La solennité et l'importance de la circonstance, le souci qu'on a de sa réputation, la réflexion qu'on applique aux intérêts généraux de la société, voilà les principales contraintes qui s'exercent sur l'humanité. Les serments de douane et les serments politiques ne sont guère pris en considération, même par certains qui prétendent à des principes d'honnêteté et de religion; et la déclaration solennelle d'un quaker est chez nous mise, à bon droit, sur le même pied que le serment de toute autre personne. Je sais bien que *Polybe*[c] attribue le discrédit de la foi *grecque* à la prédominance de la philosophie *épicurienne*; mais je sais aussi que la foi *punique* avait une réputation aussi mauvaise dans l'antiquité que le témoignage *irlandais* aujourd'hui, bien que nous ne puissions rendre compte de ces observations banales par la même raison. Sans compter que la foi *grecque* était déjà discréditée avant la naissance de la philosophie *épicurienne*;

c. *Histoires*, livre VI, chap. 56.

1. du théisme [raffiné]

2. *Hume avait ajouté dans la marge, puis barré ce qui suit*: Puisque le gouvernement, la raison, la connaissance, l'amitié et tout avantage humain, s'accompagnent d'inconvénients, ainsi que nous le voyons quotidiennement, que pouvons-nous attendre de tous les divers modèles de superstition? Une composition de ce qu'il y a de plus absurde, de plus corrompu et de plus barbare dans notre nature? Dût-il y avoir quelque exception à ce mélange universel de bien et de mal, observé en cette vie, que cette composition pourrait bien être déclarée mauvaise totalement et à tous égards.

and *Euripides*[d] in a passage which I shall point out to you, has glanced a remarkable stroke of satire against his nation, with regard to this circumstance.

Take care, *Philo*, replied *Cleanthes*, take care; push not matters too far; allow not your zeal against false religion to undermine your veneration for the true. Forfeit not this principle, the chief, the only great comfort in life; and our principal support amidst all the attacks of adverse fortune. The most agreeable reflection, which it is possible for human imagination to suggest, is that of genuine theism, which represents us as the workmanship of a Being perfectly good, wise, and powerful; who created us for happiness, and who, having implanted in us immeasurable desires of good, will prolong our existence to all eternity, and will transfer us into an infinite variety of scenes, in order to satisfy those desires, and render our felicity complete and durable. Next to such a being himself (if the comparison be allowed) the happiest lot which we can imagine, is that of being under his guardianship and protection. These appearances, said *Philo*, are most engaging and alluring; and with regard to the true philosopher, they are more than appearances. But it happens here, as in the former case, that, with regard to the greater part of mankind, the appearances are deceitful, and that the terrors of religion commonly prevail above its comforts.

It is allowed, that men never have recourse to devotion so readily as when dejected with grief or depressed with sickness. Is not this a proof, that the religious spirit is not so nearly allied to joy as to sorrow?

d. Iphigenia in Tauride.

et *Euripide*[d], dans un passage que je vous indiquerai, a lancé contre sa nation un remarquable trait de satire, qui touche à cette circonstance.

Prenez garde, *Philon*, répondit *Cléanthe*, prenez garde : ne poussez pas les choses trop loin ; ne laissez pas votre zèle contre la fausse religion saper votre vénération pour la vraie. N'entamez pas ce principe, qui est le premier, le seul grand réconfort de la vie, et notre principal soutien parmi toutes les attaques de la fortune adverse. La plus agréable réflexion qu'il soit donné à | l'imagination humaine d'évoquer, est celle du   223 pur théisme, lequel nous représente comme l'ouvrage d'un Être parfaitement bon, sage et puissant, qui nous créa pour le bonheur et qui, ayant implanté en nous des désirs du bien sans mesure, prolongera notre existence durant toute l'éternité, et nous transportera dans une infinie variété de scènes, afin de satisfaire ces désirs et de rendre notre félicité complète et durable. Après celui d'un tel Être lui-même (si la comparaison est permise) le sort le plus heureux que nous puissions imaginer, c'est d'être sous sa garde et sa protection. Ces apparences, dit *Philon*, sont très engageantes et très attirantes ; et, concernant le vrai philosophe, ce sont plus que des apparences. Mais il arrive ici, comme dans le cas précédent, que, concernant la plus grande partie du genre humain, les apparences sont trompeuses et que les terreurs de la religion l'emportent communément sur ses réconforts.

Il est reconnu que les hommes n'ont jamais si volontiers recours à la dévotion que lorsqu'ils sont terrassés par le chagrin ou accablés par la maladie. N'est-ce pas la preuve que l'esprit religieux ne s'allie pas à la joie de si près qu'à la tristesse ?

---

d. *Iphigénie en Tauride*, v. 1157 *sq.*

But men, when afflicted, find consolation in religion, replied *Cleanthes*. Sometimes, said *Philo*; but it is natural to imagine, that they will form a notion of those unknown beings, suitable to the present gloom and melancholy of their temper, when they betake themselves to the contemplation of them. Accordingly, we find the tremendous images to predominate in all religions[1]; and we ourselves, after having employed the most exalted expression in our descriptions of the Deity, fall into the flattest contradiction, in affirming that the damned are infinitely superior in number to the elect.

I shall venture to affirm, that there never was a popular religion, which represented the state of departed souls in such a light, as would render it eligible for human kind, that there should be such a state. These fine models of religion are the mere product of philosophy. For as death lies between the eye and the prospect of futurity, that event is so shocking to nature, that it must throw a gloom on all the regions, which lie beyond it; and suggest to the generality of mankind the idea of *Cerberus* and Furies; devils, and torrents of fire and brimstone.

It is true, both fear and hope enter into religion; because both these passions, at different times, agitate the human mind, and each of them forms a species[2] of divinity, suitable to itself. But when a man is in a cheerful disposition, he is fit for business or company or entertainment of any kind; and he naturally applies himself to these, and thinks not of religion. When melancholy, and dejected, he has nothing to do but brood upon the terrors of the invisible world, and to plunge himself still

1. all religions] most religions
2. a species] specter

Mais les hommes, quand ils sont affligés, trouvent une consolation, dans la religion, répondit *Cléanthe*. – Parfois, dit *Philon*; mais il est naturel d'imaginer qu'ils se formeront de ces êtres inconnus une notion conforme à la noirceur et à la mélancolie présente de leur tempérament, quand ils en font les objets de leur contemplation – Et de fait nous voyons les images terrifiantes dominer dans toutes les religions[1]; et nous-mêmes, après avoir adopté l'expression la plus enflammée dans notre description de la Divinité, nous tombons | dans la   224 contradiction la plus absolue, quand nous affirmons que les damnés sont infiniment supérieurs en nombre aux élus.

Je me risquerai à affirmer qu'il n'y a jamais eu de religion populaire qui ait représenté l'état des âmes défuntes dans une lumière rendant désirable pour le genre humain qu'il y ait un tel état. Ces beaux modèles de religion ne sont que le produit de la philosophie. Car, la mort s'interposant entre l'œil et la perspective de la vie future, cet événement est si révoltant pour la nature qu'il vient inévitablement assombrir toutes les régions situées au-delà, et suggérer aux hommes en général l'idée de *Cerbère*, des furies, des diables, des torrents de feu et de soufre.

Il est vrai, la crainte et l'espérance entrent toutes les deux dans la religion; parce que ces deux passions, à des moments différents, agitent l'esprit humain et que chacune se forge une espèce[2] de Divinité qui lui est conforme. Mais quand un homme est en joyeuse disposition, il est bon pour les affaires, la compagnie, ou pour toute sorte de divertissement; et il s'y applique naturellement, sans songer à la religion. Quand il est mélancolique et abattu, il n'a rien à faire que couver les terreurs du monde invisible, et se plonger plus avant encore

1. toutes] la plupart
2. une espèce] un simulacre

deeper in affliction. It may, indeed, happen, that after he has, in this manner engraved the religious opinions deep into his thought and imagination, there may arrive a change of health or circumstances, which may restore his good humour, and raising cheerful prospects of futurity, make him run into the other extreme of joy and triumph. But still it must be acknowledged, that, as terror is the primary principle of all religion, it is the passion, which always predominates in it, and admits but of short intervals of pleasure.

Not to mention, that these fits of excessive, enthusiastic joy, by exhausting the spirits, always prepare the way for equal fits of superstitious terror and dejection; nor is there any state of mind so happy as the calm and equable. But this state it is impossible to support where a man thinks, that he lies in such profound darkness and uncertainty, between an eternity of happiness and an eternity of misery. No wonder, that such an opinion disjoints the ordinary frame of the mind, and throws it into the utmost confusion. And though that opinion is seldom so steady in its operation as to influence all the actions, yet it is apt to make a considerable breach in the temper, and to produce that gloom and melancholy, so remarkable in all devout people.

It is contrary to common sense to entertain apprehensions or terrors, upon account of any opinion whatsoever, or to imagine that we run any risk hereafter, by the freest use of our reason. Such a sentiment implies both an *absurdity* and an *inconsistency*. It is an absurdity to believe the Deity has human passions, and one of the lowest of human passions, a restless appetite for applause. It is an inconsistency to believe, that, since the Deity has this human passion, he has not others

dans l'affliction. Certes, il peut se produire que, les opinions religieuses s'étant ainsi profondément gravées dans sa pensée et son imagination, survienne un changement dans sa santé ou dans les circonstances, qui restaure sa bonne humeur et qui, suscitant d'allègres perspectives de vie future, le fasse se jeter à l'autre extrême, tout de joie et de triomphe. Mais encore doit-on reconnaître qu'étant le principe primitif de la religion, la terreur est aussi la passion qui toujours | prédomine en elle et 225 qui n'admet que de courts intervalles de plaisir.

Sans compter que ces accès de joie excessive et enthousiaste, en épuisant les esprits, préparent toujours la voie à des accès analogues de terreur superstitieuse et d'accablement ; et qu'il n'est pas d'état d'esprit aussi heureux qu'une humeur calme et égale. Mais cet état, il est impossible de l'endurer à qui s'imagine reposer, en si profonde obscurité et incertitude, entre une éternité de bonheur et une éternité de misère. Il n'est pas étonnant qu'une telle opinion défasse l'assemblage ordinaire de l'esprit et le jette dans la plus totale confusion. Et bien que cette opinion soit rarement assez constante dans son opération, pour influencer toutes les actions, cependant, elle est propre à provoquer dans le tempérament un dérangement considérable et à produire cette humeur noire et cette mélancolie si remarquable chez tous les dévots.

Il est contraire au sens commun de nourrir des appréhensions ou des terreurs pour cause d'une opinion, ou d'imaginer qu'à user le plus librement qui soit de sa raison, l'on court un risque pour le futur. Un tel sentiment implique à la fois une *absurdité* et une *contradiction*. C'est une absurdité de croire que la Divinité a des passions humaines, et l'une des plus basses des passions humaines : un incessant appétit d'applaudissements. C'est une contradiction de croire que, puisque la Divinité a cette passion humaine, elle n'en a pas d'autres

also; and in particular, a disregard to the opinions of creatures so much inferior.

To know God, says Seneca, *is to worship him*. All other worship is indeed absurd, superstitious, and even impious. It degrades him to the low condition of mankind, who are delighted with entreaty, solicitation, presents, and flattery. Yet is this impiety the smallest of which superstition is guilty. Commonly, it depresses the Deity far below the condition of mankind, and represents him as a capricious demon, who exercises his power without reason and without humanity. And were that divine being disposed to be offended at the vices and follies of silly mortals, who are his own workmanship, ill would it surely fare with the votaries of most popular superstitions. Nor would any of human race merit his *favour*, but a very few, the philosophical theists, who entertain, or rather indeed endeavour to entertain, suitable notions of his divine perfections; as the only persons, entitled to his *compassion* and *indulgence*, would be the philosophical sceptics, a sect almost equally rare, who, from a natural diffidence of their own capacity, suspend or endeavour to suspend all judgement with regard to such sublime and such extraordinary subjects.

If the whole of natural theology, as some people seem to maintain, resolves itself into one simple, though somewhat ambiguous, at least undefined, proposition, *that the cause or causes of order in the universe probably bear some remote analogy to human intelligence*; if this proposition be not capable

encore, en particulier du dédain pour l'opinion de créatures à tel point inférieures.

Connaître Dieu, dit Sénèque, *c'est lui rendre un culte*[1]. Tout autre culte est en vérité absurde, superstitieux, et même impie. Il ravale Dieu à la basse | condition de l'humanité qui se   226 complaît aux supplications, aux sollicitations, aux présents, aux flatteries. Encore cette impiété est-elle la moindre dont la superstition soit coupable. D'ordinaire, cette dernière rabaisse la Divinité bien au dessous de la condition de l'homme et la représente comme un démon capricieux, qui exerce son pouvoir sans raison et sans humanité. Et si cet Être divin était vraiment disposé à s'offenser des vices et des folies des stupides mortels, qui sont son propre ouvrage, les choses iraient certainement mal pour les sectateurs de la plupart des superstitions populaires. Personne de la race humaine ne mériterait sa *faveur*, sinon un tout petit nombre, les théistes philosophes, qui entretiennent, ou plutôt, à vrai dire, essaient d'entretenir, des notions conformes à ses perfections divines; de même que les seules personnes à avoir droit à sa *compassion* et à son *indulgence* seraient les sceptiques philosophes, secte presque aussi rare, qui, par une défiance naturelle envers leur propre capacité, suspendent, ou essaient de suspendre tout jugement sur des sujets si sublimes et si extraordinaires[2].

Si le tout de la théologie naturelle, comme quelques-uns semblent le soutenir, se résout en une seule proposition, simple, quoique assez ambiguë, ou du moins indéfinie, *que la cause ou les causes de l'ordre dans l'univers présentent probablement quelque lointaine analogie avec l'intelligence humaine*; si cette proposition n'est pas capable

---

1. *Lettres à Lucilius*, 95, 50.
2. *Paragraphe ajouté, probablement dans les années 1760, dans la marge du manuscrit, et réécrit dans la révision finale sur l'avant dernière page du manuscrit.*

of extension, variation, or more particular explication; if it affords no inference that affects human life, or can be the source of any action or forbearance; and if the analogy, imperfect as it is, can be carried no farther than to human intelligence, and cannot be transferred, with any appearance of probability, to the other qualities of the mind: if this really be the case, what can the most inquisitive, contemplative, and religious man do more than give a plain, philosophical assent to the proposition, as often as it occurs, and believe, that the arguments, on which it is established, exceed the objections, which lie against it? Some astonishment indeed will naturally arise from the greatness of the object; some melancholy from its obscurity; some contempt of human reason, that it can give no solution more satisfactory with regard to so extraordinary and magnificent a question. But believe me, *Cleanthes*, the most natural sentiment, which a well disposed mind will feel on this occasion, is a longing desire and expectation, that heaven would be pleased to dissipate, at least alleviate this profound ignorance, by affording some more particular revelation to mankind, and making discoveries of the nature, attributes, and operations of the divine object of our faith. A person, seasoned with a just sense of the imperfections of natural reason, will fly to revealed truth with the greater avidity; while the haughty dogmatist, persuaded, that he can erect a complete system of theology by the mere help of philosophy, disdains any farther aid, and rejects this adventitious instructor. To be a philosophical sceptic is, in a man of letters, the first and most essential step towards being a sound, believing *Christian*; a proposition, which I would willingly recommend to the attention of

d'extension, de variation ou d'explication plus particulière; si
elle ne fournit aucune inférence qui affecte la vie humaine
ou qui puisse être la source d'une action ou d'une absence
d'action; et si | l'analogie, imparfaite comme elle l'est, ne peut   227
être étendue plus loin qu'à l'intelligence humaine, et ne peut
être transférée, avec quelque apparence de probabilité, aux
autres qualités de l'esprit; si tel est bien le cas, que peut faire
l'homme le plus curieux, le plus contemplatif et le plus
religieux, sinon donner un franc et philosophique assentiment
à cette proposition, aussi souvent qu'elle se présente, et croire
que les arguments sur lesquels elle est établie, excèdent les
objections qui s'y opposent? Certes, quelque étonnement
naîtra naturellement de la grandeur de l'objet; quelque mélancolie de son obscurité; quelque mépris de la raison humaine,
de ce qu'elle ne puisse donner de solution plus satisfaisante en
ce qui regarde une question si extraordinaire et si magnifique.
Mais, croyez-moi, *Cléanthe*, le sentiment le plus naturel qu'un
esprit bien disposé puisse éprouver en cette occasion, est une
attente ardente et un vif désir qu'il plaise au ciel de dissiper, ou
du moins d'alléger, cette profonde ignorance, en accordant
à l'humanité quelque révélation plus particulière et en lui
découvrant quelque chose de la nature, des attributs et des
opérations du divin objet de notre foi. Toute personne pénétrée
d'un juste sentiment des imperfections de la raison humaine se
précipitera avec la plus grande avidité vers la vérité révélée;
tandis que l'arrogant dogmatique, persuadé qu'il est de
pouvoir ériger un complet système de théologie, par le seul
secours de la philosophie, dédaignera toute autre aide et rejet-
tera cette institutrice qui se présente. Être un sceptique philosophe est, chez un homme de lettres, le premier pas et le pas le
plus essentiel vers l'état de vrai croyant et de vrai chrétien; une
proposition que je recommanderais volontiers à l'attention de

Pamphilus. And I hope *Cleanthes* will forgive me for interposing so far in the education and instruction of his pupil.

Cleanthes and *Philo* pursued not this conversation much farther; and as nothing ever made greater impression on me than all the reasonings of that day, so, I confess that, upon a serious review of the whole, I cannot but think that *Philo*'s principles are more probable than *Demea*'s; but that those of *Cleanthes* approach still nearer to the truth.

Pamphile; et j'espère que *Cléanthe* me | pardonnera d'inter-   228
venir ainsi dans l'éducation et l'instruction de son élève [1].

  Cléanthe et *Philon* ne prolongèrent pas beaucoup plus loin
cette conversation; et si rien ne fit jamais sur moi une plus
grande impression que tous les raisonnements de cette
journée, je confesse que, après avoir sérieusement reconsidéré
le tout, je ne puis m'empêcher de penser que les principes de
Philon sont plus probables que ceux de *Déméa*, mais que ceux
de *Cléanthe* approchent encore plus de la vérité.

---

1. *Paragraphe ajouté en 1776, à la suite du précédent (recopié).*

COMMENTAIRE DE LA DOUZIÈME PARTIE

L'une des difficultés de la lecture des *Dialogues* est de démêler l'enseignement positif qu'on peut en tirer. On peut assurément s'attacher à y retrouver des thèses, des arguments développés dans le reste de l'œuvre de Hume. Mais ce dernier, on le sait, a assez d'habileté pour disperser ce matériau (matériau parmi d'autres) entre les trois personnages ; qui plus est, ce matériau ne fait pas la leçon des *Dialogues*. Il faut donc s'attacher au travail argumentatif du texte. Sans entrer dans le détail, on peut distinguer trois sortes de résultats qui correspondent assez à trois pratiques discursives, toutes trois sceptiques. D'abord, la pratique *réfutative* qui mène à l'invalidation rationnelle tant de l'argument *a posteriori* (IIe partie) que de l'argument *a priori* (IXe partie) : ces deux réfutations sont menées rapidement ; et leur décision est sans appel. Ensuite, la pratique *disputative* (si l'on ose dire) qui, lorsqu'on l'applique à l'évidence finale du dessein, supposée se présenter d'elle-même dans l'expérience que les hommes ont du monde, mène à un résultat qui n'est pas le même selon qu'on a affaire aux prédicats naturels ou aux prédicats moraux de la Divinité. Pour les premiers en effet, l'analogie, qui est le ressort causal de l'inférence, mène à autant de principes de l'ordre du monde qu'il y a de systèmes théologiques possibles, sans que l'on

puisse décider que l'un est à même de l'emporter sur l'autre, en sorte que l'inférence portée par l'idée du dessein n'est pas plus forte ni plus faible que celles portées par d'autres principes. En revanche, pour les prédicats moraux, au lieu d'un bouquet d'inférences possibles, il n'en est qu'une, laquelle est confrontée au système réducteur des quatre circonstances : on ne peut lire aucune finalité morale dans la réalité du monde. Hume maintient constamment cette différence de traitement[1] ; le seul trait commun est l'argument répété par Philon que, *supposé* le principe d'un dessein intelligent ou celui d'une providence, l'on trouve assez d'effets pour soutenir ce principe (sachant cependant que le théisme expérimental se doit d'aller des effets aux causes, et non l'inverse). Enfin, le dernière pratique des *Dialogues* est une pratique *positive*, principalement développée dans la XIIe partie, qui mène à un résultat scientifique : de même que l'*Histoire naturelle de la religion* avait établi les causes et les effets des religions populaires, de même cette fin des *Dialogues* établit les causes et les effets de la religion naturelle. Mais comme la religion naturelle est une religion philosophique, cette analyse causale prend un tour particulier.

On peut donc dire que c'est à tort et à raison que l'on a cherché dans la douzième et dernière partie le sens ou l'intention cachée des *Dialogues*. À tort, si l'on veut d'une quelconque façon que Hume y délivre un message doctrinal ou dogmatique qui serait le sien, en particulier dans l'avant-dernier paragraphe rajouté lors de la correction finale. Pas plus que dans les autres parties, l'auteur n'intervient à l'intérieur même de son dialogue[2]. Aucun contenu doctrinal nouveau

---

1. Elle est encore rappelée dans la XIIe partie, p. 325-327.
2. La seule exception est la longue note de la page 327 d'abord ajoutée, puis barrée et finalement rétablie. La substance de cette note doit manifestement être attribuée à l'auteur des *Dialogues*, c'est-à-dire à Hume lui-même, puisqu'elle est une sorte de commentaire sur le texte : la dispute entre les

n'est introduit, qui viendrait clore sur le plan de la dispute philosophique une controverse qui, étant sceptique, est sans contenu doctrinal, quoiqu'elle ne soit pas sans effet sur tout contenu doctrinal touchant la fondation de la religion. Mais à raison, si l'on observe le changement qui s'opère dans cette dernière partie.

Le départ de Déméa supprime le rapport triangulaire qui avait assuré la progression du dialogue et qui reposait sur l'opposition du dogmatisme et du théisme (en même temps que sur la distinction de l'argument *a priori* et de l'argument *a posteriori*), Philon s'associant chaque fois avec l'un des deux partis contre l'autre, le plus souvent au détriment des deux réunis, et se dispensant ainsi de tenir une position propre. Ce procédé ne peut plus avoir cours, en sorte que cette douzième partie consiste en un long monologue de la part de Philon, Cléanthe étant réduit à une fonction de faire-valoir. Philon parle enfin en propre [1].

Cette évolution du dialogue signifie que la déconstruction sceptique de la religion naturelle et la critique disputative de la finalité qui en est le moyen, tant en ce qui concerne les prédicats moraux que les prédicats naturels de la Divinité, sont

sceptiques et les dogmatiques n'est pas plus réelle que celle entre les athées et les théistes. Rien cependant n'interdit, quoique cette explication soit passablement recherchée, que l'auteur commente en étranger le dialogue qui va se développant selon sa logique interne. Sur cette question de l'implication de Hume dans ses *Dialogues*, voir notre étude « Hume and the art of dialogue », in *Hume and Hume's Connexions*, M.A. Stewart and J.P. Wright (eds.), Edinburgh, Edinburgh University Press, 1994, p. 201-223.

1. On notera que la XIe partie est également un quasi-monologue, Cléanthe demandant à Philon de répondre « tout du long, sans interruption » à la question de savoir si une théorie théologique qui renonce à l'infinité divine peut néanmoins soutenir l'évidence finale d'un dessein moral. Mais cette partie est étroitement solidaire de la Xe partie. D'autre part, elle développe le système hypothétique des quatre circonstances, c'est-à-dire un système alternatif à la théorie proposée, et non point une doctrine positive.

achevées. Il ne reste rien du projet du théisme expérimental de fonder analogiquement la connaissance de l'existence et de la nature de Dieu. Les variations sceptiques que Philon a développées lui ont ôté toute force conclusive. Le contenu de la douzième partie est donc à déterminer de manière nouvelle.

La situation initiale est une situation d'accord entre les deux personnages : l'un renchérit sur l'autre, quoique le malaise de Cléanthe ne tarde pas à s'exprimer de manière croissante (sans devenir le thème constitué d'un développement), et quoique, par ailleurs, s'accordant au départ avec Cléanthe, Philon pourrait s'accorder *in fine* avec Déméa (désormais absent). Il y a donc un quiproquo qu'il convient de mesurer. Cléanthe donne la division du texte. Lui qui n'a cessé de céder, de se contenter toujours de moins, il attend que Philon se relâchant de sa rigueur sceptique revienne à l'évidence du dessein, puisque les arguments spéculatifs qui font son triomphe ne sauraient entamer la certitude immédiate de la religion naturelle. Philon s'est laissé emporter par cette passion sceptique qu'est l'amour de la controverse, et également par un motif beaucoup plus déterminé, son extrême aversion pour la superstition vulgaire.

Philon ne nie pas ce diagnostic ; et très explicitement il reprend les deux points, la fonction du second (la dénonciation de la superstition) n'étant pas immédiatement claire dans un dialogue consacré à la religion rationnelle. Le ton est d'abord consensuel touchant l'évidence de la religion spéculative, puis franchement virulent touchant les effets de la religion pratique. Il est ici et là, à la différence de toutes les parties antérieures, *positif*.

La croyance du philosophe

Il est vrai que Philon se relâche de la tension disputative qui avait prévalu dans les parties précédentes. Mais il ne concède rien de sa critique antérieure du projet de Cléanthe de fonder en raison la religion naturelle, sur la base de l'argument expérimental : toute volonté de fondement causal ou final est à jamais la proie des arguties sceptiques. Il serait de toute façon peu conforme à la cohérence du personnage qu'il se déjugeât, fût-ce de manière limitée.

Philon justifie la liberté de ses propos par l'assurance qu'il a que la controverse, lorsqu'elle est de nature spéculative, ne peut avoir d'effet sur tout homme ayant le sens commun, ni sur lui-même en particulier. Or ce sens commun est manifestement ici un sens de philosophe : c'est celui qui, à contempler les œuvres de la nature, y perçoit un dessein et qui philosophiquement s'exprime dans les maximes des écoles. En effet, que *la nature ne fait rien en vain et agit par les moyens les plus simples* est un principe qui prévaut non seulement dans la théologie, mais aussi dans les autres sciences, l'astronomie et la science des êtres vivants. Simplicité formelle de l'ordre du ciel ; simplicité de l'intention dans l'extraordinaire complexité des multiples ajustements des moyens aux fins à l'intérieur du corps vivant.

Cléanthe ne peut qu'approuver et il semble que l'on soit revenu à la troisième partie, là où il avait eu l'adresse de passer de la *preuve* du théisme expérimental (preuve vite et définitivement réfutée dans la deuxième partie) au *sens* final du même théisme expérimental, jetant ainsi Philon dans une confusion momentanée. Ce dernier ferait-il donc ici l'aveu du motif de sa confusion d'alors, et partant du caractère forcé de ses variations sceptiques sur l'essence anthropomorphique du concept de finalité ? Un philosophe averti des découvertes de Newton

et des autres savants, instruit de toutes les merveilles de l'univers, peut-il encore douter de l'existence d'une intelligence suprême? Il faut le concéder, un tel philosophe est « insensiblement » *déterminé à* avouer un premier auteur intelligent.

Mais cette détermination n'est pas une raison, quoiqu'elle l'emporte sur les raisons : bien d'autres systèmes de religion peuvent être proposés avec autant de justification. Cependant, lorsque l'esprit se relâche de son effort spéculatif, il revient naturellement à l'idée théiste. Tout de même que la critique de l'idée de nécessité n'empêche pas l'entendement de se livrer à des inférences causales, par l'effet de l'habitude, de même la critique de l'idée de finalité n'empêche pas l'esprit de s'abandonner à l'inférence théologique, par l'effet de l'analogie (l'inférence par ressemblance). Il y a toutefois une grande différence.

D'abord, cette détermination à l'évidence finale suppose que l'esprit soit capable d'appréhender le tout de la nature ou le tout de l'être vivant ou le tout de tel organe, puisque l'efficience des parties est à chaque fois rapportée à la finalité de l'unité totale. Cela suppose un recul spéculatif qui demande du loisir, une aisance matérielle, un confort intellectuel que tous les hommes n'ont pas en partage. La religion, quand elle est populaire, est déterminée par d'autres principes, plus conformes aux nécessités concrètes de l'existence humaine.

Mais ce n'est pas assez dire; car l'on pourrait conclure qu'il faut élever l'esprit du peuple au niveau de la philosophie, et cela par les progrès de la civilisation et de la connaissance. Or la détermination à l'évidence finale est philosophique d'une autre façon : elle est, pour le dire en des termes anachroniques, un acte de sens.

Quand il contemple l'ordre de la nature, le philosophe moderne est déterminé à poser analogiquement l'existence d'un dessein divin. Ce faisant, il se livre à une inférence

causale qui le conduit à un acte de croyance : il a l'idée vive de l'existence d'une cause intelligente. À cet égard, la détermination à l'inférence qui emporte son esprit ne diffère pas de toute autre détermination de l'imagination à la causalité. Mais il s'agit ici de causalité finale : l'inférence causale est restreinte à un certain mode de causalité, la causalité intentionnelle et « artificielle », qui n'est jamais qu'un principe parmi d'autres principes, valable pour une petite partie de l'univers et étendue à toutes les autres parties. Rien ne privilégie en raison une telle élection de la raison humaine, laquelle en tant que mode de causalité n'est pas plus claire à elle-même que tout autre mode, mais repose seulement sur l'expérience que les hommes ont de leur propre activité.

D'où ceci : si, dit Philon, je rencontre un philosophe opiniâtre qui ne cède pas à l'inférence analogique, il suffit que je lui représente qu'un Dieu, *supposé* qu'il existât et qu'il ne se découvrît pas immédiatement à nos sens, ne pourrait avoir fait le choix d'une autre économie des choses pour manifester son dessein créateur. La nature de la cause étant supposée, la détermination finale de l'effet (l'ordre du monde), donné empiriquement, devient nécessaire. Ce raisonnement remarquable rappelle la méthode adoptée par Butler dans son *Analogy of Religion, Natural and Revealed* (1736), texte assurément connu de Hume. L'évêque de Bristol se refusait à faire un emploi déterminant de l'analogie, c'est-à-dire à confier à l'inférence expérimentale le soin de qualifier les prédicats divins ; nous sommes instruits de l'être de Dieu par ailleurs : par notre expérience morale et par la Révélation. Mais cela *supposé*, c'est-à-dire non point posé à titre de vérité, mais à titre d'Idée du principe créateur et providentiel, alors l'expérience que nous avons du monde révèle son sens final et s'accorde avec l'idée de la dispensation morale que Dieu poursuit en ce monde et dans l'autre. Propos apologétique,

certes; mais aussi propos de philosophe, puisque l'appréhension finale de l'état et de l'ordre du monde est indissociable
d'un présupposé (dont la source est ici la Révélation). Car la
question est la suivante : peut-on avoir une expérience finale ?
peut-on empiriquement faire l'expérience de la finalité ? Le
philosophe le peut, car il se donne un présupposé[1]. Et si ce
présupposé ne lui vient pas de la Révélation, il peut encore
lui venir de ce privilège anthropomorphique que la raison
humaine s'accorde à elle-même dans son œuvre de connaissance. L'appréhension empirique de la finalité a pour corrélat
le présupposé d'un dessein intentionnel. Présupposé naturel,
car c'est une cause ordinaire que de se donner la préférence à
soi-même; présupposé qui assurément ne valide en rien le
théisme *expérimental*[2].

On peut ainsi apprécier la différence du présent discours de
Philon dans cette douzième partie et le propos que Cléanthe
tenait dans la troisième partie. Cléanthe opposait alors l'évidence finale attachée à l'expérience du monde à toutes les
réfutations sceptiques pesant sur la *preuve a posteriori* :
l'ordre du monde que nous expérimentons et que nous
connaissons *donne* le dessein de Dieu qui est son sens imma-
nent; et le théisme ne fait que déployer l'évidence de ce sens
dans l'explicitation des prédicats divins. Philon étant réduit
momentanément au silence, c'est Déméa qui avait présenté le

---

1. Le vulgaire le peut aussi, mais ce sont les passions de l'espérance et de la
crainte qui suscitent ses représentations.

2. Dans la conclusion des *Prolégomènes à toute métaphysique future*
(§ 57-59), Kant a excellemment saisi la problématique humienne. Mais il lui
faut sauver la *rationalité* de la raison, principe que Hume traite comme un mode
parmi d'autres de causalité *naturelle*. C'est pourquoi, le présupposé théologique est une Idée de la raison pure et non la préférence que la raison humaine se
donne à elle-même; c'est pourquoi, ajoute Kant, la réfutation de Hume est forte
contre le théisme, mais impuissante contre le déisme (l'Idée rationnelle de la
Divinité).

principe de la critique : si l'on tire de l'expérience de l'ordre du monde la connaissance d'un dessein divin, alors on s'appuie sur une inférence analogique, seule capable d'établir le lien de nécessité entre le monde et le dessein divin, mais n'ayant pour ressort que la préférence de l'homme pour l'homme. Et c'est cet anthropomorphisme naturel au philosophe qui était ensuite livré en pâture à la critique sceptique.

Il en va différemment dans la dernière partie des *Dialogues* : c'est un fait que les philosophes se donnent comme maxime, comme présupposé, le principe de finalité, c'est un fait qu'ils se représentent la raison humaine, laquelle est mise à l'œuvre dans le travail de connaissance, comme étant le principe privilégié de l'ordre, et qu'en conséquence ils sont déterminés à poser un dessein divin. Or, cette détermination à l'inférence, qu'on ne saurait nier, cette pulsion de finalité (si l'on ose dire), qui est bien effective, ou bien est traitée comme un mode de connaissance qui permet de déterminer l'idée de Dieu (c'est ce que fait Cléanthe), et l'on n'échappe pas alors à la critique de l'anthropomorphisme; ou bien elle est traitée comme une croyance qui *préjuge*, dans la mesure où elle se fonde sur un présupposé qu'elle couple avec l'expérience de l'ordre du monde de manière à en sécréter le sens final. Car il nous semble que Hume fait plus que d'accorder une simple valeur de croyance à cette détermination des philosophes à l'argument du dessein. Certes, l'esprit est naturellement déterminé à rechercher la cause des effets; et le tout ordonné de la nature (à supposer qu'on puisse l'appréhender) est certainement un effet qui mérite une cause. Mais la saisie empirique de l'ordre de la nature n'est pas à elle seule, comme le veut Cléanthe, pourvue d'un sens final, qui en quelque sorte parlerait en faveur du dessein divin [1]. Pour faire l'expérience

---

1. Cf. *Dialogues*, p. 215-217.

de la finalité, il faut avoir élu un type de causalité parmi d'autres, précisément celui du dessein, et en avoir fait un principe nécessaire. Que ce principe n'ait pas plus de nécessité qu'un autre, que la perception de l'ordre du monde permette d'inférer n'importe quelle cause, cela a été établi par la critique spéculative qui précède; que le privilège qui lui est accordé résulte de cette passion de la raison humaine pour elle-même, cela ressort de la critique sceptique et c'est ce qui est reconnu à présent; que le philosophe soit un homme de son temps, instruit de la physique newtonienne, et sujet à une telle passion, c'est un fait historique ici établi, puisque Philon, avec tout son scepticisme, n'y échappe pas; que la croyance qui s'ensuit et qui s'accompagne du présupposé de la causalité rationnelle (seul mode à satisfaire la rationalité de la causalité) soit nécessaire (et sans elle il n'y a pas d'appréhension finale de l'ordre du monde), c'est ce qu'il faut examiner de plus près.

Cléanthe, qui ne saisit pas la subtilité du propos, renchérit sur le discours de Philon. Le principe du théisme est, dit-il, le seul des systèmes cosmogoniques à satisfaire pleinement la raison; *et* l'analogie avec l'industrie humaine est si immédiate et si naturelle, qu'aucun autre système théologique ne peut l'emporter contre lui. Autrement dit, le choix de l'analogie du dessein satisfait au mieux les recherches spéculatives sur la cause du monde, fournissant un système complet et intelligible, et s'appuyant sur les nombreuses comparaisons auxquelles nous incite notre expérience de la nature. Le choix est à la fois rationnel et naturel. Par ailleurs, Cléanthe souligne qu'aucune suspension définitive du choix n'est possible: quelle que soit la force des arguments critiques montrant qu'il ne repose pas sur une inférence démonstrative, les apparences « frappantes » en faveur de l'hypothèse religieuse finissent par l'emporter.

Philon ne conteste pas ce dernier point : nous sommes déterminés à rechercher quelque origine à l'ordre du monde et à placer cette origine dans un principe intentionnel. Mais il le retourne en une ultime attaque : cette détermination au théisme et à l'appréhension finale de la nature qui est son corrélat, est en elle-même *indéterminable*. En effet, cette *détermination à* est détermination à une inférence causale qui se fait selon le présupposé de la causalité intentionnelle. Or dans une inférence causale, l'esprit est conduit à poser l'idée vive d'une cause *déterminée* qui ne fait pas l'objet d'une expérience actuelle, ce qui est, par principe, le cas de Dieu. Cléanthe, dans la quatrième partie, avait repris l'argument que les mystiques sont des athées, puisqu'ils prétendent poser l'existence d'un Etre dont ils n'ont pas d'idée déterminée. Et comme nous n'avons pas d'autre moyen de penser Dieu que par analogie avec l'homme, on ne peut reprocher à la religion son anthropomorphisme. Toute idée qui ne comporte pas un minimum de détermination n'est pas une idée ; et l'existence n'est pas à elle seule une idée. Philon ne revient pas là-dessus. Mais il reprend la question de la détermination effective de l'idée. C'est un fait d'expérience que les œuvres de la nature ont de la ressemblance avec les ouvrages de l'industrie humaine ; et dans la mesure de cette ressemblance, il est loisible de se livrer à l'inférence analogique ; c'est aussi un fait d'expérience, mais contraire, qu'il y a beaucoup de différence, laquelle doit être prise en compte en proportion, par exemple en accordant à la Divinité un pouvoir immensément plus grand que le nôtre. Et il ne s'agit plus ici d'introduire des analogies concurrentes, pour en mesurer comparativement la force. L'analogie du dessein est acceptée, en raison de son élection philosophique. Mais il faut au sein de l'analogie du dessein compenser la ressemblance par la différence, et réciproquement. S'il fallait fixer le degré de probabilité de l'inférence, cette compensation abou-

tirait à une analogie affaiblie. Or on s'intéresse ici à la détermination de l'idée. L'idée est celle d'une intention : cette intention divine est-elle à la ressemblance de l'esprit humain ou s'en éloigne-t-elle considérablement ? Dans quelle mesure est-elle une *pensée* (nous n'avons de connaissance que de notre propre pensée) ? C'est une affaire de degré, selon qu'on insiste davantage sur la ressemblance ou sur la différence. De la sorte, on pourrait réconcilier le mystique et le théiste, pour peu que le premier accorde qu'il a quelque idée, fort indéterminée, de la Divinité, et que le second admette que son analogie n'est pas stricte. La dispute est seulement verbale.

Dans ses corrections finales, Hume a ajouté un long paragraphe où il développe ce point – signe de l'importance qu'il lui accorde. Il reprend un argument qui se trouve plus ou moins distinctement employé ailleurs dans son œuvre[1]. Beaucoup de disputes de mots se tirent de l'impossibilité ou l'on est de déterminer les degrés des qualités, de sorte que certaines disputes tiennent au langage et ne sont que verbales. Le remède ordinaire aux disputes de mots est de recourir à des définitions claires qui permettent de s'accorder sur les mots, ce qui suppose que les idées correspondantes soient analysées. Et le principe d'analyse suffit alors à garantir un usage verbal strict, mis au service de la précision de la pensée. Or ce principe d'analyse qui est une règle de détermination des idées connaît une limite, celle du degré de la qualité. Je puis suffisamment entendre l'idée de beauté pour l'appliquer de manière déterminée à Cléopâtre : mais Cléopâtre était-elle belle, très belle ou extrêmement belle ? Il y a ici une variation qui n'est pas seulement relative à celui qui profère le jugement,

---

1. Par exemple, dans l'essai sur *Les premiers principes du gouvernement* (note finale, supprimée après 1760), dans *Essais et Traités*, vol. I, trad. M. Malherbe, p. 96.

mais qui touche à l'essence même de la détermination : toute idée déterminée est déterminante de l'être de la chose considérée. Dire de Cléopâtre qu'elle est belle, c'est une manière déterminée de la poser dans son être ; et c'est ce degré, cette force de position attachée à toute détermination qui est susceptible de varier. Cléopâtre *est* belle ; mais elle l'est plus ou moins, et ce degré n'est pas compris dans l'idée même de la beauté, quoiqu'il affecte l'être même de Cléopâtre (tout de même que chez Leibniz la détermination logique de chaque possible ne dit rien de sa perfection d'être relative). Le langage ne peut pas dire le degré de réalité d'une qualité ; mais il enregistre cette variabilité en multipliant les mots, et de la sorte il favorise les disputes verbales.

Dieu, le principe intentionnel, est-il plus ou moins un esprit ? Nous avons une idée déterminée de ce qu'est un esprit, puisque nous connaissons notre propre esprit ; et sur cette idée déterminée, les hommes peuvent s'entendre, dès lors qu'ils font le travail d'analyse et de précision. Mais le problème est celui du degré. Et l'on peut d'autant moins s'y dérober que c'est en fonction du plus ou moins de ressemblance et de différence entre les ouvrages de la nature et ceux des hommes, que l'on dira que Dieu est plus ou moins un esprit. Or ce point est d'autant plus considérable que l'analogie religieuse non seulement nous fait croire en l'existence d'un principe, mais qu'elle est le ressort heuristique de l'idée de ce principe. Si nous avions une expérience directe de Dieu, nous aurions une idée déterminée de ses prédicats, quoique nous puissions alors discuter pour savoir s'Il est bon, très bon ou parfaitement bon. Mais nous n'avons d'idée déterminée de la bonté de Dieu que ce que nous en donne l'analogie, de sorte que la variabilité de cette dernière introduit une indétermination constitutive dans l'idée même du principe intentionnel auquel l'inférence porte. Si l'on écarte les deux extrêmes, celui d'un mysticisme hyper-

bolique qui prétendrait n'avoir pas d'idée du tout et celui d'un anthropomorphisme strict s'en tenant fermement à l'idée déterminée de l'esprit humain, si donc l'on se maintient dans l'entre-deux, on a affaire alors à une détermination toujours déçue : l'inférence analogique conduit à poser un principe que l'on ne parvient pas à déterminer assez, quoique l'on soit assez déterminé à le poser. En quelque sorte, la croyance à laquelle l'esprit est déterminé s'égare.

Où est donc la dispute entre les théistes et les athées? Les théistes se font fort de l'argument du dessein, mais ils sont assez pieux pour admettre qu'il y a une grande différence entre les œuvres humaines et les œuvres divines, et par conséquent entre l'esprit humain et "l'esprit" divin. Les athées reconnaissent qu'il y a de l'analogie entre les différentes parties du monde, entre leurs principes respectifs, et qu'on peut comparer l'opération de la nature dans la structure du vivant et l'opération de la pensée humaine. Ils accordent donc de la ressemblance et, pour autant, en quelque degré, ils sont déterminés à l'inférence menant à la position d'une causalité intentionnelle, lorsqu'ils s'interrogent sur l'origine du monde. «Où donc, crié-je aux deux adversaires, est le sujet de votre dispute? Le théiste reconnaît que l'intelligence originelle est très différente de la raison humaine; l'athée reconnaît que le principe d'ordre originel entretient quelque lointaine analogie avec cette même raison» [1]. Après donc les parties V à VIII où le besoin de déterminer l'analogie conduisait à multiplier les principes d'ordre autres que le principe intentionnel, et de la sorte à mettre en concurrence tous les systèmes théologiques, voici que le parti pris de préférer la causalité du dessein mène à l'impossibilité de déterminer exactement l'idée de ce principe et réconcilie le théiste et l'athée dans la même croyance *vague*.

---

1. *Dialogues*, p. 325.

Ainsi, pour récapituler, on dira : l'esprit philosophique est naturellement déterminé à s'interroger sur l'origine du monde, quand il appréhende tout ou partie de l'ordre qui s'y trouve. Pour pouvoir appréhender cet ordre dans une évidence finale propre à le rapporter à une intention, il lui faut choisir la causalité rationnelle plutôt qu'une autre, toute aussi possible si l'on en juge par les diverses analogies que l'on peut établir entre les parties du monde ou entre le tout du monde et telle partie du monde. Ce choix s'explique naturellement par l'intérêt que la raison humaine éprouve pour elle-même, intérêt de fait qui n'a assurément pas valeur de droit. Si on l'élève à l'état d'un présupposé, alors on peut valider par les effets le principe d'une telle causalité rationnelle : on ne saurait penser meilleure expression effective d'un dessein que l'ordre tel que nous l'observons dans la nature. Mais cette sorte de présupposé serait un *a priori* ; à défaut duquel (et Hume ne se départit pas de son empirisme) il n'y a pas d'appréhension finale de la nature. Il ne reste donc que la détermination à l'inférence à laquelle cède l'entendement du philosophe et qui le conduit à poser l'existence d'un dessein divin, c'est-à-dire à croire en un principe intentionnel créateur du monde. Mais même choisie entre les autres, l'analogie du dessein est impuissante à donner un contenu déterminé stable à la croyance religieuse, laquelle, en tant que croyance simplement philosophique, n'est rien qu'une certaine inférence causale.

Il est tentant d'éclairer ce raisonnement complexe à l'aide de la distinction simple que Kant fait entre un principe de jugement déterminant et un principe de jugement réfléchissant, distinction simple parce qu'elle est éclairante, mais aussi parce qu'elle transforme le problème en solution. Et l'on dira en langage kantien : Hume soupçonne que, pour élucider certains traits de l'expérience que nous avons des choses, il faut poser un principe réfléchissant de finalité, qui n'est rien au

demeurant que l'exigence de la rationalité, qu'on peut exprimer sous la forme d'une causalité intentionnelle; mais son
empirisme le retient de faire le pas transcendantal; ladite
causalité ne peut donc être traitée que comme un principe
déterminant de connaissance; cependant, son scepticisme est
assez fin pour découvrir que ce principe ne peut être déterminant, et qu'à le poursuivre l'on n'est conduit qu'à une inférence causale essentiellement décevante. Là encore, le natura-
lisme égarerait la puissance sceptique du philosophe écossais.
Ce à quoi, bien entendu l'on peut répondre en retournant l'argument et en déclarant que la solution transcendantale avancée
par Kant n'est que l'expression exacerbée de la passion que la
raison humaine a pour elle-même, puisqu'elle en fait la condition non seulement de toute connaissance (déterminante) du
détail du monde, mais aussi de toute pensée (réfléchissante) de
la totalité de la nature.

La critique de la superstition

Parvenu à ce point, Philon passe de l'examen des causes
de la croyance philosophique aux effets des superstitions
vulgaires, suivant en cela le programme initialement tracé par
Cléanthe. L'on attendrait que soient considérés les effets de la
religion naturelle; mais ce sont les effets des religions populaires qui sont présentés. En quoi un tel examen importe-t-il à
une étude de la religion naturelle?

Philon donne libre cours à son aversion pour les
superstitions vulgaires, accumulant observations et critiques,
et balayant les faibles protestations de Cléanthe, manifestement désemparé devant une censure aussi catégorique. Le
thème général est celui de l'utilité prétendue de la religion; et
sont successivement examinés deux arguments: la religion,

dit-on, parce qu'elle représente un état futur où les hommes seront heureux ou malheureux selon le mérite qu'ils se seront acquis, – la religion, est d'une part utile à la moralité, d'autre part propice à la consolation.

À l'argument de l'utilité morale et sociale de la religion, Philon oppose les faits : l'histoire abonde en preuves des méfaits de la religion ; la religion est impuissante à modifier le cœur des hommes ; le vulgaire qui aurait besoin d'un tel secours se complaît en observances frivoles ; quand la religion réussit à agir sur l'âme humaine, c'est pour créer de nouveaux mérites qui détournent les hommes du seul vrai mérite, qui est celui de la justice et du sentiment de l'humanité ; cette action est irrégulière et suscite de la sorte l'hypocrisie ; et se développe la caste des prêtres, source de perturbations constantes dans la vie des sociétés politiques.

Quant à la consolation que l'on peut tirer d'une vie de bonheur dans l'éternité, il faut voir l'effet qu'elle a sur l'esprit de ceux qui, souffrant, en ont besoin. Le malheur est plus source de crainte que d'espérance. S'il faut se représenter un état futur, c'est un état dominé par des puissances terrifiantes. Certes, la crainte peut le céder momentanément à l'espérance, et l'enthousiasme peut succéder à la superstition ; mais les excès de joie épuisent l'âme et la laissent dans un état plus mélancolique encore. La religion, quand elle a des effets, détruit le tempérament naturel.

Le tableau est noir et sans concession ; il récapitule en quelques pages tout ce que les sections IX à XIV de l'*Histoire naturelle de la religion* avait développé quant aux effets des religions populaires, théistes ou polythéistes, ainsi que tout ce que disait l'essai sur *la Superstition et l'enthousiasme*, corruptions de la « vraie religion », et tout ce que suggérait la section XI de l'*Enquête sur l'entendement humain*.

La clé du présent argument est à chercher dans ce dernier texte. Epicure, accusé devant les Athéniens de porter atteinte par sa philosophie aux conséquences bénéfiques de la religion, déclare à ce public qui n'est point philosophe et dont l'intérêt principal est le souci du bien public, qu'il ne veut pas traiter de la question purement philosophique portant sur l'origine et le gouvernement du monde (la question du dessein), mais de la question de savoir si on peut établir la religion sur les principes de la raison. Et il se fait fort d'établir que le discours sur la cause de l'ordre du monde est entièrement spéculatif, sans conclusion pratique possible. Mais ceux qui prétendent tirer de l'inférence causale menant de l'ordre de l'univers à un dessein intelligent, des conséquences sur la Providence, la vie future et l'exercice de la moralité en ce monde, – ceux là passent du spéculatif au pratique (car les idées de la Providence et de la vie future sont des idées pratiques); et ils le font en prétendant illégitimement dériver les prédicats moraux de la Divinité de ses prédicats naturels. Ils prétendent pouvoir connaître les fins du dessein divin (si un tel dessein peut être établi) et doublent leur anthropomorphisme d'un anthropocentrisme.

Dans les *Dialogues*, le partage est également fait de la manière la plus nette entre l'inférence causale qui mène à l'idée d'un principe intelligent du monde et celle qui prétend mener à l'idée d'un principe bon qui soit la providence du monde. Dans le premier cas, le jeu des analogies, le délicat équilibre des ressemblances et des différences, conservent un certain privilège au théisme, parmi les autres systèmes théologiques; dans le second cas, l'argument des quatre circonstances, qui est tout ce qu'on peut supposer, invalide sans recours toute prétention à établir un principe providentiel. Sur ce point Philon est strict et Hume est constant : on ne peut tirer d'un système de théologie, fût-il le théisme, aucune considération morale valide, *a fortiori* aucun principe pratique pour la

vie humaine. Car si la question de la cause première de l'ordre du monde prête au jeu spéculatif et au dialogue sceptique, qui n'a point d'autre conséquence, la question de la moralité, elle, relève d'une science philosophique capable de faire l'analyse du jugement moral, lequel est naturel.

Ce faisant, Philon souligne l'ambiguïté de la religion naturelle : recherche philosophique sur la cause de l'univers d'un côté ; fondation pratique de la moralité de l'autre côté. Or, de la spéculation à la pratique, la conséquence n'est pas bonne ; de sorte que si l'on veut faire de la religion naturelle un véritable principe pratique (et n'est-ce pas l'essence de toute religion que d'être d'abord pratique ?), alors un tel principe ne peut recevoir une fondation rationnelle, mais a des causes et des effets qui sont de même nature que ceux des religions populaires. Ou la religion naturelle a des effets, alors ce sont les mêmes que ceux des religions populaires. Ou (et à plusieurs reprises, lorsqu'il développe ces effets, Philon déclare que la vraie religion n'y prête pas) elle n'en a point, mais elle n'est alors qu'un système de théologie ou de cosmogonie.

Qu'est-ce alors que la *vraie* religion ? Si l'on s'interroge sur la vérité de la religion, il faut dire que la religion conduit à une croyance vague chez ceux qui ont l'esprit assez spéculatif pour adhérer à un tel système rationnel. Et comme l'objet d'une telle théologie est la cause du monde, c'est de tous les discours et de toutes les recherches ce qu'il y a de plus spéculatif, de plus éloigné de la pratique des hommes. Si par ailleurs l'on s'interroge sur ce en quoi consiste véritablement la religion, il faut dire que la religion est une pratique faite de dogmes et de cultes, pratique qui entre en concurrence avec la moralité et qui la pervertit, quand elle réussit à la dominer. On ne peut réunir le discours théologique sur le premier principe de la nature et les comportements religieux qui sont une réponse aux vicissitudes de la vie. «La vraie religion, j'en

conviens, n'a pas des conséquences si funestes; mais nous devons traiter de la religion telle qu'elle s'est trouvée d'ordinaire dans le monde; et je n'ai nullement affaire avec cette doctrine spéculative du théisme qui, puisqu'elle est une espèce de philosophie, ne manque pas de partager l'influence bénéfique de ce principe [influence subtile!], et en même temps d'être sujette au même inconvénient d'être toujours restreinte à un très petit nombre de personnes » [1].

Philon porte ainsi un jugement historique sur la religion naturelle. Elle peut n'être qu'une nouvelle apparence empruntée par les *Divines*, ces théologiens populaires ou ces prédicateurs qui se mettent au goût du jour et qui sous des apparences de rationalité continuent d'entretenir une religion essentiellement pratique. Mais les philosophes participent de cette opération, lorsqu'ils prétendent tirer de leur religion rationnelle un bénéfice moral. Cléanthe l'avoue lui-même en déclarant: « La religion, même corrompue, est encore meilleure que l'absence de toute religion. La doctrine d'un état futur est une sauvegarde si forte et si nécessaire pour la morale, que nous ne devons jamais l'abandonner ou la négliger » [2]. Cette conclusion est au demeurant la conséquence de la critique généralisée de la finalité, à laquelle Hume s'est livré, en laissant se développer le dialogue. C'est le propre de tout raisonnement de finalité que de rapporter le tout à une fin; si le tout de la nature répond à l'économie d'une fin selon un principe intelligent réglant tous les ajustements internes, et si toute fin a une valeur par soi, en sorte que le principe intelligent est en même temps un principe de bonté, se réglant sur le meilleur, il est clair que l'inférence qui fait accéder au principe du dessein subordonne l'analyse de l'ordre de la nature à une valeur

---

1. *Dialogues*, p. 339-341.
2. *Dialogues*, p. 329.

pratique, qui ne peut être que le bien de l'homme; ce pourquoi le théisme développe l'idée d'un état futur où s'accomplira la dispensation morale, idée qui complète théoriquement l'ordre du monde au delà de toute expérience, dans un monde futur, afin de résorber le désordre et le malheur des hommes ici-bas, et qui complète aussi pratiquement l'action des hommes par delà toute moralité, en définissant de nouveaux mérites obligés. Il y a dans la prétendue évidence d'un dessein moral un double anthropomorphisme : celui du principe retenu et celui de la fin choisie, et un double abus de la rationalité : celui de la raison du monde et celui de la raison du bonheur.

Le final

On a beaucoup glosé sur l'avant dernier paragraphe du texte, ajouté par Hume lors de sa révision finale. Or il n'a rien d'énigmatique : c'est la récapitulation exacte et dans l'ordre de tout ce qui précède. Si d'une part le tout de la théologie naturelle se résout en une inférence analogique indéterminée menant à cette proposition que le principe de l'ordre dans l'univers présente probablement quelque analogie avec la raison humaine, sans qu'il soit possible de surmonter cette indétermination ni accorder à l'inférence de valeur proprement explicative, si d'autre part l'on ne prétend pas tirer du dessein intelligent un dessein moral et, par là, faire valoir quelque règle d'action nouvelle pour les hommes, si donc l'on s'en tient à cela seul d'une religion spéculative vague, alors on peut se livrer à une telle croyance causale et donner son assentiment à la proposition qu'il existe un tel dessein. Destin logique de la religion naturelle : elle était née du souci de dégager le commun dogme des religions positives et le commun souci moral dans lesquels elles pouvaient se rejoindre ; elle

s'épuise ici dans un extrême minimum que Hume s'amuse à ciseler. On a assez d'analogie pour croire en l'existence d'un principe intelligent et trop de différence pour pouvoir en préciser autrement la nature. Et en cette croyance vague tous les hommes de religion s'ils sont philosophes, peuvent se réunir, y compris les athées.

Y compris d'ailleurs ceux qui croient ou ceux qui en appellent à une religion révélée. Il suffit pour cela d'insister sur le pathos qui accompagne cette croyance vague : étonnement et admiration devant la grandeur du principe, mélancolie devant son obscurité, un certain mépris pour la raison humaine qui ayant porté son esprit de spéculation jusqu'à la question de la cause du monde ne retire de son entreprise qu'un maigre bénéfice théorique (et seulement théorique) ; toutes passions qui invitent à demander quelque révélation particulière instruisant de l'être de Dieu. Et Philon renoue les liens traditionnels entre l'attitude sceptique et l'accueil de la révélation. L'accord avec Cléanthe dans les termes minimaux fixés permet l'accord avec Déméa. Mais en même temps, l'équivoque constitutive de la religion naturelle est levée. Elle se veut naturelle et religieuse. Naturelle, elle n'est qu'une croyance spéculative vague : elle est une pensée théologique ou plus exactement une pensée cosmogonique. C'est-à-dire, rien qui fasse une religion. Religieuse ? C'est dans les religions positives ou révélées qu'il faut rechercher la religion, mais loin de la philosophie. L'on est revenu de la sorte au point de départ des *Dialogues*.

Le paragraphe final, on l'a dit, plagie la conclusion du *De natura deorum* de Cicéron. Il n'ajoute ni ne retranche.

NOTE HISTORIQUE

De tous les ouvrages de Hume, les *Dialogues sur la religion naturelle* furent le plus rapidement traduit, puisque le texte parut en français quasi dans le même temps qu'en anglais.

Les conditions de parution des deux éditions du texte anglais, au cours du premier semestre 1779 (presque trois ans après la mort du philosophe), l'une comportant sur sa page de titre la mention : seconde édition, restent, nous l'avons dit, obscures[1]. Le jeune David, neveu du philosophe, eut, semble-t-il, quelque peine à assurer la publication, au point d'envisager un moment une parution en Hollande. De son côté, l'éditeur Strahan avait renoncé à publier les *Dialogues*[2]; mais est-il sûr qu'il ne joua aucun rôle? Quel rapport exact convient-il d'établir entre les deux éditions? Ni l'une ni l'autre ne comportent de nom d'éditeur et seule la seconde a un lieu d'édition : London, peut-être fictif.

---

1. Voir les détails et les hypothèses formulées par J. V. Price dans son édition, *op. cit.*, p. 118 *sq.*

2. *Lettre à John Home of Ninewells*, 3 mars 1777 (citée par J. V. Price dans son édition des *Dialogues*).

Aussi surprenante que la parution en Grande-Bretagne de la seconde édition des *Dialogues*, alors que la première était à peine mise sur le marché, est en France, la même année, la sortie de la traduction : *Dialogues sur la religion naturelle*, ouvrage posthume de David Hume, écuyer, à Edimbourg, 1779 (lieu probablement fictif). Le texte est précédé d'un bref avertissement de 4 pages. La paternité de l'ouvrage est d'abord attribuée à Hume. Suit un court éloge de l'auteur, dont on ne peut pas dire que le contenu soit nouveau, puisque la réputation de Hume avait commencé de se répandre dès 1754, date où paraissent presque simultanément deux traductions des *Discours politiques*, celle d'Eléazar de Mauvillon et celle de l'Abbé Le Blanc ; mais éloge dont le renouvellement quelques vingt-cinq ans plus tard témoigne d'une réelle fidélité, alors que la réputation de Hume s'est passablement estompée, avec le passage du temps et après la querelle avec Rousseau.

> David Hume est un des plus grands génies du dix-huitième siècle. Cet ouvrage ne peut qu'ajouter à sa réputation.

Est ensuite évoqué le long travail de maturation du texte.

> Nous sommes assurés par un de ses amis qui nous a communiqué l'édition anglaise, plusieurs mois avant qu'elle parût dans la Grande-Bretagne, que cette production a longtemps mûri dans les papiers de l'auteur, qui la regardait comme son chef-d'œuvre.

Les motifs d'une édition posthume sont exposés. Enfin, le préfacier anonyme affirme que Hume s'est peint sous le personnage de Philon, avant de conclure sagement que l'ouvrage fait mal aux dévots, mais non à la religion.

Il est probable que l'auteur de cette courte notice est le traducteur lui-même. Qu'il conserve l'anonymat s'explique

par les mêmes raisons de prudence qu'avaient observé les éditeurs du texte anglais. Mais il est assez facile de préciser son identité. En 1777, à Londres (à Paris ?), Jean-Baptiste-Antoine Suard (1734-1817) avait fait paraître anonymement une traduction de *My Own Life, La vie de David Hume* écrite par lui-même et traduite de l'anglais, où il annonçait que Hume avait laissé à Strahan, son éditeur,

> des dialogues manuscrits sur la nature des dieux à peu près sur le plan de ceux de Cicéron. Il y met en scène deux hommes de secte différente, qui disputent, et un sceptique qui tire avantage de leur querelle. Un anglais très distingué par ses talents et ses lumières, et qui a lu ce manuscrit, assure que de tous les ouvrages philosophiques de M. Hume, c'est le plus profond, le plus vigoureux et le mieux écrit.

Suard est manifestement bien informé; de là à penser que de 1777 à 1779 il a suivi les péripéties éditoriales du texte et s'est empressé de le traduire quand il l'a eu en main, il n'y a qu'un pas qu'il est aisé de franchir.

Suard, journaliste infatigable (rédacteur au *Journal Étranger*, puis directeur général de la *Gazette de France* en 1762, à laquelle s'ajoute en 1763 la *Gazette littéraire de l'Europe*, etc.) et traducteur à l'affût, avait été en relation avec Hume, lors du séjour de ce dernier à Paris [1]; il avait aussi traduit l'Exposé succinct de la contestation qui s'est élevée entre M. Hume et M. Rousseau (Paris, octobre 1766), compte-rendu de la dispute écrit par le philosophe écossais, peu de temps après qu'elle eut éclatée au grand jour, et publié à l'initiative de ses amis français (dont d'Alembert), avant même

---

1. *New Letters of David Hume*, R. Klibansky et E.C. Mossner (eds), Oxford, Clartendon Press, 1954, p. 79-80.

que ne paraisse en novembre, à Londres, le texte anglais. Hume remercie son traducteur dans une lettre du 5 novembre [1].

Qui fut l'intermédiaire « anglais » ? Il faut que ce soit quelqu'un qui ait non seulement connu l'existence du texte avant sa parution en 1779, mais qui l'ait déjà lu en 1777. Hume, de son vivant, avait fait circuler des copies des *Dialogues*, en totalité ou en partie. On se risquera à avancer le nom de Hugh Blair (1718-1800), ami de Hume, prêcheur populaire et auteur des *Lectures On Rhetoric and Belles-Lettres* (London, 1783). Blair avait eu connaissance assez tôt du projet de Hume, puisque dans une lettre du 29 septembre 1763 il s'efforçait de dissuader ce dernier, alors en route vers la France, de publier l'ouvrage [2]. C'est encore lui qui écrivait à Strahan, dans une lettre du 3 août 1779 :

> Quant aux *Dialogues* de D. Hume, je suis surpris que, bien qu'ils soient publiés depuis quelque temps, ils fassent si peu de bruit. Ils sont suprêmement élégants. Ils réunissent quelques-uns des raisonnements les plus remarquables du philosophe ; mais les principes eux-mêmes étaient tous déjà dans ses premiers travaux [3].

La réputation de Blair comme arbitre des Belles-Lettres était alors solidement établie. Il avait par ailleurs pris une part active dans la querelle des poèmes d'Ossian en écrivant la préface anonyme placée en tête du petit volume, paru au début de 1760, où Macpherson donnait la « traduction » desdits poèmes, du gaélique en anglais. Il écrivit aussi en 1763 une *Critical Dissertation on the Poems of Ossian, the Son of Fingal*. Or, dès le début de l'affaire d'Ossian, Suard, alors tout

---

1. *Letters*, II, p. 101-105 et 445-446.
2. *New Letters*, p 72-73, n.
3. Cité par J. V. Price, *op. cit.*, p. 121.

jeune et à la recherche des nouveautés britanniques, s'était proposé de traduire le recueil entier des poésies erses, lesquels faisaient grand bruit en France même, dès 1760-1761 ; et en 1768 il donna effectivement dans les *Variétés littéraires* le recueil des poésies traduites par lui-même ou par Diderot dans le *Journal Étranger* et dans la *Gazette littéraire de l'Europe*[1].

Les *Dialogues* n'eurent pas en France tout le succès que l'on aurait pu attendre. Même le fidèle *Journal Encyclopédique* resta silencieux. Quelques années plus tard, Jacques André Naigeon, auteur de la partie de l'*Encyclopédie méthodique consacrée à la philosophie ancienne et moderne*, reproduit, dans l'article sur Hume, la traduction de *My Own Life* par Suard et déclare avoir renoncé à son intention première, comme il le fait par ailleurs pour la première *Enquête*, d'offrir une analyse raisonnée des *Dialogues* :

> Le raisonnement de Hume m'a paru laisser dans l'esprit je ne sais quoi de vague et d'indéterminé ; il n'y a presque aucun résultat précis à en tirer ; ce qui tient sans doute à ce penchant qui l'entraînait fortement vers le scepticisme, et dont tous ses écrits se ressentent[2].

Critique redoutable, Hume n'aura pas été un militant. Et le temps du combat politique a remplacé celui du combat religieux. Désormais, les subtilités du sceptique ne sont plus de mise.

---

1. *Variétés littéraires*, Paris, 1770, t. I, p. 216-304. *Un abrégé de la Dissertation critique* de Blair est donné dans les p. 227-250.

2. *Encyclopédie méthodique, Philosophie ancienne et moderne*, Paris, 1792, II, 716 a-756 a.

TABLE DES MATIÈRES

DAVID HUME
DIALOGUES SUR LA RELIGION NATURELLE

Achevé d'imprimer par Corlet, Imprimeur, S.A. - 14110 Condé-sur-Noireau
N° d'Imprimeur : 88458 - Dépôt légal : décembre 2005 - *Imprimé en France*